Development of
Adolescent Values
in the Context of
Social Change

社会变迁背景下的青少年价值观发展

李 丹 刘 萍 王晓峰 著

华东师范大学出版社
·上海·

图书在版编目(CIP)数据

社会变迁背景下的青少年价值观发展/李丹,刘萍,王晓峰著. —上海:华东师范大学出版社,2024.
ISBN 978-7-5760-5176-6

Ⅰ. D432.62

中国国家版本馆 CIP 数据核字第 20248X80J9 号

社会变迁背景下的青少年价值观发展

著　　者　李丹　刘萍　王晓峰
策划编辑　彭呈军
特约审读　单敏月
责任校对　陈　扬　时东明
装帧设计　刘怡霖

出版发行　华东师范大学出版社
社　　址　上海市中山北路3663号　邮编 200062
网　　址　www.ecnupress.com.cn
电　　话　021-60821666　行政传真 021-62572105
客服电话　021-62865537　门市(邮购)电话 021-62869887
地　　址　上海市中山北路3663号华东师范大学校内先锋路口
网　　店　http://hdsdcbs.tmall.com

印刷者　上海颛辉印刷厂有限公司
开　　本　787毫米×1092毫米　1/16
印　　张　14
字　　数　336千字
版　　次　2024年8月第1版
印　　次　2024年8月第1次
书　　号　ISBN 978-7-5760-5176-6
定　　价　58.00元

出版人　王　焰

(如发现本版图书有印订质量问题,请寄回本社客服中心调换或电话021-62865537联系)

目 录

第一章　导言	1
第二章　当代青少年价值观研究的理论建构	7
第一节　价值观理论概要	7
第二节　当代青少年价值观的表现特征	15
第三章　当代青少年价值观问卷编制	29
第四章　社会变迁过程中青少年价值观的发展特点	40
第五章　影响青少年价值观发展的个体、家庭和同伴因素	55
第一节　个体因素对青少年价值观的影响	55
第二节　父母教养方式对青少年价值观发展的影响	60
第三节　同伴圈子价值观对早期青少年适应的影响	65
第六章　影响青少年价值观发展的社会环境因素	85
第一节　青少年价值观及其与适应的关系：三个地域的比较	85
第二节　中国城市和农村儿童的个体和集体取向与适应功能的关系	96
第三节　新冠大流行期间青少年的群体取向与心理健康	106
第七章　青少年价值观对心理健康的影响	123
第一节　自我超越价值观对青少年心理健康的作用	123
第二节　自我超越价值观对持久幸福感的作用及机制	130
第八章　青少年价值观与情绪适应的关系	143
第一节　青少年自我超越价值观与情绪目标	143
第二节　青少年自我超越价值观与内隐情绪调节的关系	152
第三节　青少年价值观与情绪适应的关系：情绪调节的中介作用	165

第九章　青少年价值观的适应功能及影响机制　　179
  第一节　青少年价值观的社会适应功能与关系机制　　179
  第二节　价值观与青少年心理适应的关系及作用机制　　188

第十章　青少年价值观发展与教育对策　　198
  第一节　总结与展望　　198
  第二节　教育对策　　202

附录　　212

后记　　215

第一章

导　言

1. 何为价值观

何为价值观？研究者从不同角度对价值观提出了不同的看法。克拉克洪（Kluckhohn, 1951）认为价值观是一种外显的或内隐的、有关什么是"值得的"的看法，反映了个人或群体的特征，影响人们对行为方式、手段及目的的选择。是否"值得"逐渐成为定义价值观的重要标志。

价值观历来是哲学和伦理学思辨论证的主题，心理学对价值观的科学研究最早可追溯到佩里（Perry, 1926），迄今已近百年。20世纪30年代初，美国心理学家奥尔波特和弗农（Allport & Vernon, 1931）将价值观视为不断变化的动机倾向，是一种可用于描述个体差异的人格结构。并根据斯普朗格（Spranger）所提出的六种生活方式类型，编制了一份"价值观研究量表"，用于测查六种类型个体的最高价值和基本兴趣，包括理论型、宗教型、社会型、权力型、经济型和艺术型（燕国材，岑国桢 等，2022）。罗卡奇（Rokeach, 1973）则将价值观研究推向了新的高潮，他认为价值观具有动机性和规范性作用，并从"行为方式"和"终极状态"角度，开创性地把价值观分为具体的行为方式和终极的目标状态两类。人们可能以一种行为方式作为获取许多终极目标的手段，也可能以许多行为方式作为获取一种终极目标的工具。在此基础上，施瓦茨（Schwartz）提出一个至今仍被广泛引用的界定：价值观是令人向往的某些状态、对象、目标或行为，它超越具体情景而存在，可作为在一系列行为方式中进行判断和选择的标准（Schwartz & Bilsky, 1987）。

西方的价值观内涵体现了价值观作为"深层结构"和"信仰体系"与"行为选择"之间相互依存的性质和关系。中国传统价值观一般指以儒家为主，融合佛家、道家、墨家、法家的思想，形成具有鲜明特色的"应该这样"或"不应该这样"的持久信念，诸如安分守己、以和为贵、孝悌和家、舍生取义等。杨国枢（1993）认为价值观是人们对特定行为、事物、状态或目标的一种持久性偏好。杨宜音（1998）认为价值观既是个体的选择倾向，又是个体态度、观念的深层结构，它主宰了个体对外在世界感知和反应的倾向，因此是重要的个体社会心理过程和特征。黄希庭（2005）认为价值观是人们区分好坏、美丑、益损、正确与错误，符合或违背自己意愿的观念系统，它通常是充满情感的，并为人的正当行为提供充分理由。也有研究者主张价值观是人们在目标确立、手段选择、规则遵循方面所体现出来的观念，这种观念对个体或群体的行为具有导向作用(金盛华 等,2003)。还有研究者强调价值观就是人们基于生存和发展的需要,对事物价值的根本看法,是关于如何区分好与坏、善与恶、符合意愿与违背意愿的总体观念,是关于应该做什么和不应该做什么的基本原则(杨耕,2015);价值观是一个人对事物的根本看法和总体评价,价值观的具体内容构成了一个人评判事物的尺度和社会实践的行为准则(张兴海,2015)。

总体来看,国内外学者对价值观的定义有很多相似之处(姜永志,白晓丽,2015),主要包括这几方面内容:价值观是一种信念或心理成分;价值观是个体主观对主客关系的重要性的认识;价值观涉及认知、情感和意向,是一个心理过程;价值观具有稳定和不易改变的特点;价值观具有历史文化差异性。

2. 缘何研究青少年价值观

近20多年来,中国心理学家在价值观研究领域已积累了丰硕的成果(如,杨宜音,1998;岑国桢,2007,2010;黄希庭,窦刚,郑涌,2008;金盛华,郑建君,辛志勇,2009;张卫,甄霜菊,胡绮明,2008)。但总体而言,国内以中小学青少年为对象的价值观研究较少,较多的是有关大学生的价值观研究(陈玉君 2010;Wray-Lake, Flanagan et al., 2014)。多数研究只是将中学生价值观当作相关变量考察,缺乏对中学生价值观内容结构及相关概念的深入分析(金盛华 等,2008)。而一个人的基本价值观在很大程度上反映了成年期之前的状况,在成年之后,经济环境的改变很难影响其基本价值观(Inglehart, 1978)。未成年阶段形成的基本价值观奠定个体一生的价值取向。青春期孩子身心发育突飞猛进,身体日益强壮,心理愈发成熟,随之自我意识逐渐增强,开始产生自我认同的需要,思考"自己是什么样的人?应该成为什么样的人?"等终极的存在性问题。与此同时,青少年也开始思考和探索自身的价值取向,逐渐形成可作为自己行为评判标准的价值观。已经形成的价值观在一定程度上引领个体的行为选择,引导个体的行为方向,与青少年的心理健康、亲社会行为和攻击行为等有密切联系(Eskin, 2013; Bacchini, Affuso, & Aquilar, 2014)。因此,对青少年价值观的研究有其独特的价值和意义。

青少年价值观的形成和发展受到个体因素,如性别、人格的影响;也受到环境因素,如家庭和学校环境的影响(Döring et al, 2015; Parks-Leduc, Feldman, & Bardi, 2015; Danyliuk, 2015; Way et al., 2013;苏红,任孝鹏,2014;王雪,李丹,2016)。而无论个体因素,还是环境因素,都受到社会文化整体结构和趋势的影响。社会文化环境熏陶、感染和教化身处其中的个体,人们长期生活的某种文化环境会赋予该环境中的个体共同的价值观。一定的文化体系和社会结构,通过文化的传播者和保存者,塑造一代代人的价值观(Chen, 2012)。随着时间的推移,价值观会塑造个体的认知、情绪和行为模式,会对个体产生潜移默化的影响,最终形成某种文化所共有的认知图式(Chen, 2015)。21世纪以来,中国社会已经步入了急剧变化和快速发展的时期。在中国社会变迁过程中,传统文化、现代文化、后现代文化等各种因素交织在一起,发生了复杂的变化(Yan, 2010)。而且,中国的社会变迁发生在全球化、信息化、知识化的宏观背景中,进一步加剧了这些因素影响的广度和深度。一方面,很多元素在消减甚至消失,另一方面很多元素又在被重新解释加以传播,或是重新包装,以另外的面目出现。日益快速变化和更加多元的价值观对青少年的冲击和影响更为明显。在这种多元化的浪潮中不断理解、学习、比较和认同差异化的价值观成为年轻人的必修课。

国外近些年的研究开始强调社会环境变化在价值观发展过程中的作用,如经济大萧条对青少年价值观及其相应行为的影响(Park, Twenge, & Greenfield, 2014),生活环境的变化对个体价值观的影响(Manago, 2012; Weinstock et al., 2015)等。格林菲尔德(Greenfield)提出社会变迁和人类发展理论(Greenfield, 2009, 2013; Greenfield, Suzuki, & Rothstein-Fisch, 2006),探讨不断变化的社会环境如何改变人们的文化价值观,从而影响个体的发展。华人学者陈欣银(Chen, 2015)在整合已有研究的基础上提出"多元建构观",认为关系取向和个体取向是可以和谐共存并加以整合的两种价值观,个体的提升并非以削弱关系为代价。随着时代变迁,已有的价值观并非被新的价值观完全取代,而是被整合进新的价值观中。因此,从中国社会变迁的视角,研究青少年价值观的表现特征、发展趋势以及相关的影响因素和机制,不仅对于青少年的健康成长有重要意义,而且对于整个社会的价值观教育和传播具有重要价值。

3. 本书的结构框架

本书第二章将从青少年价值观研究的理论建构入手,随后各章分别探讨当代青少年价值观的表现特征、发展现状、影响因素和作用机制,试图借助心理学的理论和实证研究,勾勒出社会变迁进程中青少年价值观发展的总体样貌。具体结构框架如下:

第一章 导言
主要概述价值观是什么,为何要研究青少年价值观,以及本书框架结构和主要内容。

第二章 当代青少年价值观研究的理论建构
首先,概括了西方国家一些代表性的价值观理论,价值观的分类理论包括价值观二维理论、五维文化价值观理论和多维结构理论(环形价值观模型)。价值观的变迁理论包括价值观后现代性转变理论、社会变迁和人类发展理论以及价值观功能理论。一些国内及华人学者提出的价值观理论或观点也非常丰富多彩,有些蕴含中国传统文化的要素,更多的兼具分类和变迁的特征。其次,试图了解当代青少年价值观的表现特征,主要对来自城市和农村的163名中学生进行了半结构化的访谈,发现青少年主要提及13个价值观主题,家庭幸福、学业优秀和个人快乐是核心表现特征。

第三章 当代青少年价值观问卷编制
主要分析在中国社会变迁的新时代背景下青少年价值观的构成特征,并通过构成项目分析、探索性因素分析、验证性因素分析以及结构维度的信效度分析等一系列操作程序,形成具有良好信效度的测量问卷,青少年价值观问卷共46个条目,由社会平等、集体责任、遵纪守则、家庭亲情、同伴友情、超越进取、时尚潮流和享受快乐等8个维度构成。青少年价值观各维度对学校和社会适应的某些指标具有预测作用。

第四章 社会变迁过程中青少年价值观的发展特点
选取上海、山东、福建、四川等多个地区青少年作为目标群体,除了横断调查,同时展开为期一年半的追踪研究。追踪研究结果显示存在一定的地域差异,如福建和河南青少年对集体责任、遵纪守则以及超越进取价值观的认可度相对较低,山东青少年更认可时尚潮流价值观。

性别差异具体表现为,男生和女生在超越进取价值观上都呈显著增长的发展趋势,并且女生超越进取的发展速率更高。此外,女生在遵纪守则和时尚潮流价值观上也呈现显著增长趋势,并且具有较高的起始水平,女生在集体取向和遵纪守则的发展速率也更快。

第五章 影响青少年价值观发展的个体、家庭和同伴因素

为了探究包括人格特征、自我调节和自我概念等个体因素,以及父母教养方式和同伴圈子对青少年价值观的影响,研究选取上海、山东、福建、四川等多个地区青少年进行问卷调查。研究发现,自我调节中的认知调节对青少年价值观的预测作用最强;外向性和尽责性是对青少年价值观最具预测力的两个人格特征;自我概念对遵纪守则和时尚潮流价值观具有显著的预测作用。父母教养方式的不同维度均能显著预测青少年的价值观。同伴圈子层面的超越进取价值观对个体社会、学校和心理适应均有促进作用,集体责任可弱化心理适应问题,时尚潮流可增强外化问题;进一步分析发现,圈子集体责任对个体心理适应问题的弱化作用只存在于城市,圈子时尚潮流对外化问题的增强作用只存在于农村。

第六章 影响青少年价值观发展的社会环境因素

本章关于社会文化环境因素对青少年价值观发展影响的研究,在一定程度上揭示了中国不同地域青少年价值观的发展现状,有助于理解社会大环境对青少年价值观与心理健康关系的作用,为引导青少年树立正确的价值观提供了一定的实证依据。第一节对上海闵行、四川仁寿、甘肃玉门三地的青少年比较研究的结果表明,青少年价值观各维度上存在显著的地域差异;青少年价值观各维度对学习成绩、社会能力和抑郁的预测存在显著的地域差异。第二节主要对上海的城市儿童和安徽宣城的农村儿童进行比较研究,结果表明个体取向和集体取向与儿童的社会和心理适应之间的关联存在显著的城乡差异。而新冠大流行期间有关青少年的群体取向与心理健康的结果发现,相比新冠疫情之前,新冠大流行期间青少年的群体取向认同变低,孤独感和抑郁情绪增多。大流行期间,城市青少年的集体取向对孤独感和抑郁症状的积极影响要强于农村。

第七章 青少年价值观对心理健康的影响

本章研究结合了以变量为中心和以个体为中心的方法来研究中国两个地区的青少年价值观与心理健康之间的关系。结果显示:与认可自我关注和漠不关心价值观的青少年相比,认可无焦虑价值观群组的青少年所报告的抑郁和孤独水平均较低,而认可他人关注的青少年报告的抑郁和孤独水平均较高。对以往文献的综述也发现认同自我增强价值观会使人更加关注个人利益,可以让人体验到波动的幸福感;认同自我超越价值观,则可以让人拥有持久的幸福感。此外,认同自我超越价值观的个体可能对自我威胁信息有较少的防御性反应,体验到更多的社会关系导向的情绪,激发更多的亲社会行为,从而获得持久的幸福体验。

第八章 青少年价值观与情绪适应的关系

本章主要从外显和内隐两个层面,通过问卷调查和实验研究,系统考察青少年自我超越和自我增强价值观与情绪调节各要素(即情绪目标、情绪识别、调节策略、调节效果)之间的关系。结果显示:青少年越认同自我超越价值观,越希望体验到社会参与情绪;自我增强价值观与相应情绪目标之间的关联程度较弱;自我超越组被试对消极人际信息存在注意偏向;自我超越组被试倾向采用控制型调节方式;搜索愤怒背景下高兴面孔的速度更快;情绪调节在自我超越与

孤独感之间起完全中介作用。

第九章　青少年价值观的适应功能及影响机制

本章主要采用问卷调查法分别考察青少年价值观与亲社会和攻击行为，以及与孤独感和抑郁情绪之间的关系及影响机制。结果发现对集体责任价值观的认同影响亲社会行为，这一影响通过学业自尊的中介作用实现，性别调节学业自尊对亲社会行为的影响；性别和社交敏感共同作用于时尚潮流价值观对攻击行为的正向预测作用中，性别调节社交敏感对攻击行为的影响；社会平等、集体责任和超越进取价值观对1年后抑郁有显著的负向预测作用；孤独感和抑郁对1年后的社会平等、集体责任和超越进取价值观有显著的负向预测作用。上述结果为理解青少年价值观与适应功能及作用机制提供了更充实的实证依据。

第十章　青少年价值观发展与教育对策

从青少年价值观的构成特征、发展现状、影响因素和作用机制等方面入手，借助心理学的理论和实证研究方法，勾勒出社会变迁进程中青少年价值观发展的总体样貌。未来研究可考虑扩大被试取样、更多样化的研究方法、多层级生态系统对青少年价值观的综合影响，以及青少年价值观与适应功能关系的内在机制及边界条件，等等。根据我们的系列研究结果，青少年价值观教育可以从个体及环境两大视角来开展。

参考文献

陈玉君.(2010).当代中国青年价值观研究透视.*前沿*,17,29-32.

岑国桢.(2007).*青少年主流价值观:心理学的探索*.上海:上海教育出版社.

岑国桢.(2010).我国青少年主流价值观及其含义、取向.*上海师范大学学报(哲学社会科学版)*,39(2),60-6.

黄希庭.(2005).*当代中国青年价值观研究*.人民教育出版社.

黄希庭,窦刚,郑涌.(2008).当代大学生价值观的离散选择模型分析.*心理科学*,31(3),675-680.

姜永志,白晓丽.(2015).文化变迁中的价值观发展:概念、结构与方法.*心理科学进展*,23(5),888-896.

金盛华,辛志勇.(2003).中国人价值观研究的现状及发展趋势.*北京师范大学学报(社会科学版)*,(3),56-64.

金盛华,郑建君,辛志勇.(2009).当代中国人价值观的结构与特点.*心理学报*,41(10),1000-1014.

金盛华,孙雪飞,郑建君.(2008).中学生价值观问卷的编制及其结构验证.*应用心理学*,14(2),164-172.

苏红,任孝鹏.(2014).个体主义的地区差异和代际变迁.*心理科学进展*,22(06),1006-1015.

王雪,李丹.(2016).儿童社会能力发展的影响因素——社会环境和变迁的视角.*心理科学*,39(5),1177-1183.

杨国枢(1993).*中国人的价值观——社会科学观点*.台北:桂冠图书公司.

杨耕.(2015).价值、价值观与核心价值观.*北京师范大学学报(社会科学版)*,(1),16-22.

杨宜音.(1998).社会心理领域的价值观研究述要.*中国社会科学*,(2),82-93.

燕国材,岑国桢,顾海根,李丹.(2022).*教育心理学(第四版)*.上海:华东师范大学出版社.

张卫,甄霜菊,胡绮明.(2008).广州澳门两地青少年价值观的比较研究.*华南师范大学学报(社会科学版)*,5,101-108.

张兴海.(2015).*转型期的大学生价值观教育*.长春:吉林人民出版社.

Allport, G. W., & Vernon, P. E. (1931). A test for personal values. *Journal of Abnormal and Social Psychology*, 26(3), 231-248.

Bacchini, D., Affuso, G., & Aquilar, S. (2014). Multiple forms and settings of exposure to violence and values: unique and interactive relationships with antisocial behavior in adolescence. *Journal of Interpersonal Violence, 30*(17), 422–431.

Chen, X. (2012). Culture, peer interaction, and socioemotional development. *Child Development Perspectives, 6*(1), 27–34.

Chen, X. (2015). Exploring the implications of social change for human development: perspectives, issues and future directions. *International Journal of Psychology, 50*(1), 56–59.

Danyliuk, T. A. (2015). Domains of socialization and adolescent internalization of prosocial values. *Health Education Journal, 342*(1), 727–732.

Döring, A. K., Schwartz, S. H., Cieciuch, J., Groenen, P. J. F., Glatzel, V., & Harasimczuk, J., et al. (2015). Cross-cultural evidence of value structures and priorities in childhood. *British Journal of Psychology, 106*(4), 675–699.

Eskin, M. (2013). The effects of individualistic-collectivistic value orientations on non-fatal suicidal behavior and attitudes in Turkish adolescents and young adults. *Scandinavian Journal of Psychology, 54*(6), 493–501.

Greenfield, P. M. (2009). Linking social change and developmental change: Shifting pathways of human development. *Developmental Psychology, 45*(2), 401–418.

Greenfield, P. M. (2013). The changing psychology of culture from 1800 through 2000. *Psychological Science, 24*(9), 1722–1731.

Greenfield, P. M., Suzuki, L. K., & Rothstein-Fisch, C. (2006). Cultural pathways through human development. In K. A. Renninger & I. E. Sigel (Eds.), *Handbook of child psychology: Volume 4. Child psychology in practice* (pp. 655–699). New York, NY: Wiley.

Inglehart, R. F. (1977). *The silent revolution: Changing values and political styles among western publics*. Princeton: Princeton University Pre.

Kluckhohn, C. (1951). Values and value-orientations in the theory of action. In T. Parsons & E. A. Shils (Eds.), *Toward a general theory of action* (pp. 388–433). Cambridge, MA: Harvard University Press.

Manago, A. M. (2012). The new emerging adult in Chiapas, Mexico: Perceptions of traditional values and value change among first-generation Maya University students. *Journal of Adolescent Research, 27*(6), 663–713.

Parks-Leduc, L., Feldman, G., & Bardi, A. (2015). Personality traits and personal values: A meta-analysis. *Personality and Social Psychology Review, 19*(1), 3–29.

Park, H., Twenge, J. M., & Greenfield, P. M. (2014). The great recession: Implications for adolescent values and behavior. *Social Psychological and Personality Science, 5*(3), 310–318.

Perry, B. R. (1926). *General theory of value*. Mass: Harvard University Press.

Rokeach, M. (1973). *The nature of human values*. New York: Free Press.

Schwartz, S. H., & Bilsky, W. (1987). Toward a universal psychological structure of human values. *Journal of Personality & Social Psychology, 53*(3), 55.

Wierzbicki, J., & Zawadzka, A. M. (2016). The effects of the activation of money and credit card vs. that of activation of spirituality-which one prompts pro-social behaviours? *Current Psychology, 35*(3), 344–353.

Yan, Y. (2010). *The Individualization of Chinese Society*. Bloomsbury Academic.

Wray-Lake, L., Flanagan, C. A., Benavides, C. M., & Shubert, J. (2014). A mixed methods examination of adolescents' reports of the values emphasized in their families. *Social Development, 23*(3), 573–592.

第 二 章

当代青少年价值观研究的理论建构

本章概要：价值观理论主要有罗卡奇的价值观二维理论、霍夫斯蒂德的五维文化价值观理论和施瓦茨的环形价值观结构模型，以及英格尔哈特的后现代价值观转变理论、格林菲尔德的社会变迁和人类发展理论以及戈维亚的价值观功能理论。此外，一些国内及华人学者也提出了丰富多彩的价值观理论或观点，有些蕴含中国传统文化的要素，更多的兼具分类和变迁的特征。当代青少年价值观的表现特征主要体现为13个价值观主题，其中家庭幸福、学业优秀和个人快乐是核心表现特征，研究结果发现这些表现特征存在年级和城乡差异。

第一节 价值观理论概要[①]

1 西方的价值观理论

佩里(Perry, 1926)最早对价值观结构进行了划分，他认为价值观包括认知、道德、经济、政治、审美和宗教6类，对于价值观的测量来说，这种价值观结构分类具有重要的引导作用。

1.1 "终极—工具"价值观理论

罗卡奇(Rokeach, 1973)认为价值观是一般性的信念，它具有动机功能，不仅是评价性的，也是规范性和禁止性的，是行动和态度的指导，既是个人的，也是社会的现象。罗卡奇将价值观分为"行为方式"与"终极状态"两大类：终极性价值观(terminal values)和工具性价值观(instrumental values)，每一类由18项价值信念组成。终极性价值观包括18个价值观条目，例如世界和平、自由、幸福等。工具性价值观包括18个价值观条目，例如正直、雄心、负责等。价值观之间是一种相互竞争的关系，如果一种价值观的重要性提升了，那么其他价值观的重要程度会有所降低(Rokeach, 1973)。罗卡奇对价值观的分类体现了他对价值观的理解，主要包括

[①] 该部分内容主要在刘萍(2022)：青少年自我超越、自我增强价值观与情绪调节的关系：外显和内隐的视角和王晓峰(2019)：新时代中国青少年价值观及其与心理社会适应的关系研究(博士学位论文，上海师范大学)两篇博士论文基础上进行的整合。

两点,一是认为价值观是有层次的观念体系,在他的"价值观调查"量表中,要求被试分别按 18 个信念对自己的重要性排列顺序,然后按照相应的得分进行计算;二是认为价值观与行为选择是相互建构、互依互存的。罗卡奇对价值观的研究使价值观结构得到广泛测量,也为后来有关价值观与各种行为变量之间关系的研究提供了启示。

1.2 五维文化价值观理论

20 世纪 80 年代,霍夫斯蒂德(Hofstede, 1980)提出了五个维度的文化价值观理论。五个维度分别是个人主义—集体主义、权力差距、回避不确定性、男性化—女性化和长线—短线思维。其中,最后一个维度"长线—短线思维"是后期研究增补的(Connection, 1987)。该理论认为个人主义文化价值观鼓励追求个人成就、权力,强调个人的独立性和个性的张扬,并不鼓励用集体利益牺牲个人利益;而集体主义文化价值观则强调个人利益依从于集体利益,强调个人与集体的联结。权力差距维度是指群体中处于弱势地位的成员对权力不平等的接受度,如日本和韩国对权力不平等的认同或接受程度较高,而北欧等国家则普遍更能接受权力差距小。回避不确定性维度是不同群体或国家在面对不确定性时所采取的态度,主要是指为规避风险所持有的态度和行为选择。日本和古代中国是具有较强避免不确定性的国家,都比较注重有序的社会系统,尽量减少不确定的因素,不鼓励激烈的创新和改革,更强调社会和政权的连续性和稳定性;与之相对,美国则是避免不确定性较弱的国家,民众更喜欢新鲜事物,不排除风险和改革所带来的严重冲突。男性化—女性化维度是指性别的区分程度,例如,有些地区和国家男性和女性的性别角色区分明显,男性所表现的性格特征、社会角色与女性差别明显。而有些地区和国家更强调男女平等,女性的穿着规范、行为举止和职业选择都与男性差别较小。长线—短线思维维度是指某种文化中的成员对延迟满足的接受度。长线思维是比较典型的儒家文化特征,在中国、日本体现更加明显,有着这种思维的文化尊重传统,推崇节俭,强调刻苦和恒心等人格品质;短线思维文化取向则更在乎即刻满足,立即行动。

霍夫斯蒂德文化价值观理论得到很多研究的验证,可以用来解释世界各国文化差异,也可以用来预测未来各文化间价值观的发展变化以及可能对各国政治、经济和社会所产生的影响(郭莲,2013;张雷,郭爱妹,侯杰泰,2002)。后来的研究者根据其个人主义和集体主义文化价值观思想,编制了信效度良好的文化价值观问卷,用于广泛的人群测评(例如,李丹 等,2023; Liu et al., 2018)。

1.3 环形价值观模型

施瓦茨(Schwartz, 1992)提出的人类基本价值观理论(theory of human basic values),也被称为环形价值观结构模型,成为价值观研究领域被广泛接受的理论(Schwartz, 2015; Schwartz & Rubel-Lifschitz, 2005)。他认为价值观反映了人类普遍存在的三种需求:(1)个体的基本生物需求;(2)协调人际互动的需求;(3)保障群体生存及维护群体利益的需求。根据这三种需求,可划分出 10 种动机不同的价值观类型,整体而言,这 10 种价值观构成了价值观体系的动机连续体,环形结构可以表示这一连续体(见表 2-1 和图 2-1)。施瓦茨认为价值观之间相互关联,彼此可能是一致关系,也可能是对立关系,这一假设构成了价值观结构的基础。那些离得近的价值观,所表达的动机也具有相似性,一般情况下会使个体做出一致的反应或判断;而那些所处位置越远的价值观,冲突关系越强,一般情况下会使个体做出相反的行为或判断。

表 2-1 基本价值观的类别及定义(Schwartz,1992)

价值观类别	定义
安全	安全,和谐,社会、关系及自我的稳定
服从	对可能干扰或攻击他人、违背社会期望或规范的行为、倾向和冲动的限制
传统	尊重、承诺以及接受个体所处文化背景或宗教信仰所提供的习俗和观念
友善	维持和促进内群体成员的福利
博爱	理解、欣赏、宽容,并维护人类及大自然的福利
自主	独立进行思考和行动,并进行选择、创造及探索
刺激	生活中的兴奋、新颖以及冒险和挑战
享乐	愉悦或感官上的满足
成就	根据社会所认可的标准来展示能力,从而取得个人成功及社会认同
权力	对人和资源的控制或支配

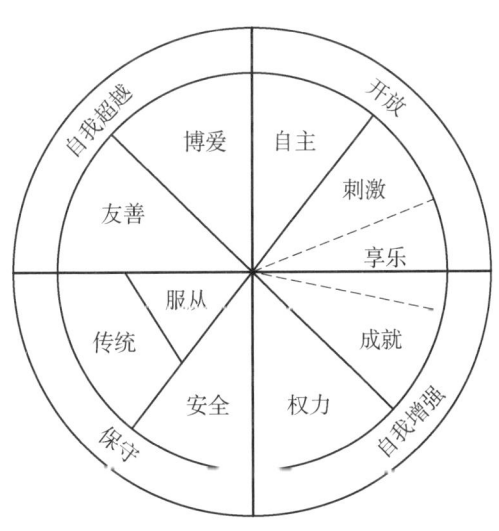

图 2-1 价值观环形模型图(Schwartz,2015)

施瓦茨又进一步将 10 种价值观分为两个维度 4 种高阶类型来表示价值观之间相容或冲突关系。第一个维度是开放 vs. 保守,开放价值观包括自主、刺激和享乐三个价值观,表达的是行为和思想的独立性,及对挑战和改变的接纳;与之相反,保守价值观包括安全、服从和传统三个价值观,强调约束及克制自我,保持并维护秩序以及拒绝改变。第二个维度是自我增强 vs. 自我超越,自我增强价值观包括成就和权力两个价值观,表达的是个体对于个人利益的追求,强调通过控制或支配他人和资源以获得社会地位和声望,以及根据社会标准来展现才能以获得个人成功;与之相反,自我超越价值观包括友善和博爱两个价值观,表达的是个体对于他人利益的关心,强调个体超越自我狭隘,关心他人福祉以及对大自然的保护。也就是说,认同自我超越价值观的个体通常能够理解、欣赏、包容他人，并维护和增进他人、社会和人类的幸福。

其后的研究中，施瓦茨等人（Schwartz et al.，2012）对原有价值观理论进行更精细的检验，使原来理论中的 10 种价值观分解和扩展为新理论的 19 种价值观（李玲，金盛华，2016；见图 2-2）：

(1) 将原有的"自主"价值观分解为"思想自主"和"行动自主"；
(2) 将原有的"权力"价值观分解为"支配权力"和"资源权力"；
(3) 新增加"面子"价值观，该价值观具有"保守"和"自我增强"的双重属性；
(4) 将原有的"安全"价值观分解为"个人安全"和"社会安全"；
(5) 将原有的"服从"价值观分解为"规则遵从"和"人际遵从"；
(6) 新增加"谦逊"价值观，该价值观具有"保守"和"自我超越"的双重属性；
(7) 将原有的"友善"价值观分解为"友善—关怀"和"友善—可依赖"；
(8) 将原有的"博爱"价值观分解为"博爱—关注"、"博爱—大自然"和"博爱—宽容"。

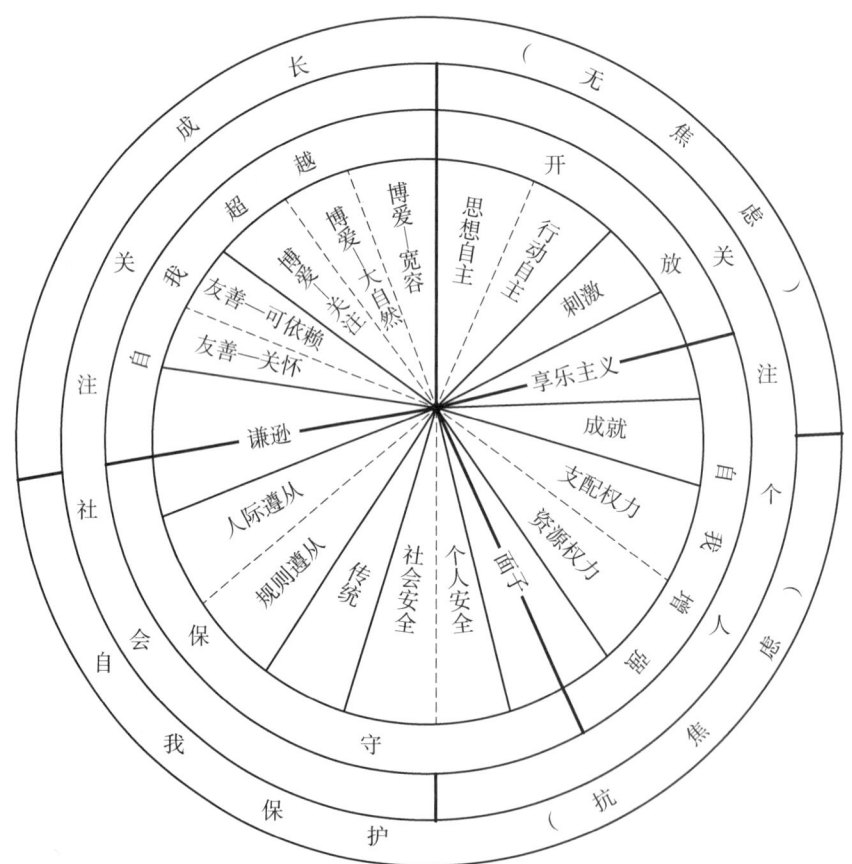

图 2-2 重构的施瓦茨价值观理论结构（Schwartz et al.，2012）

重构的价值观理论结构还在原来的两大维度"开放—保守"、"自我超越—自我增强"之外，增加了两个新的价值观分类维度：

(1) 成长—自我保护。成长类价值观包含友善—关怀、友善——可依赖、博爱—关注、博爱—大自然、博爱—宽容，以及思想自主、行动自主、刺激、享乐主义等，表现为使自我延伸的动机属性，人受其驱动时没有焦虑(Anxiety-Free)；自我保护类的价值观包含支配权力、资源权力、面子、个人安全、社会安全、传统、规则遵从、人际遵从等，表现为保护自己、回避焦虑与威胁(Anxiety-Avoidance)的动机属性。

(2) 关注社会—关注个人。关注社会类的价值观包含社会安全、传统、规则遵从、人际遵从、谦逊、友善—关怀、友善—可依赖、博爱—关注、博爱—大自然、博爱—宽容等，表现为个体更关心他人或社会机构的结果；关注个人类的价值观包含思想自主、行动自主、刺激、享乐主义、成就、支配权力、资源权力、面子、个人安全等，表现为个体更关心自己的结果(李玲，金盛华，2016)。

1.4 价值观的功能理论

戈维亚等人(Gouveia et al., 2014)提出价值观的功能理论(functional theory of values)，从进化角度考虑价值观的两种功能。第一种功能是表达生存需求(survival needs)和繁荣需求(thriving needs)，这些需求激发个体做出行动；第二种功能在于引导个体行为以实现个人目标(personal goals)、社会目标(social goals)和中心目标(central goals)，即同时实现个人和社会目标。根据这两种功能可以产生六种基本价值观类型(见表2-2)。尽管这一理论从功能角度来探讨价值观的结构和内容，但还需要大量研究来验证。

表2-2 六种基本价值观类型(Gouveia et al., 2014)

		引导行为		
		个人目标	中心目标	社会目标
表达需求	繁荣需求	兴奋价值观 情绪 快乐 性欲	超个人价值观 美好 知识 成熟	互动价值观 情感 归属 支持
	生存需求	提升价值观 权力 名望 成功	存在价值观 健康 稳定 生存	规范价值观 服从 虔诚 传统

1.5 后现代价值观转变理论

英格尔哈特(Inglehart, 1977)认为随着世界范围内的经济发展，许多国家，尤其是发达国家的价值观从生存价值观(survival values)向幸福价值观(well-being values)转变。这一转变发生于从工业化社会向后工业化社会的转变过程中(现代化的第二阶段)，即由物质主义价值观向后物质主义价值观的转变。在这些社会中，宗教和权威的作用弱化，人们对于离婚、堕胎、安乐死、同性恋等违反传统道德伦理的行为更为宽容，其优先考虑的问题从关注经济和物质安全，更多地转向个人的幸福感、自我表现、公共参与以及生活质量。英格尔哈特使用匮乏假设和社会化假设来解释这种转变。在发达工业社会,人们享受长期的政治稳定、经济繁荣和福利政策之后,优先价值观转向追求个人主观幸福以及自我表现和政治参与的后物质主义。我国学者郭莲(2011)使用英格尔哈特的理论框架和研究工具调查了中国公众的价值观在近10年的时间中的变化。研究结果表明,现代中国公众的价值观与10年前(1995—2005)的公众相比较,已经发生了由"现代价值观"向"后现代价值观"的转变趋势,更加强调生活质量、主观康乐和自我表达。具体而言,更加不盲目崇拜权威,对自身命运有更多的掌控,包容度增大,人与人之间的信任度也越来越高,特别是人们对生活的满意度有了极大的提高。

1.6 社会变迁与人类发展理论

20世纪下半叶,世界上很多国家陆续出现了大规模的城市化和区域性的经济制度调整,如何深入理解这一全球性的变化并分析其对儿童发展的影响,成为发展心理学家面临的重要议题。格林菲尔德在前人理论基础上提出了社会变迁与人类发展理论(Greenfield, 2009b, 2013b; Greenfield, Suzuki, & Rothstein-Fisch, 2006),该理论旨在探讨不断变化的社会生态环境如何改变人们的文化价值观和学习环境,从而影响儿童的发展。

格林菲尔德认为存在两种典型的社会生态环境:一种称作礼俗社会(Gemeinschaft)。这种社会背景中的人们更多生活在农村,在家里接受非正规的教育,掌握一些简单的技术,能自给自足;另一种称作法理社会(Gesellschaft)。这种社会环境中的人们主要生活在城市,接受正规教育,接触的是高科技产品和商业化经济。该理论认为任何向法理社会的变化,人们都倾向于有更多的个人主义文化价值观、更加独立的社会行为和更抽象的认知发展。与此相反,任何朝向礼俗社会的变化,人们的价值观、行为和认知则出现相反的变化模式,更注重集体主义的文化价值观,相互依存的人际交往和更具情境化的思维方式。上述观点得到了很多后续实证研究的支持(García, Rivera, & Greenfield, 2015; Weinstock, 2015; Weinstock et al., 2015)。

格林菲尔德的理论非常强调文化价值观的作用,强调个体主义和集体主义的文化价值观是社会变迁影响儿童发展的一个关键中介(Greenfield, 2009b)。文化价值观是一套共存于文化成员之中的价值体系,对于人们理解和评价他人和自身的社会行为有着重要的指导意义。研究发现,随着城市化水平的逐步提升,2003年的土耳其父母比1975年的土耳其父母对儿童的独立性和探索性行为持有更为积极的态度(Kagitcibasi & Ataca, 2005)。这些研究从不同角度说明,社会变迁过程中文化价值观对儿童抚育的作用。另有研究发现,相比2004—2006年的经济增长时期,2008—2010年经济危机时期的美国青少年的价值观有更多的集体主义倾向和更少个体主义倾向,同时青少年的行为也出现相应的变化,如减少了对物质的需求,更多关注他人和环境保护(Park et al., 2014)。

2 中国的价值观理论

除了上述西方文化背景的价值观理论,中国及华人学者也进行了诸多涉及价值观的研究,提出不少有价值的理论观点。在中国的传统价值观中,以"五常"(仁义礼智信)为主要内容的传统核心价值范畴,集中反映了中华民族的传统核心价值观(戴木才,王艳玲,2019)。其中,"仁"主要指同情、关心和爱护,其完整思想首先是由孔子阐释和传播的;"义"指道义、正义,其作用是维持社会秩序;"礼"是规范婚姻、血统、长幼、尊卑等关系的行为准则,并逐渐制度化法律化;"智"是明辨是非、善恶、自知知人等道德判断;"信"是指诚实不欺、不敢妄言,也是重要的社会道德规范(戴木才,王艳玲,2019)。"五常"传统核心价值观维护和稳定了"家国同构"的政治结构形态,它既是家族血缘伦理,也是国家政治原则。因此,在中国历史发展长河中,"仁爱"、"尊道贵德"、"五福"(家庭和个人的幸福)、"修身"(修养身体,陶冶心性,涵养德性)等价值观念一直备受重视(江畅,陶涛,2019)。基于中国传统价值观念,很多当代研究者都非常关注中国人价值观体系中的社会、关系特征。例如,杨中芳(1991)认为中国人是社会取向、关系取向或情境取向的。中国人的价值体系中,"自己"是以实践、克制及超越转化的途径,来使"自己"与"社会"结合。杨国枢(1992)认为中国人是比较典型的社会取向,价值取向指向融合,强调个体融入自然和社会环境,并保持和谐关系;这种取向具体表现为家族、关系、权威和他人四个次级取向。华裔学者何友晖认为中国人强调用社会关系来界定自己的身份,例如"我是某某的儿子""我是某某的学生",何友晖把中国人的这种取向称为"关系取向"(金盛华,辛志勇,2003)。

但传统核心价值观在"家国同构"的政治形态下,与君主制、官僚制度紧密结合,为政权、族权、夫权所组成的封建宗法制所利用,使得价值观成为维护皇权、大地主阶级的工具,也因此衍生出"家长制""官本位""人情世故"等潜在的价值观系统(江畅,陶涛,2019)。因此,中国人价值观可能存在二套系统,一是自我选择,二是社会表达(金盛华 等,2019)。文崇一(1993)提出中国人价值观的"富贵与道德"的二分模式,中国人的价值观中始终包含着"升官发财"和道德规则的相容和冲突。文崇一根据中国人在富贵—道德两个维度上的不同组合将中国人的价值观分成八类:(1)富贵与道德相容:富贵而道德,道德而富贵;(2)贫贱与道德相容:贫贱而道德,道德而贫贱;(3)富贵与道德相斥:富贵而不道德,不道德而富贵,(4)贫贱与道德相斥:贫贱而不道德,不道德而贫贱(金盛华,辛志勇,2003)。

有研究者认为中国人官本位思想的深层机理与中国人的爱面子有关。黄光国(1983)在其所著《人情与面子:中国人的权力游戏》中提出了他的人情与面子模式。他认为中国人在交往关系中可能存在三种不同的关系以及相应的做事法则和决策策略。工具性关系对应的法则是公平法则,其决策策略是客观决策;情感性关系对应的法则是需求法则,其决策策略是亲情困境;混合性关系对应的法则是人情法则,其决策策略是人情困境。黄光国认为,中国人的社会是一种接近情感性关系的混合型关系,所以倾向于遵守需求法则和人情法则(金盛华,辛志勇,2003)。

改革开放之后,因为社会结构和政治经济体制发生了巨大的变化,中国文化与世界文化的交融和碰撞成为常态,所以中国社会的价值观也发生了巨大变化。中国社会价值观从一元、整体、理想和精神价值观向多元、个体、世俗和物质价值观转变(廖小平,2006)。这样的背景使得近三十年中国的价值观心理学研究十分关注社会变迁视域下中国人价值观的结构、内涵和特征的变化。例如,金盛华(2009)认为中国人价值观结构与传统文化价值的紧密联系,如"品格自律"和"人伦情感"等价值观维度受到传统文化影响;中国人价值观中"传统与现代"并存,如对"公共利益"价值观的认同,这是随着中国现代化的进程,人们日益重视的价值观;中国人价值观有"好人定向",既重视立德,也重视才能。中国人价值观结构中开放与保守相比西方社会,更加平衡;价值观结构中"社会定向"和"个人定向"与西方被试相比也更交叉融合(金盛华等,2019)。这说明中国人价值观更强调个人与社会的相融关系。蔡华俭等人(2020)梳理了半个多世纪以来中国人的心理与行为变化,其中,中国人的文化价值观表现为从传统性(遵从权威、孝亲敬祖、安分守成、宿命自保、男性优越)到现代性(平权开放、独立自顾、乐观进取、尊重情感、男女平等)的转变;年轻一代的价值观更具有世俗的、个体主义的色彩,更注重提升自我价值。比起前辈,80后的公司雇员更注重生活与工作的平衡,更看重工作本身带来的具有个体主义特色的成就感、自我表达、意义感,例如追求事业成功。但他们的研究也发现,虽然中国人的传统性不断衰落、现代性不断增强,但二者并不必然对立,传统性的很多方面在现代社会依然广泛存在,例如家庭、朋友、亲情、爱国等传统价值观的重要性并未随着时代的发展而降低。

在新近的价值观研究中,人们开始关注当代青少年的价值观特征和未来发展趋势。有研究系统分析了"00后"(2000年后出生一代)的价值观认同现状(李春玲,2020)。"00后"与之前几代的青少年有显著的不同,除了社会更加富裕和稳定以外,"00后"的成长伴随着网络技术的飞速发展,网络论坛、网络社区、网络游戏、短视频、网络直播、AI技术……大量的通讯、网络和自媒体技术在20年间不断迭代更替。在这样的时代背景下,青少年更认同后物质主义价值观,即更关注个人幸福、自主性和生活品质(韩雪童,2020)。青少年的消费价值观更超前,青年的婚恋价值观更加多元和包容,更加认同社会平等价值观,也更认同爱国主义价值观(李春玲,2020)。但同时,网络短视频、网络直播的泛滥也使得青少年的价值观更加碎片化、娱乐化和虚无化。

总体而言,传统文化对中国人价值观具有重要影响。中国人的价值观是以关系性的自我为出发点、以抽象的社会为对象的价值观,既关注个人品格成长,也关注人际关系和谐共荣,同时还要关注是否自觉遵守社会角色规范(杨宜音,2008)。中国人有自己独特的"个体—群体"概念,在价值观的"终极—工具"维度,中国人的分布可能处于中间的位置,中国人的价值观具有实用性和世俗性倾向(杨宜音,1998)。在中国传统价值观中,终极目标不仅包括了精神性的目标,同时还包括国家强盛、个人修为等目标。与西方基于公平、契约的理念不同,中国传统价值观中的工具性价值观,包含了道德人格养成的终极目标;与西方价值观中基于个人自由、个人私有领域理念不同,中国传统价值观中的生活态度如"宁静淡泊""知足常乐",包含了佛教中克己忍耐、业报轮回取向(孙伟平,2013),同时还包含了道教中知足、知止的思想。

同时,研究者也指出在当今多元文化的中国社会,个体的价值观也更加多元。华人学者陈欣银(Chen,2015)在整合已有研究的基础上提出了"多元建构观"(pluralist-constructive perspective),认为群体取向和个体取向价值观是可以和谐共存并加以整合的两种价值观,个体的心理社会适应能力的提升并非以牺牲群体取向为代价。随着时代变迁,已有的价值观并非被新的价值观完全取代,而是被整合进新的价值观中。

3 小结

综上，价值观理论大体上可以分为价值观分类理论和价值观变迁理论。分类理论包括罗卡奇的价值观二维理论、霍夫斯蒂德的五维理论和施瓦茨的多维结构理论。变迁理论包括英格尔哈特的后现代价值观转变理论，格林菲尔德的社会变迁与人类发展理论。罗卡奇的理论将价值观分为目标和行为，这种区分使得价值观研究从一开始就关注信念系统与行为间的联系。施瓦茨的理论注重探讨价值观维度的相容和冲突以及价值观结构与行为的关系。霍夫斯蒂德的理论则关注更大范畴的人类文化群体的价值观结构和差异；而英格尔哈特和格林菲尔德的理论关注随时代变化人类群体价值观的变化趋势。此外，还有戈维亚从进化角度提出的价值观功能理论，两种功能分别为表达生存和繁荣需求的功能，以及引导个体行为以实现个人和社会目标的功能。一些国内及华人学者借鉴罗卡奇和施瓦茨的价值观理论编制量表探究中国人价值观的结构，提出的价值观理论或观点则丰富多彩，有些蕴含中国传统文化的要素，更多的兼具分类和变迁的特征。

第二节 当代青少年价值观的表现特征①

1 引言

价值观是"令人向往的某些状态、对象、目标或行为，它超越具体情境而存在，可作为在一系列行为方式中进行判断和选择的标准"(Schwartz, 1992)。价值观是一种相对稳定的认知结构，反映了一个人对自我和生活经历的基本看法，可用于选择和评估个体的态度和行为(Bardi & Schwartz, 2003; Schwartz & Sortheix, 2018)。施瓦茨的价值观理论体系将基本价值观分为四类，分别为开放、保守、自我超越和自我增强(李玲,金盛华,2016)。

四类价值观又可根据其指向性分为两大类：开放和自我增强主要涉及个体如何表达个人利益和独特性；而保守和自我超越则聚焦个体如何与社会群体和团体的福祉相关联。这样的原则也与罗卡奇对价值观的界定相一致。罗卡奇的价值观体系包括具体的行为方式（工具性）和目标状态（终极性），终极性价值观指的是理想的终极状态，反映了个人的生活目标，而工具性价值观则是实现终极价值观的行为模式和手段(Rokeach, 1973)。

从儿童期开始，价值观的形成和发展一直是个体自我认同的一项关键发展任务，青春期则是关键发展时期(Bardi et al., 2009; Cieciuch et al., 2016)。在这一时期，青少年开始有意识地认同有差异的价值观，同时在相互冲突的价值观之间保持平衡(Döring et al., 2015)。尽管有一些文献支持价值观在塑造青少年的态度和行为中的重要性，但与其他发展时期相比，有关

---

① 原文出处：Wang, X., Fu, R., Wu, A., & Li, D. (2023). Characteristics of adolescent life goals in contemporary China: A mixed-methods study. *Behavioral Science, 13*, 326. 此次刊载对具体内容做了删改。

青春期个体的价值观研究仍然不足(Aquilar et al., 2018)。此外,研究也表明青少年的价值观存在性别和年龄差异。例如,男孩更有可能认同个体取向的价值观,而女孩更可能认同群体取向的价值观(Döring et al., 2015; Schwartz & Rubel, 2005);年长青少年倾向于认同自我取向的价值观(Daniel & Benish-Weisman, 2018;沈潘艳 等,2017),等等。

此外,最近的研究表明了价值观认同的变化。当个体处于变化的环境中,这种变化愈加显现(Vecchione et al., 2019)。巨大的社会变化,诸如城市化、人口流动、互联网用户激增、核心家庭增多,以及女性在工作中投入时间和精力越来越多,塑造和改变了个人的价值观。越来越多的定量研究表明,中国的社会变迁对青少年的自我和群体取向价值观认同产生重要影响(Chen, 2015; Liu et al., 2018)。然而,从定性的角度来看,我们对中国青少年所认同的具体价值观知之甚少。本研究试图解决定性研究的不足,并对中国青少年价值观的发展和背景变化提供一个更细致的理解。

1.1 中国青少年的价值观

自我和群体取向的价值观代表了个人对世界所持有的与自我有关的两个基本信念领域(Dimmock & Walker, 2000)。这种分类的背景是个人主义(美国、西欧)和集体主义社会(墨西哥、中国)之间信仰的差异(Hofstede, 1980)。自我取向的价值观主要以独立和独特性为特征,激励个人积极做出自己的选择和决定(Kitayama et al., 2010; Oyserman, 2017)。相比之下,群体取向的价值观则映射了群体中的社会归属感,强调实现群体利益和人际关系和谐(Kagitcibasi, 2012; Chen, 2015)。在集体主义社会中,群体利益通常优先于个人利益,当这两种利益发生冲突时,个人利益会被首先要求放弃。

尽管发展符合自我和群体价值取向的行为被认为是儿童和青少年的主要任务,但这些价值取向在不同的社会中似乎具有不同的重要性。相对于个人主义社会,集体主义社会倾向于更多强调群体取向的价值观,而较少强调自我取向的价值观,因此,儿童青少年在寻求个人利益时,应优先考虑群体的福祉(Chen & Chen, 2010; Chen et al., 2018)。特别是在中国的许多农村地区,学校教育和家庭社会化更鼓励群体取向的价值观(Liu et al., 2018)。在这些地区,行为符合这些价值观的青少年更可能被同龄人和成年人接受和认可,从而获得社会地位、积极的社会关系和心理适应(闵正威,2008)。

尽管关于自我和群体取向的价值观对中国青少年发展影响的文献越来越多(Chen et al., 2012; Liu et al., 2018),但在自我和群体取向领域内分别包含哪些具体的价值观主题并不清晰。目前的研究大多采用量化的方法,即要求青少年对一个量表(如儿童青少年文化价值量表)中的题目进行回答(Chen et al., 2012),以了解个体对自我与他人的一般认知和行为偏好(例如,"我喜欢表达自己的意见""尊重团体的决定对我很重要")。然而,这种方法排除了对一个人的生活目标描述的广度,难以揭示它们在各个领域(学校和工作、家庭、休闲和信仰)的内在意义。捕捉青少年不同领域价值观的具体内容至关重要,因为它有助于了解个体的日常生活目标和行为。可通过问卷调查和个别访谈等方法探究青少年的生活目标和价值观,例如学校、职业有关的目标,了解其在当前环境中或超越当前环境的意义(Sumner et al., 2018)。

1.2 中国社会变迁背景下的青少年价值观

根据社会生态学的观点(Bronfenbrenner & Morris, 2006),价值观在很大程度上是由文化所引导的,而文化又在社会历史进程中不断变化发展。在以儒家思想为主导的中国传统社会中,"仁""义""礼""孝"等美德受到高度重视,其中"孝"是所有儒家伦理的根源(Ho, 1986)。在"孝"的信念下,子女应该尊重父母的权威,遵守他们的期望和要求,并在学业上有良好的表现(Fuligni et al., 1999),优秀的学业表现被认为是提高家庭地位和声誉以及加强子女与父母联系的关键(Ho, 1986)。然而,由于近几十年巨大的经济和社会变革,中国开始向高度竞争、以市场为导向的社会转型,在城市地区这种转型尤为突出。伴随着这种变化,新的行为特征,如社交自信和个人自信,越来越被年轻一代接受和欣赏(Chen & Chen, 2010)。事实上,已有研究表明中国城市青少年认可个人独特的价值观,并形成一个独立的"统一和稳定"的自我(例如,"我喜欢独特,在许多方面与他人不同""我喜欢以自己的方式行事")(Chen et al., 2012)。中国青少年对追求个人快乐和感官满足的价值观的重视程度在增加(Wang & Dai, 2009)。正如社会变迁与人类发展理论(Greenfield, 2009)所指出,全球化和人口变化促使相互依赖和关注群体福祉的价值观向有利于发展个人自主性、独特性和个人成长的价值观转变(Liu et al., 2018)。在许多发展中国家,城市化作为全球化进程的一种表现,已经将个人的文化信仰和价值观塑造得更加以自我为中心(Kagitcibasi, 2012)。

然而,也有研究者指出,更加认同自我取向价值观并不一定会导致对社会联系和归属的需求减少(Kagitcibasi & Ataca, 2005)。事实上,在社会变迁背景下,儿童和青少年的价值观建构过程使他们可以整合不同的价值观,例如,自我与群体取向的整合(Chen, 2015; Zeng & Greenfield, 2015)。但这种不同价值观的整合在中国的城市和农村地区认可程度可能有所不同(Kagitcibasi & Ataca, 2005; Liu et al., 2018)。一方面,由于中国大规模的经济和社会变革主要发生在城市地区,农村地区个体相比城市地区个体更少发生价值观向自我取向的转变(黄艾丽,杜学元,2007)。在农村地区,人们依旧更加重视群体取向,群体取向的价值观指导在学校教育和家庭教育中更具影响力(Chen & Chen, 2010;闵正威,2008)。另一方面,在中国的农村地区,青少年在发展自主性和自我主张的行为品质方面受到的鼓励较少(Chen et al., 2012)。这一论点得到了一项研究(Liu et al., 2018)的支持,在城市儿童中,自我取向的价值观与社会和情绪适应的关系更强,而在农村儿童中,群体取向的价值观与适应的关系更明显。鉴于自我取向和群体取向的价值观在中国城市和农村儿童中的不同功能,深入研究中国青少年对自我取向和群体取向中特定主题价值观认可的城乡差异显得尤为重要。

因此,本研究拟采用量化和质性混合的方法,探索中国青少年价值观的关键主题,以及青少年对这些价值观认可的城乡、年级和性别差异。通过了解青少年不同生活领域的具体价值观主题及其差异状况,我们可以更好地理解当代中国的社会变迁对塑造青少年价值观的贡献。研究采用定性的半结构式访谈,收集每个被试的个性化数据(Levitt et al., 2018)。这种方法对于探索数据中与价值观的背景含义有关的主题或模式特别有用(Braun & Clarke, 2006),有利于帮助我们理解中国的社会变革如何与青少年不同价值观的共存和融合相联系。

此外,有研究者认为青春期中后期的青少年对个人独特性和自主性有强烈的需求(Yang et al., 2010),年长的青少年会更加认同自我取向的价值观,获得个人成就和发展个人兴趣在他们的生活中具有越来越重要的意义。因此，本研究也将探讨青少年对价值观认同的年级差异，以助力了解这一未被充分研究的问题。由于性别刻板印象，中国的男孩通常被认为更加独立和独特，而女孩则被认为对社会关系和相互依赖更感兴趣和投入(Liu et al., 2018)。因此，我们预测男孩会更认可与学校、家庭和其他环境中的自主性和独特性有关的价值观，而女孩则认为社会关系的价值观更重要。

2 研究方法

2.1 被试

本研究的被试包括上海的 129 名青少年(65 名男生)，以及辽宁、河南和福建三省农村地区的 34 名青少年(17 名男生)。这些青少年就读于 8 所初中和高中，城市组七年级被试平均年龄为 12.84 岁($SD=0.59$)，十年级的被试平均年龄为 16.22 岁($SD=0.87$)，农村组七年级的平均年龄为 12.55 岁($SD=0.89$)，十年级被试的平均年龄为 16.93 岁($SD=0.79$)。城市组和农村组分别有 98.45% 和 94.11% 的孩子来自完整的家庭，其他孩子来自单亲家庭。两组青少年被试中，分别有 67.54% 和 36.43% 是独生子女，其余被试有一个或多个兄弟姐妹。城市和农村地区的学校组织结构相似，例如班级规模相似，都有约 40 名学生，学校在每个科目的日程安排也都差不多，学业和课外活动也都是按照教育部规定的标准组织开展的。

2.2 研究程序

在获得青少年的同意和家长的许可后，研究者在学校的一个私密房间进行面对面的半结构化访谈。每次访谈持续约 20 分钟，所有访谈都由一群担任研究助理的心理学研究生来进行，包括实施、录音和转录。在访谈之前，所有的研究助理都接受了项目负责人的培训，学习如何进行高质量的采访(例如，建立融洽的关系，思考、转述、澄清和总结的策略)。在整个研究期间，项目负责人和研究助理每周都举行会议，以确保研究助理严格遵守访谈和编码的标准。研究获得了所有参与的青少年的书面同意，并通过学校获得了他们父母的书面同意。

2.3 访谈程序

在每次访谈中，参与者都被问到以下问题，目的是为了获得青少年对他们的目标和人生意义的描述(Rokeach, 1973; Schwartz et al., 2012)："你的人生目标是什么?""你生活的意义是什么?"和"你认为生活中快乐的来源是什么?"当青少年回答完这些问题，访谈者会就每个问题提出两个后续问题，例如："为什么这是你的目标?"和"你将如何实现这个目标?"虽然访谈者使用了结构化的问题序列，但他们都接受过访谈培训，会在适当的时候跟随参与者的思路，并随时改变措辞继续探究。

2.4 数据分析

访谈结束后，研究人员转录了所有的录音，并使用主题分析方法进行编码和分析，这是心理学中广泛使用的一种定性分析方法(Braun & Clarke, 2006)。这种方法是归纳性的，可以灵活确定定性数据中出现的广泛主题。主要研究者和两名研究助理首先逐行阅读记录稿以熟悉内容;随后,经过研究小组的一系列讨论,确定了1004个初步的文本片段;然后,两位研究助理分别对10份记录进行编码,研究小组对两位助理的主题编码进行比较,以解决编码者的分歧,完善编码的定义,并制定最终的编码手册;在达成共识后,使用编码手册对所有的文本段进行了编码,最终提取了13个主题。

主题分析被用来系统地生成初始代码,寻找主题,并审查与编码数据相关的潜在主题。例如,在"家庭幸福"这一主题的形成过程中,在最初接受采访时,许多参与者(69.33%)将他们的家庭生活描述为幸福的源泉,如"我从学校回到家和家人一起吃饭后很开心。我觉得这一天是非常有意义的"。然后从受访者的陈述中提取描述性代码,以捕捉他们的价值观。之后,代码中的共同元素被提取出来,形成次主题,例如,在讨论家庭生活时,一些被试更多地谈到了与家庭成员的联系,而另一些人则更多地谈到了作为家庭成员的责任。因此,我们总结出两个副主题,包括身体和情感上的亲密和家庭义务,这就形成了总结性主题,即家庭幸福感。本研究的编码手册和每个主题的青少年所揭及的百分比见表2-3。

表2-3 编码手册和价值观认同的百分比

价值观主题	类别	代码示例	认同的百分比(%)
家庭幸福	身体和情感上的亲近	与家庭成员共度时光; 与家庭成员沟通; 家庭度假; 家庭聚会;	69.33
	家庭义务	照顾好父母和亲戚; 做家务来帮助父母;	
学业优秀	学习责任	我有责任努力学习; 取得好的学校成绩是我的责任;	66.37
	取得好成绩	学校科目有好成绩; 提高我在考试上排名;	
	进入梦想的大学	在高考中取得最佳成绩; 努力学习,争取进入我的梦想学校;	
个人快乐	情感上的愉悦和积极	做一些让我快乐的事情; 享受生活; 过上幸福的生活;	47.85
	减轻学业压力	没有家庭作业; 无忧无虑;	
专业成就	满足感	理想的实现; 成功制定和实现目标;	47.22
	提高能力	提高我的学习能力; 发展软技能;	
友谊		朋友的陪伴; 拥有真诚的朋友;	38.65
积极的人际关系	群体氛围	我的同龄人群体中的朋友们喜欢互相陪伴; 在课堂上没有冲突;	26.99
	相互依赖	相互帮助; 相互接纳;	

续　表

价值观主题	类别	代码示例	认同的百分比(%)
生活经历	第一手经验	在世界各地旅行； 认识不同的人；	22.70
	第二手经验	阅读书籍以拓宽我的视野； 从我的父母那里学习生活经验；	
善良		要有爱心； 志愿帮助他人；	19.63
物质财富		赚取良好的收入以获得我想要的东西； 有足够的钱买房子；	15.34
独立	心理上的自主性	感觉到自力更生； 能够不顾父母的反对去追逐自己的梦想；	11.66
	行为上的自主性	独立做事； 自己做决定并贯彻执行；	
健康	良好的身体健康	经常打篮球才健康； 拥有健康、均衡的饮食；	11.04
	心理健康	积极参加体育运动,减少压力； 做运动让我感到自信；	
社会贡献	造福社会	为社会做贡献； 毕业后利用我的专业帮助他人；	10.43
独处	独处的感觉	自己一个人时感觉很舒服； 享受独处的时光；	7.98
	寻求独处	独自旅行,让自己精神焕发； 花时间独处,进行创造性的思考；	

3　研究结果

研究结果如表2-3所示,共提炼出13个价值观主题,包括家庭幸福(例如,"我认为生活的意义是家庭幸福"),学业优秀(例如,"我最大的目标是考上清华大学和北京大学"),个人快乐(例如,"我认为快乐是好的,要有一个好心情"),专业成就(例如,"我最近的目标是提高我的绘画水平,我想画得更好"),友谊(例如,"我认为生活中最有意义的事情是有好朋友陪伴你,有好朋友安慰你"),积极的人际关系(例如,"我认为最有意义的事情是班级很和谐,大家互相帮助"),生活经历(例如,"我认为人生的目标是积累经验,参加各种活动"),善良(例如,"我认为人生的意义是能够帮助别人,而且经常能够帮助别人"),物质财富(例如,"我认为人生最重要的目标是富有,能够买很多东西"),独立(例如,"我认为人生的目标是找到自己的价值,过自己的生活,能够有自己的选择"),健康(例如,"我的人生目标是健康,我的家人也健康"),社会贡献(例如,"我的理想是当一名幼儿园老师,老师很光荣,为祖国的花朵作贡献"),独处(例如,"我自己最有意义和快乐的时刻是我独自一人,听着歌,飘飘然,什么都不想")。

3.1　三个最认可的价值观主题

对于三个最受认可的价值观主题,即家庭幸福、学业优秀和个人快乐,我们进一步分析了每个主题的内涵。

家庭幸福。 作为最受认可的价值观主题,它强调家庭成员之间紧密的身体和情感联系以及强烈的家庭义务感。具体来说,家庭幸福的核心是对家庭成员的尊重、支持和关怀,强调家庭生活乐趣(寻求和家人在一起的时刻或与家庭成员分享活动和乐趣的经历)和孝道。关于家庭幸福的两个次主题是:"一家人在一起吃饭是最幸福的""我尽量帮父母的忙,减少他们的负担"。

学业优秀。 研究中,66.37%的青少年称"有好成绩"和"进入我梦想的大学"是他们的最终目标。这种对学业优秀的强调可能是青少年出于作为学生的责任,或者为了遵守父母的学业期望,例如,"学生的责任是学习……""学习好是进入好大学的唯一途径,这是必须的……""我们必须坚持学习目标,获得好成绩,不断进步……"。此外,学业优秀被认为是未来成功的关键,也是对父母支持和爱的道德回报。例如,超过一半的受访者表示,学业成绩"为未来的一切奠定了基础""给我更多的机会,以及更容易和更快乐的生活"。也有受访者强调:"成绩好、考上大学是父母看重的""我要好好学习,考上好大学,让爸爸妈妈过上好日子""父母养育我不容易,我要好好学习,一定要做出点成绩,以后给他们一个舒适的生活""努力学习,每天一点一点地进步,每次都取得更好的成绩,这些是对父母最好的回报"。

个人快乐。 提及最多的第三个价值观主题是个人快乐。这一主题涉及个体的积极和愉悦的情绪,例如,"做一些让自己开心的事情,比如跳舞、听音乐,这对我来说非常非常重要……""开心点,有一个好心情,那么你就可以更努力地学习和玩耍……",以及"过一个聪明、舒适和快乐的生活……"。除了快乐和享受,青少年对个人快乐的描述还有放松和自由,这与他们的学业压力密切相关,例如,"我每天都要做很多功课,但吃饭的时候什么都不用想……""我只想过快乐无忧的生活,没有那么多压力……""我希望我的生活简单无忧,比如没有功课,可以随便和朋友逛街……""快乐比成绩更重要,学习没有终点,但快乐是终点"。

3.2 价值观主题认同的性别、年级和城乡差异

通过卡方检验,进一步探究青少年价值观主题认同的性别、年级和城乡差异。如表2-4所示,青少年对家庭幸福、个人快乐、生活体验、善良、独立和独处等主题的认可存在显著的年级差异。初中生更赞同家庭幸福和善良,而高中生更赞同个人快乐、生活经历、独立和独处。同样,青少年对家庭幸福、个人快乐、生活经历和健康等主题的认可存在城乡差异。农村学生更认同家庭幸福的价值观,而城市学生更认同个人快乐、生活经历和健康等价值观。例如,农村学生对与家庭的身体和情感亲密的描述更多,包括"与家人在一起是最好的事情",以及"与家人在一起的时间和乐趣很重要。他们非常爱我,我非常依赖他们"等。农村青少年也对他们的父母作为农民工在城市从事低薪的农活或被鄙视、危险的工作表示了更多的担忧。他们被父母期望照顾家里的老人如祖父母,例如:"我帮助祖父母,这样他们就不需要工作得太辛苦。"青少年价值观主题认同的性别差异不显著。

表2-4 青少年对价值观主题认可的年级和城乡差异

价值观主题	初中(%)	高中(%)	χ^2	城市(%)	农村(%)	χ^2
家庭幸福	81.93	56.25	12.63***	63.57	91.18	9.65**
学业优秀	66.27	66.25	0.00	64.34	73.53	1.10
个人快乐	33.73	62.50	13.51***	56.59	14.71	18.92***
专业成就	40.96	53.75	2.67	45.73	52.94	0.56
友谊	37.35	40.00	0.12	37.98	41.18	0.11
积极的人际关系	26.50	27.50	0.02	26.36	29.41	0.13
生活经历	13.35	32.50	8.60*	26.35	8.82	4.71*
善良	26.51	12.50	5.07*	18.60	23.53	0.41
物质财富	13.25	17.50	0.57	16.28	11.76	0.42
独立	3.61	20.00	10.62**	11.63	11.76	0.00
健康	14.46	7.50	2.00	13.95	0.00	5.33*
社会贡献	9.64	11.25	0.11	10.08	11.76	0.08
独处	3.61	12.50	4.38*	8.53	5.88	0.26

4 分析与讨论

价值观在塑造和指导青少年社会行为方面的重要作用已被以往研究所证实,但我们对当代中国社会变迁背景下青少年的具体价值观却知之甚少。本研究通过质性访谈,让青少年表述他们的生活目标、生活意义和生活中的幸福来源,并借助主题分析确定了当代中国青少年价值观的关键主题,扩展了以往该领域的研究。研究共确认了13个价值观主题,其中最被青少年认可的三个主题分别是家庭幸福、学业优秀和个人快乐。此外,年级和城乡的比较显示,初中青少年和农村青少年更倾向于认可归属感和群体幸福的价值观,而高中青少年和城市青少年则更倾向于强调个人独立和独特性的价值观。

总体而言,从青少年的叙述中提取的13个价值观主题可归属于两个主要类别:自我取向和群体取向。具体来说,自我取向价值观包括学业优秀、个人快乐、专业成就、生活经历、物质财富、独立、健康和独处;而群体取向价值观则包括家庭幸福、友谊、积极的人际关系、善良和社会贡献。这种分类与以往有关中国青少年自我和群体取向并存的论点是一致的(Chen, 2015; Liu et al., 2018),这也证明了中国人的"双文化自我"的概念(Yang et al., 2010)。一方面,家庭幸福、友谊和积极的人际关系等群体取向的价值观主题延续了传统的儒家思想价值观,继续影响中国青少年如何评价他们自己和他人的社会行为;而当一个人表现出群体取向的行为时得到的有利反馈可能会加强青少年对这些价值观的认可。另一方面,反映自我取向的个人成就、独立性和自主性在青少年个体中也得到了强调。正如已有研究者(Liu et al., 2018; Zeng & Greenfield, 2015)所认为的,这些价值观可能为个人提供机会,以增强他们的主体性,反过来可能有助于团体运行和归属。例如,学业优秀在中国社会受到高度重视,它不仅代表了个人的成功,也代表了影响整个家庭的孝道(Ho, 1986; Fu et al., 2020),前者反映了自我取向的价值观,后者则是群体取向的价值观。综合来看,样本中的青少年所认同的这些价值观主题揭示了在当代中国自我取向的价值观与传统的、群体取向的价值观的融合(Chen, 2015)。

4.1 年级和城乡差异

尽管13个价值观主题在青少年中同时存在,但他们对这些价值观主题的认同存在年级和城乡差异。高中生更认同自我取向的价值观主题(如个人快乐、专业成就、独立),而初中生更赞同群体取向的价值观主题(如家庭幸福、善良、积极的人际关系)。这表明,随着青少年年龄的增长,他们对寻求独立、自主和个人独特性的个人需求更加强烈,这是因为青少年时期的一项主要发展任务是自我身份的探索和形成(Erikson, 1986)。相对而言,年龄较小的青少年在自我导向方面的认知能力较弱,因此需要社会化主体(父母、教师和其他重要的成年人)的更多指导和支持。此外,我们的结果似乎也呼应了之前的研究,处在青春期的青少年对拥有独立思想和行动非常看重,并希望通过个人成长寻求满足这些需求(Cieciuch et al., 2016)。

此外,城市青少年更赞同自我取向的价值观,而农村青少年更认同群体取向的价值观,这表明中国青少年在生活的各个领域对特定价值观的认同存在显著的城乡差异。由于社会经济改革,中国城市文化价值观正从传统的群体取向的价值体系自我取向价值体系过渡(Chen et al., 2018; Liu et al., 2018)。当父母、教师和其他社会化主体为青少年在竞争激烈的城市环境中取得成功作准备时,他们对自我决定、主动性和其他以自我为取向的行为品质的鼓励,可能会加强城市青少年对丰富生活经验、追求快乐和幸福的信念(Chen & Chen, 2010)。相反,在农村地区,对自我取向的价值观认同较少,群体取向的价值观却更占优势,人们期望青少年表现出传统的行为品质,如约束自己的行为以促进群体和谐,并将家庭幸福置于个人快乐之上(Chen, 2015)。正如许多农村青少年所述,他们有义务做家务以支持他们的家庭,如照顾兄弟姐妹和爷爷奶奶等。农村青少年这种强烈的家庭义务感的内化,似乎为他们提供了一种维持家庭亲密关系和促进家庭幸福的手段。

本研究发现,男女青少年对自我取向和群体取向的价值观主题的认可程度类似,这与之前中国女孩比男孩更倾向于群体取向的发现不一致(Liu et al., 2018; Chen et al., 2012)。也许因为本研究中涉及的自我取向价值观融入了传统的群体取向的价值观,从而平衡了性别之间的差异。这一论点得到了格林菲尔德的理论观点的支持,他将社会人口变化、动态文化价值观和性别角色的专业化联系起来(Greenfield, 2009)。另有研究者(Manago et al., 2014)也认为,随着社会变得更加城市化、商业化和技术化,有更多接受正规教育的机会,性别角色被理想化为更加平等,而不是互补。因此,女性和男性在实现其生活目标方面有望获得平等的待遇和机会。

4.2 局限性和未来方向

本研究也存在几个不足之处。首先,由于种种原因,参与访谈的农村青少年比城市青少年少了许多,也没有包括来自中国西部、山区和其他更偏远地区的农村青少年。如果加入这些被试,可能导致城乡差异更加明显。同样,城市组来自中国最发达的大都市之一,相比农村同龄人,城市青少年对生活经验等价值观的认同更强烈,因为他们有更多的资源和机会来发展个人兴趣,拓宽他们的生活视野和经验。未来的研究应该使用更大的样本量,选取更多的农村和城市地区样本进行研究。

其次,其他定量研究表明,家庭义务价值观对青少年的学业和心理健康有复杂的影响(Telzer et al., 2015)。换句话说,较高的家庭义务价值观可能使青少年体验相互冲突的行为期望,即家务需求增加与学校需求增加的冲突(Vasquez-Salgado et al., 2015)。未来的研究可使用定性的方法来探索中国农村青少年在面对家庭—学校冲突或其他有冲突的价值观时的反应。

再次,重大生活事件的发生(例如,父母身体和心理的急剧变化,初中到高中的过渡)可能会塑造青少年的价值观(Myyry et al., 2013)。因此,研究中国青少年价值观的稳定性和变化是很有意义的,特别是当他们经历生活环境的变化时。

5 总结

本研究采用混合方法,确定了当代中国城乡青少年的13个价值观主题,其中被提及最多的主题是家庭幸福、学业优秀和个人快乐。此外,研究结果显示,青少年对这些主题的认可存在年级和城乡差异。这些研究结果通过提供每一类价值观的具体主题,证实并扩展了当代中国以自我和群体为取向的价值观的理论分类,具有重要贡献。本研究为基于学校的价值观教育提供了实证依据,可以通过加强城市和农村青年的不同价值观主题教育,从而使当代中国青少年有更明晰的价值观认同。

参考文献

蔡华俭,黄梓航,林莉,张明杨,王潇欧,朱慧珺……敬一鸣.(2020).半个多世纪来中国人的心理与行为变化——心理学视野下的研究.*心理科学进展*,*28*(10),1599-1688.

戴木才,王艳玲.(2019).中国传统核心价值观的源流发展及其启示.*湖南师范大学社会科学学报*,*48*(4),1-16.

郭莲.(2011).中国公众近十年价值观的变化:"后现代化理论"的验证研究.*国家行政学院学报*,*3*,27-31.

郭莲.(2013).从跨文化视角看中美等国的价值观变化——霍夫斯泰德与费尔南德斯文化价值理论比较.*马克思主义与现实*,*4*,163-168.

韩雪童.(2020).狂欢理论视域下青少年"饭圈文化"的理性审思.*中国德育*,*16*,26-30.

黄艾丽,杜学元.(2007).关于我国城乡家庭教育差异的比较分析.*宜宾学院学报*,*7*(1),107-110.

黄希庭.(2005).*当代中国青年价值观研究*.人民教育出版社.

江畅,陶涛.(2019).中国传统价值观现代转换面临的任务.*湖北社会科学*,*3*,174-182.

姜永志,白晓丽.(2015).文化变迁中的价值观发展:概念、结构与方法.*心理科学进展*,*23*(5),888-896.

金盛华,李玲,车宏生,何立国.(2019).中国人价值观特点及其与社会主义核心价值观的契合性.*心理科学*,*42*(3),722-730.

金盛华,辛志勇.(2003).中国人价值观研究的现状及发展趋势.*北京师范大学学报(社会科学版)*,*3*,56-64.

金盛华,郑建君,辛志勇.(2009).当代中国人价值观的结构与特点.*心理学报*,*41*(10),1000-1014.

李丹,朱宁宁,夏艳雨,杨盼盼,丁雪辰,刘俊升,陈欣银,张明浩.(2023).价值取向的代际效应及其与青少年心理和学校适应的关系.*心理科学*,*46*(2),329-338.

李玲,金盛华.(2016).Schwartz价值观理论的发展历程与最新进展.心理科学,39(1),191-199.

廖小平.(2006).改革开放以来我国价值观变迁的基本特征和主要原因.科学社会主义,1,64-67.

刘萍.(2022).青少年自我超越价值观与情绪调节的关系:外显和内隐的视角(博士学位论文).上海:上海师范大学.

闵正威.(2008).家庭教育的城乡比较研究.吉林省教育学院学报,6,37-39.

沈潘艳,辛勇,高靖,冯春.(2017).中国青少年价值观的变迁(1987—2015).青年研究,4,1-10.

孙伟平.(2013).佛教价值观的六个基本要义.河北学刊,6,38-42.

王晓峰.(2020).当代中国青少年价值观发展特点及其与心理、学校和社会适应的关系(博士学位论文).上海:上海师范大学.

燕国材,岑国桢,顾海根,李丹.(2022).教育心理学.上海:华东师范大学出版社,38-39.

杨耕.(2015).价值、价值观与核心价值观.北京师范大学学报(社会科学版),1,16-22.

杨国枢.(1994).中国人的价值观:社会科学观点.台北:台湾桂冠图书公司.

杨国枢.中国人的价值观——社会科学观点.台北:桂冠图书公司,1993.

杨宜音.(1998).社会心理领域的价值观研究述要.中国社会科学,2,82-91.

杨宜音.(2008).关系化还是类别化:中国人"我们"概念形成的社会心理机制探讨.中国社会科学,4,148-15

杨中芳.(1991).由中国"社会心理学"迈向"中国社会心理学":试图澄清有关"本土化"的几个误解.社会学研究,1,32-38.

张雷,郭爱妹,侯杰泰.(2002).中美大学生性别角色平等态度比较研究.心理科学,25(2),219-221.

张兴海,朱明仕.(2015).价值判断能力视角下的大学生价值观教育论析.思想教育研究,3,64-67.

Allport, G. W., & Vernon, P. E. (1931). A test for personal values. *Journal of Abnormal and Social Psychology*, 26(3), 231-248.

Aquilar, S., Bacchini, D., & Affuso, G. (2018). Three-year cross-lagged relationships among adolescents' antisocial behavior, personal values, and judgment of wrongness. *Social Development*, 27, 381-400.

Bardi, A., Lee, J. A., Hofmann-Towfigh, N., & Soutar, G. (2009). The structure of intraindividual value change. *Journal of Personality and Social Psychology*, 97, 913.

Bardi, A., & Schwartz, S. H. (2003). Values and behavior: Strength and structure of relations. *Personality and Social Psychology Bulletin*, 29(10), 1207-1220. doi:10.1177/0146167203254602

Braun, V., & Clarke, V. (2006). Using thematic analysis in psychology. *Qualitative Research in Psychology*, 3, 77-101.

Bronfenbrenner, U., & Morris, P. A. (2006). The Bioecological Model of Human Development. In N. Eisenberg, R. A. Fabes, & T. L. Spinrad (Eds.), *Handbook of Child Psychology* (pp. 793-828). John Wiley & Sons.

Chen, X. (2015). Exploring the implications of social change for human development: Perspectives, issues and future directions. *International Journal of Psychology*, 50, 56-59.

Chen, X., & Chen, H. (2010). Children's social functioning and adjustment in the changing Chinese society. In R. K. Silbereisen & X. Chen (Eds.), *Social change and human development: Concepts and results* (pp. 209-226). SAGE.

Chen, X., Fu, R., Liu, J., Wang, L., Zarbatany, L., & Ellis, W. (2018). Social sensitivity and social, school, and psychological adjustment among children across contexts. *Developmental Psychology*, 54, 1124-1134.

Chen, X., Wang, L., & Liu, J. (2012). Adolescent cultural values and adjustment in the changing Chinese society. In G. Trommsdorff & X. Chen (Eds.), *Values, religion, and culture in adolescent development* (pp. 235‑252). Cambridge University Press. Erikson, E. H. (1968). *Identity: Youth and crisis*. Norton.

Cieciuch, J., Davidov, E., & Algesheimer, R. (2016). The stability and change of value structure and priorities in childhood: a longitudinal study. *Review of Social Development, 25*, 503‑527.

Connection, C. C. (1987). Chinese values and the search for culture-free dimensions of culture. *Journal of Cross-Cultural Psychology, 18*(2), 143‑164.

Daniel, E., & Benish-Weisman, M. (2018). Value development during adolescence: Dimensions of change and stability. *Journal of Personality, 87*, 620‑632.

Dimmock, C., & Walker, A. (2000). Globalisation and Societal Culture: Redefining schooling and school leadership in the twenty-first century. *Compare: A Journal of Comparative and International Education, 30*, 303‑312.

Döring, A. K., Schwartz, S. H., Cieciuch, J., Groenen, P. J. F., Glatzel, V., Harasimczuk, J., Janowicz, N., Nyagolova, M., Scheefer, E. R., Allritz, M., Milfont, T. L., & Bilsky, W. (2015). Cross-cultural evidence of value structures and priorities in childhood. *British Journal of Psychology, 106*, 675‑699.

Erikson, E. H. (1986). *Youth and crisis*. New York, NY: WW Norton & Company.

Fu, R., Lee, J., Chen, X., & Wang, L. (2020). Academic Self-Perceptions and Academic Achievement in Chinese Children: A Multiwave Longitudinal Study. *Child Development, 91*, 1718‑1732.

Fuligni, A. J., Tseng, V., & Lam, M. (1999). Attitudes toward family obligations among American adolescents with Asian, Latin American, and European backgrounds. *Child Development, 70*, 1030‑1044.

Fung, J., Kim, J. J., Jin, J., Wu, Q., Fang, C., & Lau, A. S. (2017). Perceived social change, parental control, and family relations: A comparison of Chinese families in Hong Kong, Mainland China, and the United States. *Frontiers in Psychology, 8*, 1671.

García, C., Rivera, N., & Greenfield, P. M. (2015). The decline of cooperation, the rise of competition: Developmental effects of long-term social change in Mexico. *International Journal of Psychology, 50*(1), 6‑11.

Gouveia, V. V., Milfont, T. L., & Guerra, V. M. (2014). Functional theory of human values: Testing its content and structure hypotheses. *Personality and Individual Differences, 60*, 41‑47.

Greenfield, P. M. (2009). Linking social change and developmental change: Shifting pathways of human development. *Developmental Psychology, 45*(2), 401‑418.

Greenfield, P. M. (2013). The changing psychology of culture from 1800 through 2000. *Psychological Science, 24*(9), 1722‑1731.

Greenfield, P. M., Suzuki, L. K., & Rothstein-Fisch, C. (2006). Cultural pathways through human development. In K. A. Renninger & I. E. Sigel (Eds.), *Handbook of child psychology: Volume 4. Child psychology in practice* (pp. 655‑699). New York, NY: Wiley.

Ho, D. Y. F. (1986). Chinese pattern of socialization: A critical review. In M. H. Bond (Ed.), *The psychology of the Chinese people* (pp. 1‑37). Oxford University Press.

Hofstede, G. (1980). *Cultures consequences: International differences in workrelated values*. Beverly Hills, CA: Sage.

Inglehart, R. F. (1977). *The silent revolution: Changing values and political styles among western publics*. Princeton: Princeton University Press.

Kagitcibasi, C., & Ataca, B. (2005). Value of children and family change: A three-decade portrait from Turkey. *Applied Psychology: An International Review, 54*(3), 317‑337.

Kluckhohn, C. (1951). *Values and value-orientations in the theory of action*.

Kagitcibasi, C. (2012). Sociocultural change and integrative syntheses in human development: Autonomous-related self and social-cognitive competence. *Child Development Perspectives, 6*, 5–11.

Kitayama, S., Karasawa, M., Curhan, K. B., Ryff, C. D., & Markus, H. R. (2010). Independence and interdependence predict health and wellbeing: Divergent patterns in the United States and Japan. *Frontiers in Psychology, 1*.

Liu, X., Fu, R., Li, D., Liu, J., & Chen, X. (2018). Self- and group-orientations and adjustment in urban and rural Chinese children. *Journal of Cross-Cultural Psychology, 49*(9), 1440–1456.

Levitt, H. M., Bamberg, M., Creswell, J. W., Frost, D. M., Josselson, R., & Suárez-Orozco, C. (2018). Journal article reporting standards for qualitative primary, qualitative meta-analytic, and mixed methods research in psychology: The APA publications and communications board task force report. *American Psychologist, 73*, 26–46.

Manago, A. M., Greenfield, P. M., Kim, J. L., & Ward, L. M. (2014). Changing cultural pathways through gender role and sexual development: A theoretical framework. *Ethos, 42*, 198–221.

Myyry, L., Juujärvi, S., & Pesso, K. (2013). Change in values and moral reasoning during higher education. *European Journal of Developmental Psychology, 10*, 269–284.

Oyserman, D. (2017). Culture three ways: Culture and subcultures within countries. *Annual Review of Psychology, 68*, 435–463.

Park, H., Twenge, J. M., & Greenfield, P. M. (2014). The great recession: Implications for adolescent values and behavior. *Social Psychological and Personality Science, 5*(3), 310.

Perry, B. R. (1926). *General theory of value*. Mass: Harvard University Press.

Rokeach, M. (1973). *The Nature of Human Values*. New York, NY: Free press

Schwartz, S. H. (1992). Universals in the content and structure of values: Theoretical advances and empirical tests in 20 countries. In *Advances in experimental social psychology* (Vol. 25, pp. 1–65).

Schwartz, S. H. (2015). Basic individual values: Sources and consequences. In D. Sander and T. Brosch (Eds.), *Handbook of value*. Oxford: UK, Oxford University Press.

Schwartz, S. H., & Bilsky, W. (1987). Toward a universal psychological structure of human values. *Journal of personality and social psychology, 53*(3), 550.

Schwartz, S. H., & Rubel, T. (2005). Sex differences in value priorities: Cross-cultural and multimethod studies. *Journal of Personality and Social Psychology, 89*(6), 1010–1028.

Shils (Eds.), *Toward a general theory of action* (pp. 388–433). Cambridge, MA: Harvard University Press.

Schwartz, S. H., Cieciuch, J., Vecchione, M., Davidov, E., Fischer, R., Beierlein, C., et al. (2012). Refining the theory of basic individual values. *Journal of Personality and Social Psychology, 103*, 663–688.

Schwartz, S. H., & Sortheix, F. (2018). Values and Subjective Well-Being. In E. Diener, S. Oishi, & L. Tay (Eds.), Handbook of Well-Being (pp 1–25). Noba Scholar.

Sumner, R., Burrow, A. L., & Hill, P. L. (2018). The development of purpose in life among adolescents who experience marginalization: Potential opportunities and obstacles. *American Psychologist, 73*, 740–752.

Telzer, E. H., Tsai, K. M., Gonzales, N., & Fuligni, A. J. (2015). Mexican American adolescents' family obligation values and behaviors: Links to internalizing symptoms across time and context. *Developmental Psychology, 51*, 75–86.

Tuulik, K., Õunapuu, T., Kuimet, K., & Titov, E. Rokeach's (2016). Instrumental and terminal values as descriptors of modern organisation values. *Organizational Communication eJournal, 5*, 151–161.

Vasquez-Salgado, Y., Greenfield, P. M., & Burgos-Cienfuegos, R. (2015). Exploring home-school value conflicts implications for academic achievement and well-being among Latino first-generation college students. *Journal of Adolescent Research, 30*, 271–305.

Vecchione, M., Schwartz, S., Davidov, E., Cieciuch, J., Alessandri, G., & Marsicano, G. (2019). Stability and change of basic personal values in early adolescence: A 2-year longitudinal study. *Journal of Personality, 63*, 111–122.

Weinstock, M. (2015). Changing epistemologies under conditions of social change in two Arab communities in Israel. *International Journal of Psychology, 50*(1), 29–36.

Weinstock, M., Ganayiem, M., Igbaryia, R., Manago, A. M., & Greenfield, P. M. (2015). Societal change and values in Arab communities in Israel: Intergenerational and rural-urban comparisons. *Journal of Cross-Cultural Psychology, 46*(1), 19–38.

Wang, M., & Dai, J. (2009). Cultural norms informing other-conscious selfhood in Chinese relational worlds. *Culture and Psychology, 15*, 41–72.

Yang, K. S., Liu, Y. L., Chang, S. H., & Wang, L. (2010). Constructing a theoretical framework for the ontogenetic development of the Chinese bicultural self: A preliminary statement. *Chinese Journal of Psychology, 52*, 113–132.

Zeng, R., & Greenfield, P. M. (2015). Cultural evolution over the last 40 years in China: Using the Google Ngram Viewer to study implications of social and political change for cultural values. *International Journal of Psychology, 50*, 47–55.

第 三 章

当代青少年价值观问卷编制[①]

本章概要:主要分析在中国社会变迁的新时代背景下青少年价值观的构成特征,并通过构成项目分析、探索性因素分析、验证性因素分析以及结构维度的信效度分析等一系列操作程序,形成具有良好信效度的测量问卷。青少年价值观问卷共 46 个条目,由社会平等、集体责任、遵纪守则、家庭亲情、同伴友情、超越进取、时尚潮流和享受快乐等 8 个维度构成。对初、高中共 780 名学生的价值观结构及学校和社会适应的测量结果发现,存在一定的性别和年级差异,例如男生相对女生更认同同伴友情,初中生相比高中生更认同社会平等和家庭亲情,高中生则更认同享受快乐;青少年价值观各维度对学校和社会适应的某些指标具有预测作用。

1 引言

21 世纪以来,中国社会已经步入了急剧变化和快速发展的时期。社会经济文化的快速发展,以及在发展过程中所产生的矛盾和冲突,更加凸显价值观在个体观念和行为背后的重要作用。中共十八大报告明确提出"三个倡导",即"倡导富强、民主、文明、和谐,倡导自由、平等、公正、法治,倡导爱国、敬业、诚信、友善,积极培育社会主义核心价值观"。在此之后,对青少年的社会主义核心价值观的研究、教育和引领成为青少年教育工作的重要内容之一。社会主义核心价值观的提出一方面反映了社会群体所共有的价值观结构,意在彰显社会共识;另一方面,也是在积极应对价值观多元化、信息碎片化的社会现实,使得青少年成长发展的目标更加清晰,价值观形成和发展的路径和环境也得到保障。

国内近些年以青少年价值观为对象的心理学实证研究不多,相关的研究主要集中在 2010 年前后,且对象以大学生为主(金盛华等,2008;黄希庭等,2008;许燕,王芳,贾慧悦,2008),并欠缺对现阶段青少年价值观的结构特征研究。基于此,本研究试图分析当今社会文化背景下青少年价值观的构成特征,并结合前一章访谈的研究结果,在此基础上形成青少年价值观的测量工具。为了能够以点带面地探讨中国青少年价值观结构,研究选取四川省都江堰市初、高学

[①] 本章根据:王晓峰,李丹,陈欣银,刘俊升,戴艳,郭虹蔓,徐婷. (2018). 新时代青少年价值观的构成特征与适应功能研究. *心理科学*, 41(6), 1282—1291. 和王晓峰. (2019). 新时代中国青少年价值观及其与心理社会适应的关系研究(博士学位论文,上海师范大学)修改而成。

生为被试。都江堰市位于四川中部,是古蜀国的发祥地之一,也是历史上成都平原到藏民聚集地的重要交通枢纽。改革开放后,作为著名旅游城市,都江堰市的经济保持良好发展。因此,该地区能够较好地体现中国社会变迁进程中,传统文化和社会经济发展之间的相互影响、冲突和融合的现状。

2 研究对象

2.1 预测对象

在四川省都江堰市某中学随机挑选 265 名初、高中学生为被试,最终获得有效被试 241 人。其中男生 109 人,女生 129 人,性别缺失 3 人;七年级 79 人,八年级 39 人,十年级 54 人,十一年级 66 人,年级缺失 3 人。第一次施测数据主要用于项目分析、探索性因素分析。根据结果,删除不适合的题目,修改和增补少量题目。

2.2 正式施测对象

在四川省都江堰市某中学随机抽取 515 名初、高中学生为被试,最后获得有效被试 495 人。其中男生 221 人,女生 206 人,性别缺失 68 人;七年级 162 人,八年级 117 人,十年级 103 人,十一年级 98 人,年级缺失 15 人。这批数据用于验证性因素分析和价值观与适应功能之间关系的分析。因初三、高三的学生处在备考的阶段,课业负担重、时间紧,因此两次调查均未纳入初三和高三的学生。

3 青少年价值观的结构分析

3.1 构成项目分析

青少年价值观的项目分析主要经过以下 5 个步骤:

(1) 使用文献分析法梳理国内外青少年价值观研究资料,提炼价值观的主要维度及其构成项目。其中,国外研究主要是借鉴施瓦茨的问卷,国内研究主要借鉴金盛华的问卷,包括中学生和中国成人问卷。在整理过程中,首先关注传统价值观的收集,例如金盛华等人(2009)研究中"守法从众""家庭伦理"和"品格自律"等维度,但在具体题目的设计上则贴合青少年的生活实际,如守法的相关内容修改为守纪律;其次关注整理各研究中与青少年生活学习相关密切的价值观,如很多研究提到"锐意进取""进取心""进取创新",这些都是青少年价值观研究中独有的维度(李水红,2009);最后侧重后物质主义价值观的整理,如"自我满足""物质享受""享受人生"等(李加军,2013)。

(2) 结合第二章访谈研究的结果从中提取可能选用的条目。运用半结构化访谈对 165 名初、高中生进行调查,让他们充分表达对个人、集体的目标、意义的看法,从中提取可能选用的条目。

(3) 将文献分析获得的结果与访谈得到的结果进行比较,保留重叠性高的 75 个条目。总体上,所保留的题目主要是涉及群体取向和个体取向价值观,其中群体取向价值观又分为针对集体利益的价值观和与家庭、同伴联结的价值观,这部分价值观更多与传统文化相关;而个体取向价值观主要与现代文化、后现代文化相关,包括青少年对成就、独立、享乐和时尚的看重。

(4) 针对初步形成的条目,由 2 名心理学教师和 2 名心理学博士研究生对条目的语义和措辞(如不易理解、表述有歧义、敏感等)进行了检查和修改,最终形成包括 59 个条目的初始问卷。借鉴施瓦茨 PVQ 的间接测量法(Schwartz & Bardi, 2001; Schwartz, 2005),问卷中每个条目是对一个人的描述,例如"他/她认为人生不能没有真诚的友谊"。要求被试评价这个人跟自己有多像。采用 5 点计分,从"完全不像我"到"非常像我",分别记 1 到 5 分。

(5) 对预测问卷数据进行项目分析。按被试各分问卷的总分进行排列,取其中前 27% 作为高分组,后 27% 作为低分组,删除高分组和低分组在各个条目上分数差异不显著的题项,剩余 59 题。

表 3-1 初始问卷删减情况

维度名称	删除题目数			初测该维度总题目数	删改后该维度总题目数
	题目区分度删除	探索性因素分析负荷问题删除	精简问卷删除		
社会平等			1	7	6
集体奉献	1		1	8	6
遵纪守则	2			7	5
家庭亲情	1			6	5
同伴友情			2	8	6
超越进取	2	2		10	6
时尚潮流	1			7	6
享乐快乐				6	6

注:题目区分度指,按问卷总分排列,前、后 27%组在各个项目上分数差异不显著的题项;探索性因素分析负荷问题指,在两个及两个以上因素上有载荷且载荷之间的差值小于 0.20 的题项;因素载荷小于 0.30 的题项。

3.2 探索性因素分析

对第一次施测样本($n=241$)测试数据进行探索性因素分析。巴特利特(Bartlett)球形检验显示,$KMO=0.90$,$\chi^2=11245.15$,$df=1653$,$p<0.001$。剔除不适合的条目(在两个及两个以上因素上有载荷且载荷之间的差值小于 0.20 的条目;因素负载小于 0.30 的条目)。最后确定 8 个因素:社会平等、集体取向、遵纪守则、家庭亲情、同伴友情、超越进取、时尚潮流、享受快乐,共 46 个条目,具体见表 3-1。46 个条目在各自的因子上都有较高的负荷值(0.40—0.85),所有条目的共同度介于 0.38—0.71 之间。提取的 8 个因素解释率为:23.5%—2.64%,8 个因素累积解释变异数的百分比为 58.63%。旋转后成分矩阵见表 3-2。

表 3-2 最大方差法旋转成分矩阵

	成分							
	1	2	3	4	5	6	7	8
17. 他/她认为年轻人应该追求最时尚的生活方式	**0.85**	0.03	0.04	0.06	0.02	−0.05	−0.07	0.12
18. 他/她最大的愿望就是能够走在时尚的前沿	**0.83**	−0.04	0.03	−0.03	0.05	0.09	0.06	0.13
40. 他/她认为穿衣打扮必须追求时尚才有意义	**0.76**	0.09	0.08	−0.08	−0.06	−0.02	0.03	0.24
3. 他/她认为年轻人的生活要与社会时尚保持一致	**0.76**	0.13	0.13	0.02	−0.03	0.10	0.03	0.03
27. 他/她为自己能随时掌握时尚动态而非常自豪	**0.75**	0.02	0.07	−0.05	−0.04	−0.002	−0.04	0.22
2. 他/她总是希望得到最新潮的物品	**0.71**	0.06	0.05	0.07	−0.09	−0.05	0.01	0.24
44. 他/她非常看重友情,认为人们都要有知心朋友	0.10	**0.78**	−0.02	0.14	0.14	0.10	0.17	−0.02
45. 他/她认为人生的最根本幸福是有知心朋友	0.10	**0.75**	0.01	0.07	0.16	0.13	0.20	0.01
33. 他/她认为人生可以没有成就和财富,却不能没有朋友	−0.07	**0.72**	0.04	0.17	0.03	0.07	0.01	0.05
39. 他/她认为没有友谊的人生是没有意义的	0.12	**0.67**	0.07	0.01	0.14	0.15	0.13	0.06
36. 他/她认为为了友谊牺牲自己的时间和精力是值得的	−0.01	**0.62**	0.03	0.18	−0.02	0.31	0.18	0.09
26. 他/她觉得判断一个人是否成功要看他/她是否拥有真诚的友谊	0.11	**0.62**	0.08	0.22	−0.07	0.27	0.10	0.07
38. 他/她觉得竞争很重要,每个人都要学会竞争	−0.01	0.11	**0.79**	0.00	0.04	0.06	0.04	0.04
41. 他/她认为当今社会每个人都要有竞争意识	0.07	0.23	**0.76**	−0.03	0.14	−0.05	0.03	−0.02
11. 他/她觉得人要时时刻刻想着努力提高自身能力和水平	0.09	−0.10	**0.70**	0.14	0.03	0.26	0.06	0.13
24. 他/她认为人们应该接受各种各样的问题和挑战,不断提高能力	0.003	0.003	**0.69**	0.09	0.05	0.34	−0.03	0.09
15. 他/她认为每个人都要努力,尽量比别人做得更好	0.10	0.05	**0.63**	0.12	0.17	0.02	0.03	−0.02
1. 他/她认为人不能安于现状,一定要让自己变得更好	0.12	−0.07	**0.62**	0.05	0.05	0.03	0.12	0.03
16. 他/她认为应该公平对待每一个人,即使是他/她不认识的人	0.04	0.08	0.15	**0.66**	0.21	0.19	0.16	−0.04

续 表

		成 分						
	1	2	3	4	5	6	7	8
8. 他/她认为无论什么种族、性别、地位等,人都是平等的	−0.08	0.13	−0.04	**0.65**	0.04	0.26	0.08	0.04
43. 他/她认为一个人人平等的社会非常重要	−0.01	0.20	0.13	**0.65**	0.40	0.06	0.12	0.03
9. 他/她坚信社会应为每个人创造平等发展的机会	0.05	0.13	0.08	**0.64**	0.16	0.17	0.13	−0.01
20. 他/她认为一个理想的社会应该是一个人人平等的社会	0.06	0.16	0.02	**0.61**	0.39	0.17	0.19	−0.09
35. 他/她认为公平对人来说很重要	−0.04	0.24	0.11	**0.61**	0.40	0.07	0.07	0.03
32. 他/她认为人们不应该违反法律,要做遵纪守法的好公民	−0.05	0.19	0.10	0.20	**0.71**	0.14	0.15	0.08
21. 他/她觉得社会秩序很重要,人人都应该守规矩	0.02	0.13	0.10	0.24	**0.71**	0.34	0.18	−0.02
4. 他/她认为每个人都要遵纪守法	−0.04	−0.02	0.06	0.14	**0.63**	0.19	0.14	−0.03
31. 他/她认为安定的有秩序的社会生活很重要	−0.07	0.08	0.14	0.27	**0.61**	0.003	0.18	0.13
10. 他/她认为人人都要学习社会规则,并且认真遵守	−0.04	0.02	0.18	0.28	**0.60**	0.26	0.16	−0.03
25. 他/她认为人人都要为集体着想,集体的利益很重要	0.06	0.23	0.18	0.21	0.20	**0.70**	0.15	−0.03
37. 他/她认为每个人都应该尽力帮助自己的团体成员	−0.003	0.35	0.14	0.24	0.19	**0.67**	0.12	0.03
42. 他/她认为人们可以为了集体而放弃自己的利益	0.12	0.35	0.16	0.08	0.21	**0.62**	0.03	0.03
7. 他/她认为在一个集体中人与人之间应该互相帮助	−0.06	0.23	0.02	0.29	0.23	**0.55**	0.18	−0.03
19. 他/她认为一个人应尽自己所能为集体做贡献	0.10	0.09	0.25	0.15	0.33	**0.55**	0.22	−0.10
34. 他/她认为帮助周围的人很重要	−0.12	0.23	0.09	0.35	0.15	**0.54**	0.16	0.05
12. 他/她认为人生最根本的幸福在于家庭幸福	−0.02	0.17	0.09	0.16	0.16	0.11	**0.80**	0.03
6. 他/她认为家庭幸福至关重要,超过其他方面的成功	0.04	0.14	0.03	0.12	0.09	0.05	**0.77**	−0.17
5. 他/她认为最重要的人生目标是家庭幸福美满	−0.03	0.11	0.05	0.22	0.16	0.15	**0.76**	−0.08
46. 他/她认为不管花多少时间和精力在家庭上都是值得的	−0.03	0.32	0.06	0.04	0.25	0.20	**0.60**	0.11

续　表

	成 分							
	1	2	3	4	5	6	7	8
22. 他/她觉得不管怎样,都要尽可能多地和自己的家人在一起	−0.002	0.19	0.03	0.07	0.32	0.16	**0.52**	0.06
28. 他/她认为享受当下的快乐才是人生	0.19	0.10	−0.15	−0.08	0.03	0.12	−0.01	**0.72**
23. 享受生活对他/她来说很重要	0.15	−0.04	0.18	0.01	−0.18	−0.01	0.01	**0.71**
30. 他/她认为让自己快乐很重要,没有必要想得太多	0.16	0.01	−0.09	0.07	0.08	−0.05	−0.06	**0.62**
13. 他/她认为人们应该追求享乐,避免痛苦	0.28	0.09	0.09	−0.02	0.09	−0.13	−0.03	**0.57**
14. 有自己的特色,和别人不一样,对他/她来说很重要	0.20	0.12	0.22	−0.03	0.08	0.08	0.01	**0.50**
29. 追求轻松快乐的生活对他/她来说很重要	0.10	−0.11	0.23	0.30	0.001	−0.04	0.38	**0.40**

3.3　验证性因素分析

为检验由探索性因素分析得到的8因素价值观模型的合理性,采用Mplus 7.4对第二次施测样本($n=495$)数据进行验证性因素分析。结果显示,每个维度下的条目载荷在0.47—0.85之间,问卷结构的主要拟合指数:$\chi^2=1\,656.14$,$df=913$,$\chi^2/df=1.81$,$GFI=0.93$,$TLI=0.92$,$RMSEA=0.04$,均达到了心理测量学的要求(侯杰泰,温忠麟,成子娟,2004)。

3.4　结构维度的信效度分析

采用克隆巴赫(Cronbach)α系数来估计问卷的一致性信度。社会平等、集体取向、遵纪守则、家庭亲情、同伴友情、超越进取、时尚潮流、享受快乐8个维度的内部一致性系数分别为:0.85、0.86、0.84、0.84、0.86、0.82、0.89、0.70。总问卷内部一致性系数为0.92。除享受快乐维度以外,各个维度及总问卷的内部一致性信度系数都高于0.80。

4　效度分析

4.1　校标关联效度

本次施测加入了抱负指数(Aspiration Index, AI)(Grouzet et al., 2005)作为效标问卷,本研究使用该英文问卷的中文修订版(唐海波,邝春霞,姚树桥,2008),包括经济成功、外表吸引和社会认同3个外部需要因子,以及归属感、团体情感、身体健康和自我接纳4个内部需要因子。结果表明,抱负指数中的内部需要,诸如归属感、自我接纳等更多与涉及群体(社会公平、集体取向、遵纪守则、同伴友情和家庭亲情)的价值观显著正相关。诸如经济成功、外表吸引等外部需要更多与涉及个人(超越进取、时尚潮流、享受快乐)的价值观显著正相关。问卷的效标关联效度见表 3-3。

表 3-3 问卷的效标关联效度

	经济成功	外表吸引	社会认同	归属感	团体情感	身体健康	自我接纳
社会平等	−0.11*	−0.001	−0.06	0.33**	0.50**	0.30**	0.34**
集体取向	−0.09	−0.03	0.04	0.38**	0.67**	0.28**	0.37**
遵纪守则	0.007	0.03	−0.04	0.31**	0.43**	0.31**	0.35**
家庭亲情	−0.05	−0.001	−0.04	0.39**	0.35**	0.31**	0.26**
同伴友情	−0.04	0.01	0.03	0.44**	0.44**	0.22**	0.21**
超越进取	0.28*	0.16**	0.20**	0.18**	0.32**	0.25**	0.47**
时尚潮流	0.36**	0.55**	0.41**	0.14**	0.11**	0.05	−0.04
享受快乐	0.34**	0.38*	0.22**	0.22**	0.08	0.12**	0.13**

注：* 表示 $p<0.05$，** 表示 $p<0.01$ 以下同

4.2 与适应指标的关联效度

为进一步验证编制问卷的效标效度，除了与相关问卷做效标关联外，本研究还将所编制的价值观问卷与青少年适应指标进行关联，考察价值观各维度与这些适应指标的相关程度。青少年心理社会适应指标来自以下三个问卷：

(1) 班级戏剧问卷。研究采用中文版修订后的班级戏剧问卷(Revised Class Play, Chen, Rubin, & Sun, 1992)进行同伴提名。该问卷呈现 35 个行为描述（例如，"某个人是个好领导"），要求被试在每一条描述后提名三位最符合该条行为描述的同班同学。然后计算每位同学的每个项目得分，并将分数在班级内标准化。本次研究涉及班级戏剧问卷中代表社会能力的三个维度：社交能力（例如，"某个人有很多朋友"）、亲社会行为（例如，"某个人对别人很礼貌"）和同伴偏好（例如，"某个人你喜欢和他/她在一起玩"）。同伴偏好是积极提名的标准分减去消极提名的标准分。积极提名要求被试提名三个最喜欢的同学，消极提名是提名三个最不喜欢的同学。最后，所有同学获得的积极和消极提名分别被计算并在班级内标准化。

(2) 教师评价问卷。青少年的学校能力和学习问题由熟悉学生的班主任老师评价。研究采用中文版教师—儿童评价问卷(Teacher Child Rating Scale; Hightower & Al, 1986)，问卷包含 36 个描述儿童在校行为的题项。教师使用 5 点评分对青少年进行行为评价：1（完全不符合）至 5（完全符合）。本研究中涉及的学校能力（例如，"对于老师的指导听不大懂"）和学习问题（例如，"学习潜力没有发挥出来"）是每位青少年所得分数在班级内的标准化分数。其中，学校能力是行为控制、亲社会、耐挫折、自主性和社会性 5 个维度的加总平均分。研究表明，该问卷在中国儿童青少年被试中有良好的信效度(Chen et al., 2008; Kingsbury et al., 2016)。本次研究中，学习问题和学校能力的内部一致性系数分别为 0.86 和 0.94。

(3) 学业成绩。学业成绩由班主任提供，包括语文、数学和英语三门课程的期末考试成绩，因为三门课之间显著相关(0.56—0.63，且均 $p<0.01$)，本研究将三门课成绩相加之和的班级

内标准分作为学业成绩指标。

价值观与心理、学校和社会适应指标的相关系数见表3-4。结果显示,价值观中集体责任维度与社交能力、遵纪守则和亲社会行为,家庭亲情与社交能力、亲社会行为和学校能力,同伴友情和同伴偏好,超越进取和学业成绩、学校能力均呈显著正相关;时尚潮流与学业成绩、亲社会行为显著负相关,与教师评价的学习问题显著正相关。

表3-4 价值观各维度和适应变量的相关系数(r)

	社会平等	集体责任	遵纪守则	家庭亲情	同伴友情	超越进取	时尚潮流	享受快乐
学业成绩	0.08	0.03	0.04	0.05	0.04	0.13**	−0.22**	−0.07
社交能力（同伴评价）	0.04	0.13**	0.08	0.14**	0.04	0.05	−0.03	0.09
亲社会行为（同伴评价）	0.04	0.06	0.11*	0.13**	−0.01	0.02	−0.18**	−0.05
同伴偏好（同伴评价）	0.03	0.05	−0.02	0.06	0.10*	0.04	0.02	−0.01
学校能力（教师评价）	0.03	0.05	0.04	0.10*	−0.02	0.13**	−0.09	−0.03
学习问题（教师评价）	0.02	0.04	−0.06	−0.07	0.04	−0.07	0.14**	0.004

5 关联效度分析

在青少年价值观测查工具的研究中,通过文献和访谈获得的经验资料能够较好地反映新时代中国青少年价值观所包含的后现代与传统、理想与世俗、集体与个人这些元素的冲突、碰撞和整合,形成的问卷条目具有较好的内容效度。通过不同样本数据进行的信效度分析表明本研究的青少年价值观问卷具有良好的信效度,是可靠、有效的测量工具。

除了考察与相关问卷的联系外,研究还考察了所编制的问卷与青少年社会适应的关系,包括价值观与学业成绩,教师评价的学习问题和学校能力,同伴评价的社交能力、亲社会行为和同伴偏好的关系。与抱负指数问卷不同,社会适应指标的数据都不是由被试自我评价的,而是客观成绩、教师评价和同伴评价。这样做可以更客观地考察所编制问卷的关联效度。结果表明,无论是客观的学业成绩还是教师评价的学习问题,价值观的两个维度与其关系一致;越认同超越进取价值观的青少年,其学业成绩越好,学习问题越少;越认同时尚潮流价值观的青少年,其学业成绩越差,学习问题越多。越认同集体责任和家庭亲情的青少年,其社会能力越强。越认同家庭亲情和超越进取的青少年,其学校能力越强。越认同同伴友情价值观的青少年,越受到同伴的喜欢。而遵纪守则和家庭亲情价值观与青少年的亲社会行为有显著的正向联系,时尚潮流价值观则与亲社会行为是显著的负向联系。

价值观与青少年社会适应指标的关联说明问卷编制的假设是正确的。例如超越进取维度各条目反映的是青少年对不断提升自己、完善自己的看重。而时尚潮流价值观与物质主义价值观较为接近,时尚潮流价值观是指青少年认为生活的中心在于获取和拥有最流行的服饰和电子产品,并相信生活的满足感和幸福感来源于对这些物品获得和对潮流的关注。根据以往的研究,认同物质主义价值观的被试会更多不再相信和发展自己在学业上的能力,丧失学习动机(Ku et al.,2014;王予灵,李静,郭永玉,2016)。与此相类似,集体责任、遵纪守则和家庭亲情与青少年社会能力、学校能力有正相关。家庭和学校环境对于儿童和青少年的社会能力有重要影响(王雪,李丹,2016)。在良好的环境中,青少年会有更多的自主、责任和合作行为,也会得到更多的同伴和教师的支持。在这样的环境中,青少年会内化来自父母、教师和同伴对自身社会能力的期待,并通过行为和认知的不断相互印证加强社会能力。

6　青少年价值观的结构特征

根据上述研究,当代中国青少年价值观的结构由社会平等、集体责任、遵纪守则、家庭亲情、同伴友情、超越进取、时尚潮流和享乐快乐 8 个维度构成,具体涵义列述如下:

社会平等主要是对社会规则、人基本权利是否平等的认同,表达了青少年对人的社会地位的关注以及对人基本权利的尊重。

集体责任主要对集体利益的看重和维护。集体责任价值观受到中国传统文化的推崇,对于当代中国青少年,认同集体责任并不意味着压抑个性和自由,而是表达了他们渴望融入集体,产生归属感并与集体一同成长的需求。

遵纪守则是对社会规则、法律的遵守。遵纪守则与中国传统文化价值观一致,中国儒家文化中的出世和道家文化提倡安分守己、顺从自然。

家庭亲情是对家庭幸福的看重和维护。中国传统的社会秩序是以家庭家族的基本结构演化而生成,所以中国社会文化是家庭本位。当代青少年的价值观结构仍然受到这一传统文化的影响。

同伴友情是指青少年对友情、友谊的看重。同伴是影响青少年学习生活的主要微系统(Cavanaugh & Buehler,2016)。青少年友谊关系是除亲子关系外最重要的情感关系,可以为青少年提供亲密感、价值意义等重要需求。

超越进取主要是指对成长成才、迎接挑战、不断努力的认同。这一结构与传统文化下家庭和社会要求个体通过刻苦学习获得成就相一致。

时尚潮流是指青少年对时尚信息的密切关注和渴望获得时尚物品。时尚信息和物品是青少年自我价值的表达。这种表达与社会经济和文化环境有关,也与青少年的发展阶段有关。环境催生了时尚的泛滥,而青少年的独立和情感归属的矛盾性使得他们需要时尚这一载体。

享受快乐如其字面含义是指青少年对享受快乐的认同。享受快乐并非是指物质享受和感官刺激,而是一种长期的情绪调节策略,倾向避免痛苦,调动更多积极情绪。

总之,当代中国青少年的价值观结构中群体取向和个体取向并存,价值观结构既有对中国传统文化的继承,也受到当今社会变迁的影响。

将本研究的青少年价值观问卷结构与中国成人和西方青少年价值观问卷的结构进行对

比,金盛华等人(2009)的研究中,价值观结构包括:名望成就、金钱权力、品格自律、才能务实、守法从众、家庭本位、人伦情感、公共利益。施瓦茨(Schwartz, 2005)的价值观研究中,价值观结构包括:成就、权力、自主、刺激、享乐、遵从、传统、安全、友善、博爱。本研究的价值观结构包括:社会平等、集体取向、遵纪守则、家庭亲情、同伴友情、超越进取、时尚潮流、享受快乐。经过分析、总结,可以发现有如下特点:

第一,中国青少年价值观更少"名利"。本研究中的青少年价值观较少涉及利益成分,更能反映他们内心的真实追求和渴望。而成人价值观中利益是重要的内在生成动因和驱动力。除了财物收益外,诸如权力这样的社会比较和社会控制上的收益也是成人和西方青少年非常认同的重要目标。

第二,中国青少年价值观更"进取"。在这一点上,中国青少年与中国成人更靠近,而与西方青少年有区别。这种价值倾向受到传统文化价值的影响。中国传统文化素来重视个人学习和才能,强调务实(金盛华等,2009)。传统文化价值观更强调儒家文化的自强人格(郑剑虹,黄希庭,2004,2007)。自强人格要求个体不断进取、超越自己、充分发挥自身潜能,其目的是惠及他人,即"齐家、治国、平天下"。

第三,中国青少年价值观更"时尚"。在这个维度上,中国青少年与西方青少年更靠近,而与中国成人有区别。青少年喜欢新异的刺激和体验,因此容易受到大众文化,尤其是大众流行文化的影响。其中,流行音乐、流行影视剧、网络对青少年价值观的影响速度更快,范围更广(Moschis et al., 2011)。大众流行文化加上网络技术的使用改变了青少年的价值观(Uhls & Greenfield, 2015)。当代中国移动网络技术的快速发展使得流行文化和网络技术渗透到青少年的学习、饮食、交友、出行等各个方面。微博、微信、社交购物平台、短视频等导致青少年的时尚价值观更趋向于即时性、碎片化和感官化。

第四,中国青少年价值观更多"友情亲情"。中国青少年价值观与成人价值观更接近,与西方青少年有区别。西方青少年价值观结构中友善、博爱是以抽象的、普遍的个人和社会为对象的价值观,关注个体主动发起的无差别的爱。而中国人的价值观是以关系自我为出发点,以抽象的社会或群体为对象的价值观(Yang, 2009),注重个体的责任和关系的情感依存性。

总体而言,本研究中青少年价值观的结构与中国成人和西方青少年价值观的结构既有相同也有差别。相同或者相近的价值观结构反映了不同年龄和文化的个体共享的价值观心理成分;不同的价值观结构则反映了青少年的价值观心理成分受到个体发展阶段和社会文化环境的影响。青少年价值观结构反映了中国传统文化和当今社会文化对青少年价值观的影响。其中,传统文化所提倡的对个人品行的提升和对他人的责任在青少年价值观结构中仍然有明显的体现,例如,超越进取、家庭亲情和同伴友情。但传统文化所指的个人和社会有较强的伦理意味,而当代青少年价值观则更多体现实用性,跟传统文化相比,它们在横向上扩展了更多的面向,而且情感的联结更细腻更凸显。不过,中国青少年价值观的指向具有中国特色,并非西方个人主义。中国青少年价值观的终极目的和实现途径都不完全是抽象理性的个人,而是具体的关系和包含具体关系的社会。

参考文献

侯杰泰,温忠麟,成子娟.(2004).结构方程模型及其应用.北京:教育科学出版社.
黄希庭,窦刚,郑涌.(2008).当代大学生价值观的离散选择模型分析.心理科学,31(3),675-680.
金盛华,孙雪飞,郑建君.(2008).中学生价值观问卷的编制及其结构验证.应用心理学,14(2),164-172.
金盛华,郑建君,辛志勇.(2009).当代中国人价值观的结构与特点.心理学报,41(10),1000-1014.
李水红.(2009).大学生主流价值观的基本状况及其影响因素的研究(硕士学位论文).西南大学,重庆.
李加军.(2013).基于心理词汇的中国人的价值观结构兼与施瓦茨跨文化价值观理论的比较(博士学位论文).上海外国语大学,上海.
唐海波,邝春霞,桃树桥.(2008).欲望指数中文版的信度、效度分析.中国临床心理子杂志,16(1),15-17.
王雪,李丹.(2016).儿童社会能力发展的影响因素—社会环境和变迁的视角.心理科学,39(5),1177-1183.
王予灵,李静,郭永玉.(2016).向死而生,以财解忧?存在不安全感对物质主义的影响.心理科学,39(4),921-926.
许燕,王芳,贾慧悦.(2008).5·12地震灾后四川和北京大学生价值观类型的对比.心理学探新,28(4),46-50.
郑剑虹,黄希庭.(2004).西方自我实现研究现状.心理科学进展,12(2),296-303.
郑剑虹,黄希庭.(2007).论儒家的自强人格及其培养.心理科学进展,15(2),230-233.

Chen, X., Rubin, K. H., & Sun, Y. (1992). Social reputation and peer relationships in Chinese and Canadian children: A cross-cultural study. *Child Development*, 63, 1336-1343.

Chen, X., Chang, L., Liu, H., & He, Y. (2008). Effects of the peer group on the development of social functioning and academic achievement: A longitudinal study in Chinese children. *Child Development*, 79(2), 235-251.

Grouzet, F. M., Kasser, T., Ahuvia, A., Dols, J. M., Kim, Y., & Lau, S., et al. (2005). The structure of goal contents across 15 cultures. *Journal of Personality and Social Psychology*, 89(5), 800-816.

Hightower, A. D., & Al, E. (1986). The teacher-child rating scale: A brief objective measure of elementary children's school problem behaviors and competencies. *School Psychology Review*, 15(3), 393-409.

Kingsbury, M., Liu, J., Coplan, R. J., Chen, X., & Li, D. (2016). Assessment and implications of coping styles in response to a social stressor among early adolescents in China. *Journal of Early Adolescence*, 36(2), 1-29.

Ku, L., Dittmar, H., & Banerjee, R. (2014). To have or to learn? The effects of materialism on british and chinese children's learning. *Journal of Personality and Social Psychology*, 106(5), 803-821.

Moschis, G., Ong, F. S., Mathur, A., Yamashita, T., & Benmoyal-Bouzaglo, S. (2011). Family and television influences on materialism: A cross-cultural life-course approach. *Journal of Asia Business Studies*, 5(2), 124-144.

Schwartz, S. H., & Bardi, A. (2001). Value hierarchies across cultures: Taking a similarities perspective. *Journal of Cross-Cultural Psychology*, 32(3), 268-290.

Schwartz, S. H. (2005). Robustness and fruitfulness of a theory of universals in individual values. *Soviet Physics Jetp Ussr*, 11(3), 56-95.

Uhls, Y. T., & Greenfield, P. M. (2011). The rise of fame: An historical content analysis. *Journal of Psychosocial Research on Cyberspace*, 5(1), 1.

Yang, Y. (2009). Guanxilization or categorization: Psychological mechanisms contributing to the formation of the Chinese concept of "us". *Social Sciences in China*, 30(2), 49-67.

第四章

社会变迁过程中青少年价值观的发展特点

本章概要：选取上海、山东、福建、四川等多个地区青少年作为目标群体，既开展横断调查，也同时开展为期一年半的追踪研究。横断调查显示，青少年价值观认同存在一定的地区差异，体现在福建和河南青少年对集体责任、遵纪守则以及超越进取价值观的认可度相对较低，山东青少年更认可时尚潮流价值观。也存在年级和性别差异，九年级在集体责任和超越进取上得分显著高于其他年级；七年级在遵纪守则上得分显著低于其他年级并在时尚潮流上显著高于其他年级；女生在集体责任、遵纪守则和时尚潮流维度上得分显著高于男生。追踪研究结果发现，男生和女生在超越进取、遵纪守则和时尚潮流价值观上发展的差异，以及七年级和十年级青少年在集体取向、遵纪守则、超越进取等价值观上不同的发展趋势。本研究结果揭示了青少年价值观的总体发展趋势，也为今后青少年价值观的进一步研究提供了一定的基础性参照。

1 引言

价值观是个体态度、观念的深层结构，决定个体对外在世界感知和反应的倾向（杨宜音，1998）。青少年价值观正处于形成和发展的关键时期，很容易受到社会文化环境的影响。格林菲尔德（Greenfield, 2009）提出的社会变迁和人类发展理论表明，社会环境的改变会影响个体的文化价值观，从而对个体的发展产生影响。社会环境通过塑造社会化的目标、信念信仰和实践影响儿童和青少年的发展（Chen et al., 2010）。另有研究表明（Park et al., 2014），经济大萧条对青少年的价值观及行为会产生重要影响。

受儒家思想的影响，中国传统的价值观念以集体主义为主导，崇尚仁、义、礼、智、信的行为准则。儿童青少年要有责任心，学会与他人合作，要能自我控制并遵守群体和社会准则，等等。然而，改革开放以来，中国社会经济快速发展，人民生活的各个领域，从满足基本需要的衣食住行到个体的价值观念，都发生了翻天覆地的变化。受西方思潮以及多元文化的影响和冲击，中国年轻一代的价值观念呈多样化发展态势。价值观念从群体本位向个体本位偏移、从单一取向向多元取向发展、从理想主义的价值目标向世俗性的价值目标转变（岑国桢，2007）。因此，在当前社会变迁背景下研究青少年价值观，不仅有助于青少年的健康成长，对于整个社会的价值观教育和传播也具有重要的意义。需要指出的是，中国社会经济发展仍存在明显的地域差异。东部沿海地区经济、文化发展更为迅速；而中西部地区相对来说较为滞后。经济发展会影响个体的价值观认同,当经济发展水平不断提高,个体会逐渐摆脱传统的保守的价值观(Herk & Poortinga,2021)。以往研究也发现,城市青少年更加认同个体取向价值观(Chen et al.,2012)。因此,受当地经济和社会文化的影响,不同地域青少年价值观的发展可能出现差异。

价值取向的性别差异在儿童发展的早期就已显现。相比于女孩,男孩更注重个人的提升与发展(Block et al.,2018),更追求权力、刺激、享乐以及个体导向的价值观(Schwartz & Rubel,2005);而女孩则在集体取向上有更高的起始水平(陈万芬 等,2018)。其他研究也发现,女孩比男孩更加认可群体导向的价值观,而对于个体导向的价值观,男孩和女孩无明显差异(Liu et al.,2018)。总之,关于儿童和青少年价值观发展的性别差异目前仍存在争议,因此有必要对其进行进一步研究。

由于青少年时期个体遭遇的矛盾冲突较多,其价值观也有可能产生剧烈的变化。一项纵向研究探讨了道德相关价值观在成年期的变化(Thalmayer et al.,2019),结果发现随着年龄的增长,个体对自我超越和自我实现价值观、集体主义价值观的认同度有所上升,对利己主义、物质主义和个人主义价值观的认同度有所下降。与10年前相比(1988—1998年),青少年学生的价值观更为多元化:个人取向增强,社会取向减弱;利己意识上升,利他意识下降(刘庆龙 等,1995;刘月芳 等,1995;黄曼娜,1999)。对青春期早期个人价值观的稳定性和变化的追踪研究表明,自我增强和开放价值观变得越来越重要,自我导向和享乐主义价值观的增长最大(Vecchion et al.,2019)。而近年国内研究却发现青少年早期个体取向和集体取向价值观均呈线性上升趋势(陈万芬 等,2018)。因此,有必要进一步探讨当代青少年价值观的发展轨迹。

综上,本研究结合横断和追踪研究,探索当代青少年价值观的地域和性别差异,并考查青少年价值观的发展变化趋势。

2 研究方法

2.1 研究对象与施测程序

2.1.1 横断调查(样本1)

通过方便取样选取上海、河南、山东和甘肃四地初级中学以及山东、福建、上海、四川四地的初中生和高中生作为研究对象,最终获得有效被试共5268人,其中,男生2452人,女生2638人,有178人没有报告性别;七年级934人,九年级737人,十年级2527人,十一年级1059人,有11人没有报告年级。鉴于缺失数据占的比例低于10%,在后续分析中对缺失值采用极大似然估计进行处理。

2.1.2 追踪研究(样本2)

在青岛和上海选取两所初中学校和两所高中学校作为本次研究的测查单位。分别于2021年春季学期、2021年秋季学期和2022年春季学期对四所学校中的七年级和十年级的学生进行问卷施测,每次施测间隔六个月左右。

共有2137名学生参与了此次调研,其中只参与了一次调查的学生有69人(3.23%),参与两次及以上的有2068人(96.77%),因此在后续数据中剔除掉参与调查次数小于两次的被试,最终纳入参与两次或三次的个案。其中七年级共有 616 人($M_{年龄}=13.08, SD=0.32$,女生占 43.8%),十年级共有 1 461 人($M_{年龄}=16.05, SD=0.35$,女生占 54.1%)。在被试流失上,T2 中没有参与调研的学生为 65 人,T3 中没有参与调研的为 204 人,分别占 T1 人数的 2.98% 和 9.28%,被试的流失率较小。流失的样本和非流失的样本在各价值观维度上没有显著差异,$ps>0.05$。因此我们在后续数据处理时采用极大似然估计进行缺失值处理。

2.2 研究工具

采用王晓峰等人(2018)编制的青少年价值观问卷,测量青少年的价值观水平。共有 8 个维度,采用 5 点计分,分数越高表明个体越看重这一价值观。本研究采用集体责任、遵纪守则、超越进取和时尚潮流四个维度,对所得结果进行数据分析。在样本 1 中,四个价值观维度的内部一致性系数分别为 0.88、0.89、0.84、0.91;在样本 2 中,四个维度在 T1 时间点的内部一致性系数分别为 0.85、0.89、0.83、0.92,T2 分别为 0.90、0.92、0.87、0.93,T3 分别为 0.92、0.93、0.88、0.83。

2.3 追踪数据的分析方案

本研究试图通过 Mplus 8.0 构建有条件的潜变量线性增长模型考察青少年价值观各维度的变化趋势;其中,性别与年级作为模型的控制变量,而有条件潜变量线性增长模型的截距(I)和斜率(S)两个主要参数分别对应青少年价值观各维度的初始水平与发展速率。

在模型建立完毕且拟合指标较好的情况下,将进一步分别考虑性别与年级对模型系数的预测作用。如果性别与年级中的任意一者对某一价值观维度存在显著预测作用,则将进一步分组建立有条件的潜变量线性增长模型,从而更加深入地考察青少年价值观各维度发展趋势在性别与年级中存在的差异,对青少年价值观发展进行更加清晰和准确的探究。

3 研究结果

3.1 横断调查

以性别、年级和地区为自变量,以价值观 4 个维度为因变量做 $2 \times 4 \times 6$ 的多变量方差分析。结果表明,性别主效应显著,Wilks' $\lambda=0.99, F(4, 5059)=11.71, p<0.001$,偏 $\eta^2=0.01$;年级主效应显著,Wilks' $\lambda=0.97, F(12, 13385)=11.63, p<0.001$,偏 $\eta^2=0.01$;地区主效应显著,Wilks' $\lambda=0.95, F(20, 16779)=12.55, p<0.001$,偏 $\eta^2=0.01$;年级和地区的交互作用显著,Wilks' $\lambda=0.98, F(20, 16779)=4.06, p<0.001$,偏 $\eta^2=0.00$;性别和年级的交互作用不显著,Wilks' $\lambda=1.00, F(12, 13385)=0.98, p=0.47$;性别和地区的交互作用不显著,Wilks' $\lambda=1.00, F(20, 16779)=8.38, p=0.67$;性别、年级以及地区的交互作用不显著,Wilks' $\lambda=1.00, F(20, 16779)=1.304, p=0.16$。之后进行单变量方差分析以及简单效应分析。

3.1.1 青少年价值观的性别和年级差异

以性别为自变量,价值观的 4 个维度为因变量,分别进行单变量方差分析。结果表明,在集体责任维度上,性别的主效应显著,$F(1, 5088)=5.69, p=0.017$,偏 $\eta^2=0.001$,女生显著高于男生;在遵纪守则维度上,性别的主效应显著,$F(1,5088)=60.18$,$p<0.001$,偏 $\eta^2=0.012$,女生显著高于男生;在超越进取维度上,性别的主效应不显著,$F(1,5088)=0.74$,$p=0.392$;在时尚潮流维度上,性别的主效应显著,$F(1,5088)=6.51$,$p=0.011$,偏 $\eta^2=0.009$,女生显著高于男生。具体见表4-1。

表4-1 青少年价值观的性别差异(平均数及标准差)

	男	女	F	偏 η^2
集体责任	3.84(0.83)	3.89(0.74)	5.69*	0.001
遵纪守则	4.21(0.84)	4.38(0.71)	60.18***	0.012
超越进取	3.72(0.85)	3.74(0.77)	0.74	0.000
时尚潮流	2.52(1.05)	2.60(0.98)	6.51*	0.001

以年级为自变量,价值观的4个维度为因变量,分别进行单变量方差分析。结果表明:在集体责任维度上,年级的主效应显著,$F(3,5253)=8.88$,$p<0.001$,偏 $\eta^2=0.005$;事后比较表明,九年级显著高于其他年级。在遵纪守则维度上,年级的主效应显著,$F(3,5253)=27.20$,$p<0.001$,偏 $\eta^2=0.015$;事后比较表明,七年级显著低于其他年级。在超越进取维度上,年级的主效应显著,$F(3,5253)=6.48$,$p<0.001$,偏 $\eta^2=0.004$;事后比较表明,九年级显著高于其他年级,七年级显著低于十年级。在时尚潮流维度上,年级的主效应显著,$F(3,5253)=15.40$,$p<0.001$,偏 $\eta^2=0.009$;事后比较表明,七年级显著高于其他年级。具体见表4-2。

表4-2 青少年价值观的年级差异(平均数及标准差)

	七年级	九年级	十年级	十一年级	F	偏 η^2
集体责任	3.86(0.77)	3.99(0.68)	3.84(0.77)	3.81(0.82)	8.88***	0.005
遵纪守则	4.09(0.83)	4.35(0.66)	4.34(0.76)	4.32(0.77)	27.20***	0.015
超越进取	3.67(0.80)	3.83(0.72)	3.74(0.80)	3.69(0.85)	6.48***	0.004
时尚潮流	2.75(0.99)	2.58(0.93)	2.51(1.01)	2.50(1.00)	15.40***	0.009

3.1.2 青少年价值观的地区差异

以地区为自变量,价值观的4个维度为因变量,分别进行单变量方差分析。结果表明,集体责任维度在不同地区的主效应显著,$F(5,5261)=26.13$,$p<0.001$,偏 $\eta^2=0.024$。事后比较表明福建显著低于其他地区;河南显著低于上海、四川、山东、甘肃;山东显著低于上海、甘肃。遵纪守则维度在不同地区的主效应显著,$F(5,5261)=40.49$,$p<0.001$,偏 $\eta^2=0.037$。事后比较表明河南显著低于其他地区;福建显著低于上海、四川、山东、甘肃;山东显著低于上海、四川。超越进取维度在不同地区的主效应显著,$F(5,5261)=21.01$,$p<0.001$,偏 $\eta^2=0.020$。事后比较表明福建显著低于上海、四川、山东、甘肃;河南显著低于上海、四川、山东、甘肃;上海显著低于四川、山东、甘肃。时尚潮流维度在不同地区的主效应显著,$F(5,5261)=11.84$,$p<0.001$,偏 $\eta^2=0.011$。事后比较表明山东显著高于其他地区;四川显著低于上海、甘肃。具体见表4-3。

表4-3 不同地区青少年价值观各维度的均值和标准差

	上海	四川	山东	福建	甘肃	河南	F	偏η^2
集体责任	3.93(0.81)	3.93(0.73)	3.86(0.74)	3.51(0.78)	3.99(0.67)	3.70(0.77)	26.13***	0.024
遵纪守则	4.39(0.74)	4.44(0.64)	4.28(0.78)	4.09(0.85)	4.34(0.62)	3.90(0.86)	40.49***	0.037
超越进取	3.69(0.87)	3.83(0.74)	3.83(0.74)	3.52(0.73)	3.84(0.72)	3.52(0.79)	21.01***	0.020
时尚潮流	2.52(1.04)	2.37(0.81)	2.71(1.02)	2.46(0.99)	2.57(0.92)	2.50(0.91)	11.84***	0.011

注：*** $p<0.001$

3.1.3 青少年价值观的地区和年级的交互作用

在集体责任维度上,年级和地区的交互作用显著,$F(5,5062)=7.14$,$p<0.001$,偏 $\eta^2=0.01$。简单效应分析表明,就七年级青少年而言,山东显著低于上海($p<0.001$),显著高于河南($p<0.001$);甘肃显著低于上海($p=0.005$),显著高于河南($p<0.001$);河南显著低于上海($p<0.001$)。就十年级青少年而言,山东显著高于福建($p<0.001$),显著低于上海($p<0.001$);福建显著低于山东($p<0.001$)、四川($p<0.001$)和上海($p<0.001$)。就十一年级青少年而言,四川显著高于上海($p=0.043$)。具体见图4-1。

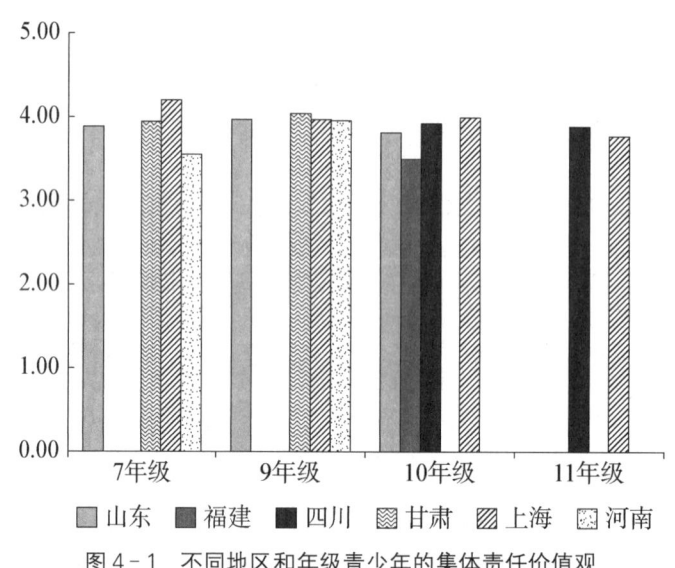

图4-1 不同地区和年级青少年的集体责任价值观

在遵纪守则维度上,年级和地区的交互作用显著,$F(5,5062)=6.27$,$p<0.001$,偏 $\eta^2=0.01$。简单效应分析表明,就七年级青少年而言,山东显著低于甘肃($p=0.048$)和上海($p<0.001$),显著高于河南($p<0.001$);甘肃显著低于上海($p=0.026$),显著高于河南($p<0.001$);上海显著高于河南($p<0.001$)。就九年级青少年而言,山东显著高于河南($p=0.033$),甘肃显著高于河南($p=0.023$)。就十年级青少年而言,山东显著高于福建($p=0.001$),显著低于上海($p<0.001$);福建显著低于四川($p<0.001$)和上海($p<0.001$)。就十一年级青少年而言,四川显著高于上海($p=0.034$)。具体见图4-2。

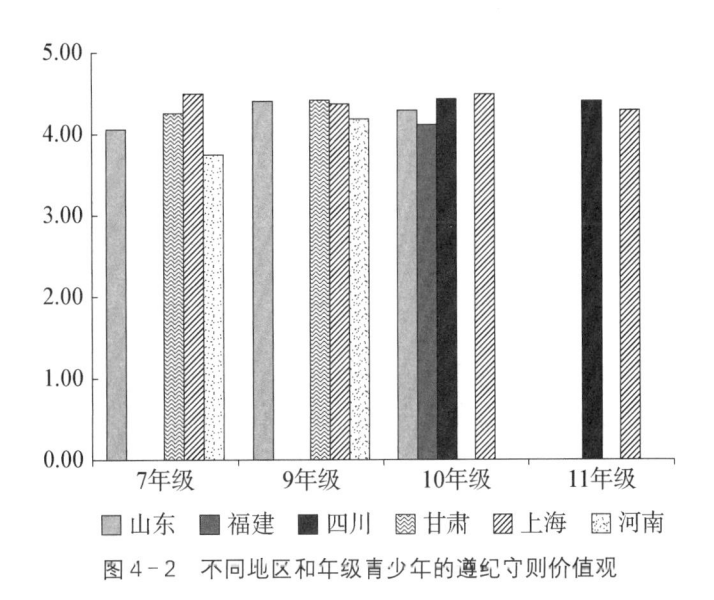

图 4-2 不同地区和年级青少年的遵纪守则价值观

在超越进取维度上,年级和地区的交互作用显著,$F(5,5062)=5.41, p<0.001$,偏 $\eta^2=0.01$。简单效应分析表明,就七年级青少年而言,山东显著高于河南($p<0.001$);甘肃显著高于河南($p=0.001$);上海显著高于河南($p<0.001$)。就九年级青少年而言,甘肃显著高于河南($p=0.013$)。就十年级青少年而言,山东显著高于福建($p<0.001$)和上海($p<0.001$),福建显著低于四川($p<0.001$)和上海($p=0.006$),四川显著高于上海($p=0.031$)。就十一年级青少年而言,四川显著高于上海($p=0.026$)。具体见图 4-3。

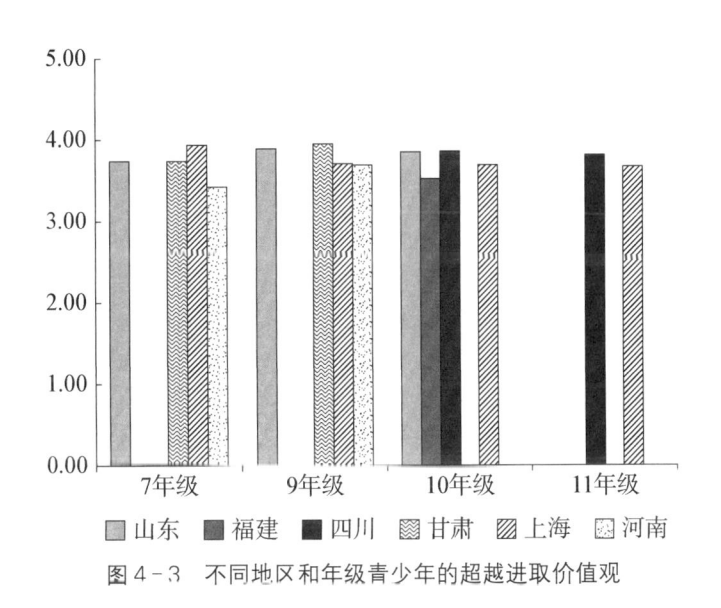

图 4-3 不同地区和年级青少年的超越进取价值观

在时尚潮流维度上,年级和地区的交互作用显著,$F(5,5062)=3.15, p<0.01$,偏 $\eta^2=0.00$。简单效应分析表明,就七年级青少年而言,山东显著高于河南($p<0.001$),上海显著高

于河南($p<0.001$)。就九年级青少年而言,山东显著高于甘肃($p=0.005$)和河南($p=0.005$)。就十年级青少年而言,山东显著高于福建($p=0.025$)、四川($p=0.005$)和上海($p<0.001$),四川显著低于山东($p=0.005$)。具体见图4-4。

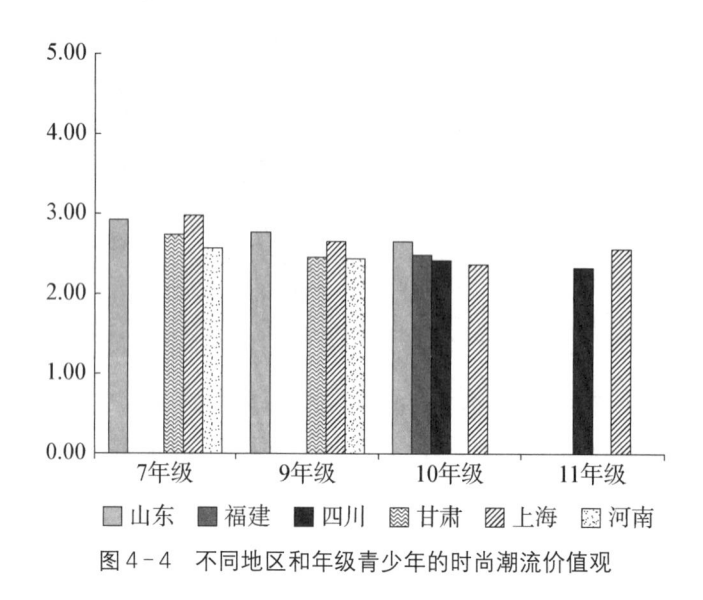

图4-4 不同地区和年级青少年的时尚潮流价值观

3.2 追踪研究

3.2.1 描述性统计

对三个时间点、不同性别和年级青少年各价值观维度进行描述性统计,具体得分如表4-4所示。

表4-4 不同时间点内青少年价值观各维度的均值和标准差($M \pm SD$)

	男		女	
	七年级	十年级	七年级	十年级
T1 集体取向	3.85±0.81	3.81±0.82	3.94±0.78	3.84±0.73
T2 集体取向	3.95±0.83	3.78±0.87	4.05±0.75	3.87±0.80
T3 集体取向	3.77±0.96	3.72±0.91	4.00±0.82	3.80±0.77
T1 遵纪守则	4.16±0.89	4.25±0.85	4.29±0.82	4.41±0.73
T2 遵纪守则	4.24±0.91	4.11±0.94	4.41±0.72	4.42±0.76
T3 遵纪守则	4.00±1.07	3.98±1.01	4.29±0.88	4.26±0.81
T1 超越进取	3.57±0.77	3.82±0.80	3.63±0.75	3.82±0.73
T2 超越进取	3.71±0.82	3.82±0.84	3.84±0.75	3.94±0.76
T3 超越进取	3.61±0.92	3.69±0.90	3.79±0.79	3.79±0.75
T1 时尚潮流	2.50±1.02	2.53±1.10	2.71±1.09	2.71±1.03
T2 时尚潮流	2.46±1.00	2.61±1.10	2.81±1.13	2.71±1.07
T3 时尚潮流	2.51±1.04	2.60±1.07	2.86±1.07	2.61±1.02

3.2.2 相关分析

对各研究变量进行相关分析,结果显示,集体责任与遵纪守则、超越进取,遵纪守则与超越进取三个时间点的测量值均显著相关。具体结果如表4-5所示。

表4-5 各研究变量之间的相关矩阵

	1	2	3	4	5	6	7	8	9	10	11	12
1. T1 集体责任	—											
2. T2 集体责任	0.54**	—										
3. T3 集体责任	0.41**	0.50**	—									
4. T1 遵纪守则	0.67**	0.39**	0.31**	—								
5. T2 遵纪守则	0.36**	0.71**	0.39**	0.50**	—							
6. T3 遵纪守则	0.28**	0.38**	0.81**	0.36**	0.45**	—						
7. T1 超越进取	0.61**	0.35**	0.26**	0.56**	0.29**	0.21**	—					
8. T2 超越进取	0.36**	0.69**	0.35**	0.34**	0.65**	0.30**	0.52**	—				
9. T3 超越进取	0.29**	0.37**	0.77**	0.28**	0.33**	0.72**	0.39**	0.48**	—			
10. T1 时尚潮流	0.13**	0.051*	0.02	0.032	−0.017	−0.025	0.24**	0.10**	0.07**	—		
11. T2 时尚潮流	0.071**	0.16**	0.041	−0.01	0.036	−0.021	0.15**	0.22**	0.082**	0.64**	—	
12. T3 时尚潮流	0.059*	0.035	0.15**	−0.013	−0.045	0.025	0.12**	0.048*	0.20**	0.52**	0.55**	—
M	3.85	3.88	3.80	4.30	4.29	4.12	3.75	3.84	3.72	2.61	2.64	2.62
SD	0.78	0.83	0.87	0.82	0.86	0.95	0.77	0.81	0.85	1.06	1.08	1.06

注:* $p<0.05$,** $p<0.01$,*** $p<0.001$,下同

3.2.3 线性有条件潜变量增长模型拟合结果

模型拟合指数与数据分析结果如表4-6所示。由表可见,各价值观模型CFI均大于0.95,除超越进取模型TLI等于0.866,其余价值观模型TLI均大于0.9,各模型RMSEA均小于0.1,SRMR均小于0.04,可见各价值观模型的拟合均较好。

表4-6 线性有条件潜变量增长模型拟合指标

	模型拟合指标				
	$\chi^2(df=3)$	CFI	TLI	RMSEA	SRMR
集体责任	19.09***	0.99	0.96	0.05	0.02
遵纪守则	31.34***	0.97	0.92	0.07	0.02
超越进取	56.07***	0.96	0.87	0.09	0.04
时尚潮流	2.95	1	1	0	0.01

此外,从表4-7中还可以看出,年级与性别对价值观的截距和斜率具有显著的预测作用。在对截距的预测上,年级对集体责任的截距具有显著的负向预测作用($\beta=-0.03$, $p<0.05$),

对遵纪守则与超越进取的截距具有显著的正向预测作用($\beta=0.03$ 和 0.07,$ps<0.05$),即在集体责任价值观上,十年级学生的起始水平显著低于七年级学生,但在遵纪守则和超越进取上,十年级则显著高于七年级。此外,性别对遵纪守则和时尚潮流的截距具有显著的正向预测作用($\beta=0.16$ 和 0.18,$ps<0.001$),即相对于男生,女生有更高的遵纪守则与时尚潮流的起始水平。在对斜率的预测上,年级对遵纪守则和超越进取起到显著的负向预测作用($\beta=-0.03$ 和-0.03,$ps<0.01$),即十年级学生在这两种价值观上的上升速度显著小于七年级学生;性别对集体责任、遵纪守则和时尚潮流的斜率具有显著的正向预测作用($\beta=0.04\sim0.07$,$ps<0.05$),即女生的上述三种价值取向上升的速度大于男生。

表4-7 线性有条件潜增长模型系数与性别和年级对系数预测指标

	模型系数				预测变量			
	系数		变异		年级		性别	
	截距	斜率	截距	斜率	截距	斜率	截距	斜率
集体责任	4.04***	0.01	0.41***	0.07***	−0.03*	−0.01	0.05	0.04*
遵纪守则	3.83***	0.05	0.42***	0.07***	0.03*	−0.03**	0.16***	0.07**
超越进取	3.06***	0.17*	0.38***	0.06***	0.07***	−0.03***	0.03	0.06**
时尚潮流	2.26***	0.15	0.88***	0.10***	0.01	−0.01	0.18***	−0.04

3.2.4 价值观的性别差异检验

为进一步分析价值观的性别差异,分别就男性或女性被试构建有条件的线性增长模型,以此比较两者的差异。如图4-5所示,分别就不同性别组(图示结构为女性组)构建在结构上一致的有条件的线性增长模型,即均将年级作为控制变量,将三个时间点的集体责任作为考察其变化趋势的变量。通过在不同维度构建四组不同的模型来比较两组间的性别差异,具体结果如表4-8所示。由表中结果可见,对于男生来说,只有超越进取是显著上升的,而对于女生而言,遵纪守则、超越进取、时尚潮流都是显著上升的。

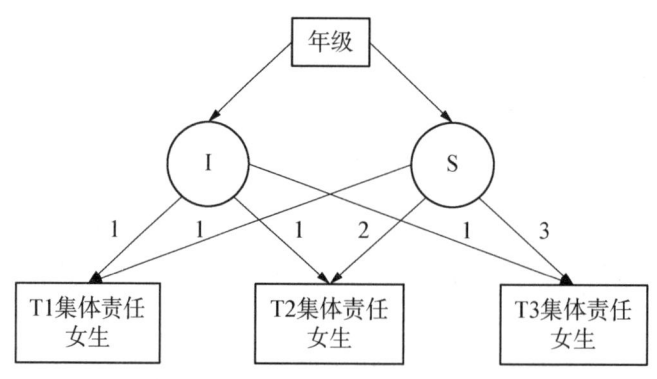

图4-5 女生在遵纪守则维度的有条件的线性增长模型

表4-8 不同性别学生各价值观维度线性增长模型的拟合指标及系数

	模型拟合指标					模型系数			
						系数		变异	
	$\chi^2(df=2)$	CFI	TLI	RMSEA	SRMR	截距	斜率	截距	斜率
集体责任									
男	12.13**	0.98	0.94	0.07	0.02	4.03***	0.02	0.41***	0.09***
女	8.87*	0.99	0.97	0.06	0.02	4.21***	0.12	0.42***	0.06***
遵纪守则									
男	12.80**	0.98	0.93	0.07	0.02	4.08***	0.09	0.44***	0.09**
女	24.77***	0.96	0.87	0.10	0.04	4.04***	0.21*	0.40***	0.06**
超越进取									
男	15.28***	0.97	0.92	0.08	0.03	3.03***	0.25*	0.36***	0.07**
女	48.30***	0.94	0.81	0.15	0.05	3.10***	0.28**	0.40***	0.05*
时尚潮流									
男	1.71	1	1.00	0	0.01	2.34***	−0.09	0.80***	0.08*
女	1.67	1	1.00	0	0.01	2.74***	0.32**	0.94***	0.11***

3.2.5 价值观的年级差异检验

为进一步分析价值观的年级差异,分别就七年级或十年级学生构建有条件的线性增长模型,以此比较两者的差异,模型建立和比较过程与性别差异检验原理相同,模型结构如图4-6所示,在该模型中,考察的增长变量为七年级学生的集体责任,控制变量为性别。分别构建六组模型后得到的具体结果如表4-9所示。由表中结果可见,对于七年级的学生,只有遵纪守则是显著上升的,而对于十年级的学生而言,集体责任、遵纪守则、超越进取都随年龄增长呈下降趋势。

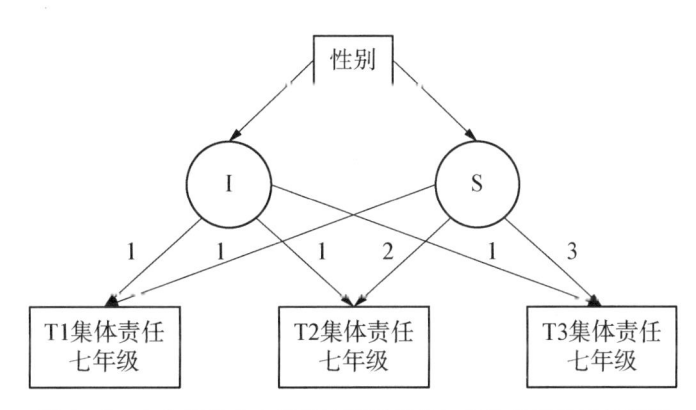

图4-6 七年级学生在集体责任维度的有条件的线性增长模型

表4-9 不同年级学生各价值观维度线性增长模型的拟合指标及系数

	模型拟合指标					模型系数			
						系数		变异	
	$\chi^2(df=2)$	CFI	TLI	RMSEA	SRMR	截距	斜率	截距	斜率
集体责任									
七年级	18.84***	0.96	0.88	0.11	0.04	3.83***	−0.09	0.43***	0.11***
十年级	4.30	1.00	0.99	0.03	0.01	3.79***	−0.09*	0.42***	0.05**
遵纪守则									
七年级	21.24***	0.95	0.84	0.12	0.05	4.12***	−0.15*	0.40***	0.08**
十年级	13.54**	0.98	0.95	0.06	0.02	4.07***	−0.21***	0.44***	0.07***
超越进取									
七年级	16.04***	0.96	0.88	0.10	0.04	3.57***	−0.02	0.38***	0.09***
十年级	36.49***	0.96	0.87	0.11	0.04	3.83***	−0.13**	0.39**	0.05**

4 分析与讨论

本研究首先对各地区初、高中青少年价值观进行横断调查,以了解不同年龄青少年价值观的发展现状,结果表明青少年在价值观的各个维度在年级和性别上都存在显著差异,不同地区的青少年价值观念也存在差异。其次,分别在两年三个时间点探索了初中生和高中生价值观的发展趋势及年级和性别的差异。研究结果表明,超越进取这一价值观维度呈现显著的增长趋势。此外,研究结果同时表现出了年龄与性别上的差异,亦即青少年价值观的发展趋势受到年龄与性别的显著影响,在不同年级与性别中存在不同的发展趋势。

4.1 青少年价值观的发展现状(横断调查)

4.1.1 青少年价值观的年级和性别差异

研究发现,在集体责任和超越进取维度上,九年级学生得分显著高于其他年级;在遵纪守则维度上,七年级学生得分显著低于其他年级;在时尚潮流维度上,七年级学生得分显著高于其他年级。对于九年级青少年而言,他们正面临升学压力,也是人生中的重要转折,父母和老师会不断激励他们努力奋斗,并告诉他们取得好成绩的重要性,因此九年级青少年在潜移默化中会更认同超越进取的价值观(李丹等,2018)。此外,九年级孩子即将与班级同学分离,会产生不舍等情绪,因而可能加强与同学的联系,并更愿意承担集体责任。与此相反,七年级学生刚步入初中生活,仍在应对新环境的各种压力,如同伴关系等。以往研究表明,当个体感知到同伴压力时,会更倾向于追求物质主义(Banerjee & Dittmar, 2008),因此七年级青少年一方面通过追求时尚潮流的服装、饰品使他们在同伴中更受欢迎,另一方面也可以缓解生理和心理发生巨大变化而产生的不适感。此外,追求物质主义的青少年更不愿意帮助他人(Yang et al., 2018),他们会以自己为中心,规则意识较差,因此更不认可遵纪守则价值观。

价值观的性别差异体现在集体责任、遵纪守则和时尚潮流维度上,女生得分显著高于男生。在集体责任和遵纪守则方面,与以往的研究结果一致(李丹,刘朝燕,朱旻斐,2011;李丹,宗利娟,刘俊升,2013)。受性别刻板印象的影响,在社会化过程中,女生更多地被要求接纳他人,因此女生在集体中更容易与他人建立融洽和谐的关系,相应地也会更愿意承担集体责任并且遵守集体规则。此外,与男生相比,女生更喜欢潮流的衣物和服饰,因此更认同时尚潮流价值观。

4.1.2 青少年价值观的地区差异

本研究发现,青少年价值观存在显著的地区差异。福建和河南青少年对集体责任、遵纪守则以及超越进取价值观的认可度相对较低,山东青少年更认可时尚潮流价值观。

福建省位于东海和南海的交通要冲,经济外向度高,在改革开放以及市场经济的影响下,较早受到西方文化,尤其是个人主义文化的冲击。个人主义文化更注重个体自身的独特性与独立性(Grossmann & Na, 2014),并且认为及时享乐会使个体更幸福(Joshanloo & Jarden, 2016),在其影响下,个体的利他行为一定程度上会减少(Booysen et al., 2021)。因此,福建青少年越来越关注自身的发展以及当下的享受,较少认可集体责任、遵纪守则以及超越进取价值观。相反,河南省是中华民族和华夏文明的重要发祥地,在社会变迁的今天仍然很大程度上保持着传统的价值观念,因此本研究的结果有待进一步研究和探讨。可能的解释是沉重的课业压力使河南省青少年忽视了其他价值观念的发展。据第七次全国人口普查公告,河南省的人口数量位居全国前三,导致参加高考的学生也数量庞大,因此,河南省高考竞争非常激烈,他们不得不更加努力学习才能进入到自己心仪的学校,这使得青少年全身心地投入学习之中,对班集体以及其他事物的关注较少。

山东省一直被誉为齐鲁圣地,礼仪之邦。自古以来,山东的父母长辈就很重视后代的教育,在如今高考的压力下,为了能使孩子在高考中取胜,山东大部分父母甘愿做出任何牺牲,但与此同时,也给正在经历身心变化的青少年带来了巨大的压力。物质主义可以缓解个体的自我调节疲劳,即当个体长期消耗自我控制资源而产生持续性疲劳时,物质主义可以使个体进行自我补偿,产生愉悦感(王财玉,余秋婷,姬少华,2020)。因此,当面临巨大的学业压力时,青少年更倾向于追求物质主义,如购买潮流的服饰、电子产品等。

4.2 青少年价值观的发展趋势(追踪研究)

4.2.1 青少年价值观发展的性别差异

研究发现男生和女生在超越进取价值观上都呈显著增长的发展趋势,并且女生超越进取的发展速率更高,这可能与社会对不同性别的要求改变有关。社会和成人的要求与期望会影响儿童性别角色的发展(桑标,刘俊升,2022),受传统文化的影响,男生更多的被要求独立、上进、有男子气概,因此大多数男生在发展过程中都会更认同超越进取价值观。然而近几十年来,性别平等意识越来越被经济、教育以及就业等领域认可(Solbes-Canales, 2020),父母的教育观念也随之发生了转变,希望女生也能够超越进取,因此女生也越来越追求独立、进步,并希望实现自己的潜能。

女生在遵纪守则和时尚潮流价值观上也呈现显著增长趋势,并有较高的起始水平。而且女生在集体取向和遵纪守则的发展速率也更快。以往研究发现女生在违反规则之后更容易产生内疚感(Clarke-Stewart & Parke, 2014),日常生活中,女生礼貌待人的意识更高,行为举止方面也更重视细节。这可能与女生在遵纪守则上有较快发展有关。在时尚潮流维度上,女生呈显著增长趋势,这可能与青少年自尊的性别差异有关。即使在社会变迁的当下,很多中国父母仍然保持传统的价值观,会更偏爱男生,从而导致女生的自尊水平较低(Xie et al., 2019)。而自尊会影响个体对物质主义的追求(周静,谢天,2019; Zawadzka, 2022; Zhang & Hawk, 2019),高自尊的个体内心世界较为充实,不需要外在的物质来填补内心的空白(杨宝琰等,2021),低自尊则相反。因此,女生在发展过程中会通过追求时尚潮流来提高自己的自尊。在集体责任维度上,女生的发展速率更快可以从两个方面来解释。一方面,女生更信任他人,也更愿意与他人建立或维持关系(Haselhuhn, 2015),这会使她们产生更多的责任行为;另一方面,女生的共情能力更强,并且更愿意提供为他人提供支持和帮助(Graaff et al., 2017),这种特质使她们为群体成员所犯的错误感到难过,并更倾向于承担集体责任。

4.2.2 青少年价值观发展的年级差异

就年级差异而言,对于七年级的青少年,只有遵纪守则是显著增长的,表明这一社会性、工具性的价值观念随着青少年在初中阶段的社会化过程不断发展(杨宜音,1998)。而对于十年级的青少年而言,集体取向、遵纪守则、超越进取都随年龄增长呈下降趋势,这可能与该阶段青少年的主要任务转变提升自身的学业成绩,为高考取胜而进一步努力有关。也表现出一种个体的"优先价值观转向追求个人主观幸福、自我表现和政治参与的后物质主义"的可能趋势(李春玲,2020)。此外,十年级学生的集体责任起始水平显著低于七年级学生,表示出了青春期个体的集体意识降低。且相比于七年级学生,十年级学生具有更高的遵纪守则和超越进取的起始水平,但发展速率更低,即更趋近稳固,表现出青少年价值观的个人主义和现实化取向进一步增强,具有明显的后现代价值取向色彩(沈潘艳,2017)。

5 小结

横断研究发现,青少年价值观存在显著的年级、性别和地区差异,且年级和地区的交互作用显著。具体表现为,在地区上,福建和河南青少年对集体责任、遵纪守则以及超越进取价值观的认可度相对较低,山东青少年对时尚潮流价值观的认可度更高;在年级上,九年级更认可集体责任和超越进取价值观,七年级更认可时尚潮流价值观,但在其他价值观的认同都相对较低;在性别上女生更认同集体责任、遵纪守则和时尚潮流价值观。

追踪研究发现,在性别方面,男生和女生在超越进取价值观上都呈显著增长的发展趋势,并且女生超越进取价值观的发展速率更高。女生在遵纪守则和时尚潮流价值观上有较高起始水平,呈现显著增长趋势,并且女生在集体取向和遵纪守则价值观上的发展速率更快。在年级方面,对于十年级的青少年,集体取向、遵纪守则、超越进取都随年龄增长呈下降趋势,对于七年级的青少年,只有遵纪守则是显著增长。此外,十年级学生的集体责任起始水平显著低于七年级学生;十年级学生遵纪守则和超越进取的起始水平更高,但发展速率更低。

参考文献

岑国桢.(2007).青少年主流价值观:心理学的探索.上海:上海教育出版社.

陈万芬,刘俊升,李丹,陈欣银.(2018).新时代青少年早期文化价值观的发展轨迹:同伴接纳的作用.心理科学,41(6),1302-1309.

黄希庭,张进辅,张蜀林.(1989).我国五城市青少年学生价值观的调查.心理学报,3,274-283

黄曼娜.(1999).我国青少年学生价值观的比较研究.西南师范大学学报(哲学社会科学版),25(5),83-88.

李春玲.(2020).我国青年价值观变迁研究的多重理论视角.青年探索,6,5-13.

李丹,宗利娟,刘俊升.(2013).外化行为问题与集体道德情绪、集体责任行为之关系:班级氛围的调节效应.心理学报,45(9),1015-1025.

李丹,刘朝燕,朱旻斐.(2011).责任关系视角下的儿童责任行为发展研究.应用心理学,17(2),108-115.

刘庆龙,张明武.(1995).人生求索中的冲突与交融——首都大学生人生价值观的纵向研究报告.当代青年研究,5,6-11.

刘月芳,李育红,郑葵,李凌.(1995).上海青年价值观纵向比较.青年研究,3,14-20.

桑标,刘俊升.(2022).儿童发展心理学.北京:高等教育出版社.

沈潘艳,辛男,高靖,冯春.(2017).中国青少年价值观的变迁(1987—2015).青年研究,4,1-10.

王财玉,余秋婷,姬少华.(2020).累了更"拜金"?自我调节疲劳对物质主义的影响.中国临床心理学杂志,28(3),591-595.

王晓峰,李丹,陈欣银,刘俊升,戴艳,郭虹蔓,徐婷.(2018).新时代青少年价值观的构成特征与适应功能研究.心理科学,41(6),1282-1291.

杨宝琰,陈莎莎,苏少青,陈芳丽.(2021).外强中瘠、虚饰以财?自我威胁情境下异质性高自尊与物质主义的关系.心理学报,53(6),667-680.

杨宜音.(1998).社会心理领域的价值观研究述要.中国社会科学,2,82-93.

周静,谢天.(2019).物质主义者自我概念的特点和相关理论.心理科学进展,27(5),914-925.

Banerjee, R., & Dittmar, H. (2008). Individual differences in children's materialism: The role of peer relations. *The Society for Personality and Social Psychology*, 34(1), 17-31.

Block, K., Gonzalez, A. M., Schmader, T., & Baron, A. S. (2018). Early gender differences in core values predict anticipated family versus career orientation. *Psychological Science*, 29(9), 1540-1547.

Booysen, F., Guvuriro, S., & Campher, C. (2021). Horizontal and vertical individualism and collectivism and preferences for altruism: A social discounting study. *Personality and Individual Differences*, 178, 1-6.

Chen, X. Y., Bian, Y. F., Xin, T., Wang, L., & Silbereisen, R. K. (2010). Perceived social change and childrearing attitudes in China. *European Psychologist*, 15(4), 260-270.

Chen, X., Wang, L., & Liu, J. (2012). Adolescent cultural values and adjustment in the changing Chinese society. In G. Trommsdorff & X. Chen (Eds.), *Values, religion, and culture in adolescent development* (pp.235-252). Cambridge: Cambridge University Press.

Clarke-Stewart, A., & Parke, R. (2013). *Social development*. John Wiley & Sons, Inc.

Graaff, J. V., Carlo, G., Crocetti, E., & Koot, H. M., (2017). Prosocial behavior in adolescence: Gender differences in development and links with empathy. *Journal of Youth and Adolescence*, 47(5), 1086-1099.

Greenfield, P. M. (2009). Linking social change and developmental change: Shifting pathways of human development. *Developmental Psychology*, 45(2), 401-418.

Grossmann, I., & Na, J. (2014). Research in culture and psychology: Past lessons and future challenges. *WIREs Cognitive Science, 5(1)*, 1 – 14.

Haselhuhn, M. P., Kennedy, J. A., Kray, L. J., Van Zant, A. B., & Schweitzer, M. E. (2015). Gender differences in trust dynamics: Women trust more than men following a trust violation. *Journal of Experimental Social Psychology, 56*, 104 – 109.

Herk, H. V., & Poortinga, Y. H. (2012). Current and historical antecedents of individual value differences across 195 regions in Europe. *Journal of Cross-Cultural Psychology, 43(8)*, 1229 – 1248.

Joshanloo, M., & Jarden. (2016). A. Individualism as the moderator of the relationship between hedonism and happiness: A study in 19 nations. *Personality and Individual Differences, 94*, 149 – 152.

Liu, X. S., Fu, R., Li, D., Liu, J. S., & Chen, X. Y. (2018). Self- and group-orientations and adjustment in urban and rural Chinese children. *Journal of Cross-Cultural Psychology, 49 (9)*, 1440 – 1456.

Park, H., Twenge, J. M., & Greenfield, P. M. (2014). The Great Recession: Implications for adolescent values and behavior. *Social Psychological and Personality Science, 5(3)*, 310 – 318.

Schwartz, S. H., & Rubel, T. (2005). Sex differences in value priorities: Cross-cultural and multimethod studies. *Journal of Personality and Social Psychology, 89(6)*, 1010 – 1028.

Solbes-Canales, I., Valverde-Montesino, S., & Herranz-Hernández, P. (2020). Socialization of gender stereotypes related to attributes and professions among young Spanish school-aged children. *Frontiers in Psychology, 11*, 609.

Thalmayer, A. G., Saucier, G., Srivastava, S., Flournoy, J. C., & Costello, C. K. (2019). Ethics-relevant values in adulthood: Longitudinal findings from the life and time study. *Journal of Personality, 87(6)*, 1119 – 1135.

Vecchione, M., Schwartz, S. H., Davidov, E., Cieciuch, J., Alessandri, G., & Marsicano, G. (2019). Stability and change of basic personal values in early adolescence: A 2 – year longitudinal study. *Journal of Personality, 88(3)*, 447 – 463.

Xie, F., Xin, Z. Q., Chen, X., & Li, Z. (2019). Gender difference of Chinese high school students' math anxiety: The effects of self-esteem, test anxiety and general anxiety. *Sex Roles, 81 (3 – 4)*, 235 – 244.

Yang, Z., Fu, X. Y., Yu, X. X., & Lv, Y. C. (2018). Longitudinal relations between adolescents' materialism and prosocial behavior toward family, friends, and strangers. *Journal of Adolescence, 62*, 162 – 170.

Zawadzka, A. M., Borchet, J., Iwanowska, M., & Lewandowska-Walter, A. (2022). Can self-esteem help teens resist unhealthy influence of materialistic goals promoted by role models. *Frontiers in Psychology, 12*, 68, 73, 88.

Zhang, Y., & Hawk, S. T. (2019). Considering the self in the link between self-esteem and materialistic values: The moderating role of self-construal. *Frontiers in Psychology, 10*, 1375.

第五章

影响青少年价值观发展的个体、家庭和同伴因素

本章概要:首先探究人格特征、自我调节和自我概念等个体因素对青少年价值观的作用。结果发现,自我调节中的认知、情绪和行为调节都对青少年价值观有一定的预测作用,且认知调节的预测力最强;所有人格特征都对青少年价值观有一定的预测作用,但外向性和尽责性最具预测力;自我概念对遵纪守则和时尚潮流价值观具有显著的预测作用。其次,测查了父亲和母亲教养方式与青少年价值观的关系。结果表明,父母接纳温暖、拒绝惩罚、独立鼓励、引导归因以及溺爱和保护等教养方式均能预测青少年不同的价值观。最后,探索了同伴圈子价值观对早期青少年适应的影响。结果发现,早期青少年集体责任、超越进取和时尚潮流价值观同伴圈子内具有相似性;在控制第一年适应变量和个体层面价值观后,圈子层面的超越进取对社会、学校和心理适应均有促进作用,集体责任可减弱心理适应问题,时尚潮流可增强外化问题;圈子集体责任对心理适应问题的弱化作用只存在于城市,而圈子时尚潮流对外化问题的增强作用只存在于农村。上述结果揭示了个体特质和家庭教养方式对青少年价值观形成和发展的作用,以及同伴群体价值观对个体价值观和适应的重要性,对于青少年价值观的培养具有指导意义。

第一节 个体因素对青少年价值观的影响

1 引言

个人价值观是个体因素(如需求、气质)、社会群体(如家庭、同龄人)、学校等社会机构以及社会文化相互作用的发展结果。价值观不仅是对目标追求的基本动机的认知表征,也是自我的核心组成部分(Sagiv & Schwartz, 2022)。显然,无论个体因素,还是外部因素,都与个人价值观的形成与发展存在密切的关联,并对其产生重要的影响。

以往有关人格特征与宗教价值观的纵向研究,验证了宗教价值观和人格特征之间的相互影响(Heaven et al., 2007, 2013)。一项对人格特征和基本价值观关系的纵向研究结果表明(Vecchione et al., 2019),价值观不会影响人格特征发展,但人格特质对价值观的变化有一定的影响。另有研究者(Puente-Díaz et al., 2015)就人格特征与物质主义和节俭价值观的关系进

行了研究,结果表明外向性对物质主义价值观有正向的预测作用,对节俭价值观有负向预测作用;宜人性与唯物主义价值观呈负相关,与节俭价值观呈正相关;尽责性显著正向预测节俭价值观。其他研究也发现高同情和宜人性者表现出非个人为中心的价值观,而高目的性和马基雅维利主义者表现出个人中心的价值观念(Czerniawska & Szydło, 2021)。

自我概念是个体对自己的主观知觉和判断,这种知觉和判断包括对自己的生理状态、人格、态度、社会角色、过去经验等方面的认知,是由一系列态度、信念和价值标准所组成的有组织的认知结构(凌辉等,2016)。自我概念是个体的人格特质,自我概念清晰度在生命意义(生命价值观)中发挥着十分重要的作用(Cebi & Demir, 2022),个体的生命意义体验正是源于对自我概念的稳定感知(Chu & Lowery, 2023)。一项探究自我概念对生命意义影响的追踪研究发现,自我概念和生命意义之间存在同时性和继时性正相关,自我概念和生命意义可以相互预测(张荣伟等,2020)。行为实验的结果也再次验证了自我概念对生命意义的积极影响(张荣伟等,2020)。

自我调节是个体根据某种理想的标准、规范和规则而进行的改变(吴欢伟,郝丛薇,2017)。情绪通过意义建构的中介作用对职业价值观产生影响(姚崇 等,2020)。一项为期一年的纵向研究发现,情绪调节在自我超越价值观与孤独感、抑郁情绪的关系中起中介作用;自我增强价值观与孤独和抑郁之间的关系均受到情绪调节的抑制(Liu et al., 2023);在不确定规避与长期主义这两种价值取向与个体在虚拟团队中的个人表现之间,自我调节起到中介作用(Schlaegel et al., 2023)。另有研究也发现(Johannes & Rebekka, 2017),以预防为重点的自我调节与保护价值观(安全、服从)呈正相关,与开放性价值观(刺激、自我导向)呈负相关;以促进为重点的自我调节与自我增强价值观呈正相关,与自我超越价值观呈负相关。

然而,多数关于价值观与个体因素关系的研究通常聚焦于某一种个体因素,或是某个体因素的某种成分,例如一种人格特质,这可能导致研究的相对局限性。此外,以往研究所用工具较多引用国外的测评工具,而个体价值观在一定程度上受社会文化环境的影响,存在使用工具是否合适的问题。因此,为弥补以往研究不足,本研究拟采用本团队编制的本土化青少年价值观问卷(王晓峰 等,2018),同时考查自我调节、人格特征和自我概念三种个体因素,以更全面和细致地探究不同个体因素与青少年价值观发展的关系。

2 研究方法

2.1 研究对象

在青岛和上海选取两所初中学校和两所高中学校作为本次研究的测查单位,于2021年春季学期对四所学校中的七年级和十年级的学生进行问卷施测。本研究仅纳入至少填写了一个项目的被试,最终共有2083名学生被纳入本次研究,其中七年级共有641人($M_{年龄}=13.08$,$SD=0.32$,女生占43.70%),十年级共有1442人($M_{年龄}=16.05$,$SD=0.35$,女生占54.40%)。对各项目缺失值进行分析,发现缺失某项目与非缺失该项目的被试在各价值观维度、个体因素上没有显著差异。因此在后续数据处理时采用极大似然估计进行缺失值处理。

2.2 研究工具

青少年价值观问卷。使用王晓峰等人(2018)编制的青少年价值观问卷测量青少年价值观的发展水平。本研究采用集体责任、遵纪守则、超越进取和时尚潮流四个分量表,内部一致性系数分别为 0.86、0.84、0.82 和 0.89。

自我调节量表。使用周颖等人(2015)修订的中国版自我调节量表(Self-Regulation Scale, C-SRS)测量青少年的自我调节,该量表包含情绪调节、认知调节和行为调节三个维度,系数分别为 0.85、0.87 和 0.82。

中学生人格问卷。使用周晖等人(2000)编制的中学生人格问卷测查青少年的人格特征,该问卷包括开放性、外向性、宜人性、谨慎性、情绪性五个维度,各维度的内部一致性系数在 0.67 到 0.89 之间。

自我觉知量表。使用丁雪辰等人(2014)修订的儿童自我知觉量表(Self-Perception Profile for Children, SPPC)分别测量学生在学业、社交、运动、体貌和行为方面的自我概念,以及一般自我概念。该量表4点计分,共36个项目,本研究采用一般自我概念分量表,其内部一致性系数为 0.70。

2.3 数据分析方案

采用 SPSS 23.0 软件对数据进行统计处理。首先进行描述性统计分析,包括价值观四个维度、三种个体因素(包括子维度)的均值、标准差及所有变量的相关。然后使用分层回归分析个体因素对青少年价值取向的预测。

3 研究结果

3.1 相关分析

对各研究变量进行相关分析,具体结果如表 5-1 所示。结果表明,青少年价值观中的集体责任、遵纪守则和超越进取与其自我调节、人格和自我概念均存在显著相关,且遵纪守则维度与性别、年级有显著相关,超越进取与年级有显著相关,时尚潮流与性别、自我调节各维度、外向性人格、宜人性人格、开放性人格、神经质人格以及自我概念均存在显著相关。在价值观的四个不同维度中,时尚潮流与遵纪守则的相关不显著,时尚潮流与集体责任存在显著的负相关,其他维度价值观两两之间均存在显著的正相关。

3.2 回归分析

以自我调节、人格特征以及自我概念作为自变量,以价值观作为因变量,并将年级与性别作为控制变量进行回归分析,得到如表 5-2 所示结果。回归分析结果表明,自我调节和人格各子维度以及自我概念对青少年的价值观各维度均有不同方向和程度的预测作用。就**集体责任**而言,认知调节、外向性人格、宜人性人格和尽责性人格对其存在显著的正向预测作用($\beta=0.09\sim0.41, ps<0.01$),开放性人格对其存在显著的负向预测作用($\beta=-0.06, p<0.05$)。就**遵纪守则**维度而言,认知调节、行为调节、外向性人格、宜人性人格、尽责性人格、神经质人格和自

表 5-1 价值观各维度与自我概念、人格、自我调节的相关分析

	1	2	3	4	5	6	7	8	9	10	11	12	13
1. 情绪调节	—												
2. 认知调节	0.29**	—											
3. 行为调节	0.50**	0.35**	—										
4. 外向性人格	0.16**	0.25**	0.04*	—									
5. 宜人性人格	0.26**	0.47**	0.20**	0.55**	—								
6. 尽责性人格	0.38**	0.72**	0.41**	0.31**	0.58**	—							
7. 开放性人格	0.12**	0.45**	0.11**	0.58**	0.55**	0.48**	—						
8. 神经质人格	−0.58**	−0.29**	−0.40**	−0.25**	−0.18**	−0.29**	−0.16**	—					
9. 一般自我概念	0.45**	0.33**	0.33**	0.36**	0.31**	0.39**	0.31**	−0.55**	—				
10. 集体责任	0.18**	0.39**	0.17**	0.41**	0.60**	0.47**	0.37**	−0.12**	0.24**	—			
11. 遵纪守则	0.15**	0.34**	0.23**	0.23**	0.43**	0.41**	0.26**	−0.08**	0.21**	0.67**	—		
12. 超越进取	0.07**	0.41**	0.15**	0.28**	0.38**	0.45**	0.40**	−0.06**	0.17**	0.61**	0.56**	—	
13. 时尚潮流	−0.24**	−0.08**	−0.17**	0.27**	0.07**	−0.03	0.17**	0.17**	−0.10**	0.13**	0.03	0.24**	—
M	3.18	2.72	3.26	3.74	3.94	3.43	3.52	3.28	2.65	3.85	4.30	3.75	2.62
SD	0.59	0.56	0.63	0.76	0.55	0.68	0.56	0.78	0.59	0.78	0.82	0.77	0.06

注:* $p<0.05$,** $p<0.01$,*** $p<0.001$,下同。

我概念对其均存在显著的正向预测作用($\beta=0.07\sim0.25$,$ps<0.05$)。就**超越进取**而言,情绪调节对其具有显著的负向预测作用($\beta=-0.08$,$p<0.01$),认知调节、外向性人格、尽责性人格和开放性人格对其具有显著的正向预测作用($\beta=0.13\sim0.27$,$ps<0.001$)。就**时尚潮流**而言,情绪调节、认知调节、宜人性人格和自我概念都对其存在显著的负向预测作用($\beta=-0.17\sim-0.07$,$ps<0.01$),外向性人格、尽责性人格、开放性人格和神经质人格对其具有显著的正向预测作用($\beta=0.08\sim0.36$,$ps<0.05$)。

表5-2 自我概念、人格、自我调节对青少年价值观的预测作用

变量	集体责任 β	集体责任 t	遵纪守则 β	遵纪守则 t	超越进取 β	超越进取 t	时尚潮流 β	时尚潮流 t
情绪调节	−0.002	−0.09	−0.012	−0.45	−0.084	−3.34**	−0.174	−6.33***
认知调节	0.085	3.31**	0.087	3.06**	0.178	6.51***	−0.109	−3.65***
行为调节	0.004	0.18	0.09	3.82***	0.023	1.02	−0.037	−1.51
外向性人格	0.172	7.12***	0.068	2.56*	0.130	5.07***	0.359	12.81***
宜人性人格	0.410	16.28***	0.249	8.96***	0.036	1.36	−0.083	−2.84**
尽责性人格	0.156	5.35***	0.201	6.21***	0.274	8.82***	0.083	2.43*
开放性人格	−0.06	−2.46*	−0.049	−1.85	0.130	5.05***	0.084	3.01**
神经质人格	0.046	1.93	0.092	3.51***	0.047	1.84	0.076	2.76**
一般自我概念	0.013	0.57	0.066	2.68**	−0.01	−0.42	−0.073	−2.79**

4 分析与讨论

本研究探究了自我调节、人格特征、自我概念三种个体因素对青少年价值观的影响。就自我调节的三个维度而言,认知调节显著正向预测集体责任、遵纪守则和超越进取价值取向,负向预测时尚潮流取向;行为调节显著正向预测遵纪守则;情绪调节显著负向预测超越进取和时尚潮流。上述结果可能与同伴评价在这一阶段的高度重要性有关(Parke & Stewart, 2013),更强的情绪调节能力可以使青少年更不容易受学业失败或时尚潮流较低评价的影响。以往研究表明,通过富有弹性的意义建构,即对客观事件的灵活回顾与解释,可以降低环境对个体的消极影响(姚崇,2020)。

就大五人格特征来看,外向性与尽责性均对所有价值取向具有显著的正向预测作用。鉴于这两种特质侧重于指向外部(Costa & McCrae, 1992),凸显青少年的人际交往过程对其价值观发展的重要影响(Parke & Stewart, 2013)。宜人性特质对集体责任、遵纪守则具有显著的正向预测作用。与以往研究中宜人性对物质主义的负向预测作用一致(Puente-Diaz, Arroyo et al., 2015),宜人性特质对时尚潮流具有显著负向预测作用。开放性特质对集体责任具有显著的负向预测作用,对超越进取和时尚潮流具有显著的正向预测作用,这一结果可通过开放性特质概念上的"尝新""不断检验旧观念"所蕴含的怀疑态度,以及当下社会对传统价值观的逐渐

抽离、对个人主义价值观的推崇来理解。但也有研究(汪曼 等,2022)发现,大学生集体主义精神与开放性呈正相关,这可能与被试年龄不同有关,需要进一步研究。此外,神经质人格特质对遵纪守则和时尚潮流具有正向预测作用,这可能与高神经质水平的青少年既寻求班级身份认同,又渴求自身独特性的矛盾心理有关。

本研究结果也发现,一般自我概念显著正向预测遵纪守则,这与以往研究发现高自我概念的个体具有更多的亲社会行为(甄月桥 等,2018;刘志军 等,2003)有一定关联。本研究也发现,自我概念对时尚潮流具有显著的负向预测。以往研究表明自我概念与自尊之间具有正相关的关系(陈洁 等,2010),低自我概念的个体可能更需要通过着装等装饰功能,使身体外表更美,以吸引目光而增加自尊感(黄铄翔,李晓强,2018),也就更认同时尚潮流取向。

5 小结

本研究探究了人格特征、自我调节和自我概念三种个体因素对青少年价值观的影响。结果发现,三种个体因素对青少年的价值观都具有一定的预测作用,从而证实了人格特征、自我调节和自我概念三种个体因素对青少年价值观间存在的复杂关系,为青少年价值观发展的研究提供了一定的参考价值。

第二节 父母教养方式对青少年价值观发展的影响

1 引言

处于青春期的个体,身体、认知、情绪情感等方面都发生了重大变化(Bajovic & Rizzo, 2021),这些变化既是个体自然成熟的结果,也是外界环境,诸如父母教养方式影响的结果(Reitza & Meijer, 2006; Soenens & Vansteenkiste, 2020)。布朗芬布伦纳(Bronfen-brenner, 1979)的生态系统理论认为,个体的发展嵌套于一系列相互影响的系统之中,包括微观系统、中间系统、外部系统、宏观系统和时间系统。其中,家庭是对个体成长影响最大的微系统。家庭环境如教养方式等因素对儿童和青少年的发展发挥着重要作用(王雪,李丹,2016)。根据鲍姆林德(Baumrind, 1967, 1971)的理论,父母教养方式包括权威型、专制型、溺爱型和忽视型。其中,权威型的父母教养方式最有利于孩子的发展,通常是通过引导和支持性技术来体现的;而专制型的父母要求儿童绝对服从自己,通常使用控制、拒绝以及惩罚等教养策略。

父母的教养方式会对青少年的价值观念产生重要影响(Williams & Ciarrochi, 2019)。价值观的形成不仅是青少年自我内化的过程,更离不开父母的影响与引导。儿童的价值观念和社会化目标首先是通过父母传递给儿童(王丽,傅金芝,2005),在日常互动中,父母潜移默化地将自己的价值观念、态度以及行为方式传递给儿童和青少年(李丹 等,2023)。以往研究表明,如果父母采取温暖支持的教养方式,那么青少年会更认同家庭价值观(即认同家庭成员的观点、态度或信念)(Kho et al., 2022)。然而，如果父母采取消极的教养方式，如拒绝，那么青少年可能会更崇尚物质主义价值观，并沉迷于追求时尚的服饰和电子产品等(Lan & Wang, 2023)。

需要指出的是，父亲和母亲在家庭中所扮演的角色不太一致，他们对儿童和青少年的教养方式也有所区别(周丹 等，2016；Van Lissa & Keizer, 2020)。在传统的中国家庭中，受"严父慈母"教养模式的影响，父亲通常对儿童态度严厉，并且对孩子的学业成绩以及行为表现有更高要求，母亲则通常对儿童表现出更多的宽容与慈爱(谷传华，陈会昌，许晶晶，2003)。随着社会的发展，越来越多的母亲投身于自我进步和职业发展，她们更倾向于采用温暖和敏感的教养方式(Chen et al., 2010)，这有利于促进青少年社会能力的发展(Van Lissa et al., 2019；Wong & Kong, 2020)，父亲教养方式也相应地发生了转变。目前较多研究考查了父亲和母亲对青少年的情绪、认知等社会性发展的影响，少有研究分别探讨父亲和母亲教养方式对青少年价值观的作用。

综上，父母教养方式会潜移默化地影响青少年的价值观念，而父亲和母亲教养方式与青少年价值观之间的关系是否存在差异，目前尚不清楚。因此，本研究将分别探究父亲和母亲教养方式的五个维度(即接纳温暖、拒绝惩罚、独立鼓励、引导归因以及溺爱和保护)，对青少年价值观的影响。

2 研究方法

2.1 研究对象

通过方便取样法，本研究选取上海、河南、山东和甘肃四地初级中学以及上海、四川两地高级中学的青少年及其父母作为研究对象，最终获得有效被试共 3 813 人。其中，男生 1 793 人，女生 1 883 人，有 137 人没有报告性别；七年级 934 人，九年级 737 人，十年级 1 072 人，十一年级 1 059 人，有 11 人没有报告年级。鉴于缺失数据占的比例低于 10%，在后续分析中对缺失值采用极大似然估计进行处理。

2.2 研究工具

青少年价值观。采用王晓峰等人(2018)编制的中国青少年价值观问卷，测量不同地域青少年价值观水平。该量表采用 5 点计分，分数越高表明个体越看重这一价值观。本研究选取集体责任、遵纪守则、超越进取、时尚潮流四个维度进行分析，内部一致性系数分别为 0.88、0.88、0.84、0.86。

父母教养方式。使用中国版的儿童抚养行为问卷(Child Rearing Practices Report, CRPR; Block, 1981)。这一量表在中国和许多其他文化中被证明具有良好的信效度(刘俊升，季晓芹，李丹，2014；李丹 等，2017)。该量表采用李克特 5 点计分，得分越高代表父母越经常采用这种教养方式。本研究选取接纳温暖、拒绝惩罚、引导归因、独立鼓励、溺爱和保护维度 5 个维度，内部一致性系数在 0.73 到 0.87 之间。

2.3 数据分析方案

采用 SPSS 23.0 软件对数据进行统计处理。首先进行描述性统计分析，包括价值观四个维度、父母教养方式的均值、标准差及所有变量的相关。然后使用分层回归分析父亲和母亲教养方式对青少年价值取向的预测。

3 研究结果

3.1 相关分析

父母教养方式与青少年价值观的相关系数见表 5-3。结果显示，父、母亲的接纳温暖和引导归因，以及父亲独立鼓励与青少年集体责任、遵纪守则、超越进取均呈显著正相关；父、母亲拒绝惩罚与青少年集体责任、遵纪守则、超越进取均呈显著负相关，与青少年时尚潮流呈正相关；父、母亲溺爱和保护与青少年超越进取、时尚潮流均呈显著正相关，父亲的溺爱和保护与青少年遵纪守则呈显著正相关。

3.2 回归分析

以父母教养方式为自变量，价值观的四个维度为因变量做分层回归分析。在每个回归方程中，性别和年级作为控制变量进入第一层，父母教养方式的 6 个维度作为自变量进入第二层。分层回归结果见表 5-4 和表 5-5，在控制了性别和年级的预测后，父亲教养方式和母亲教养方式对青少年价值观念的各个维度具有一定的预测作用。

父亲引导归因以及母亲接纳温暖和独立鼓励的教养方式显著正向预测集体责任价值观（$\beta=0.07\sim0.10, ps<0.05$）；父、母亲引导归因以及独立鼓励的教养方式显著正向预测遵纪守则价值观（$\beta=0.07\sim0.10, ps<0.05$）；父、母亲独立鼓励的教养方式显著正向预测超越进取价值观（$\beta=0.06\sim0.12, ps<0.05$），父亲接纳温暖边缘显著预测超越进取价值观（$\beta=0.07, p=0.053$）；父、母亲溺爱保护以及母亲独立鼓励的教养方式显著正向预测时尚潮流价值观（$\beta=0.08\sim0.10, ps<0.05$），母亲引导归因边缘显著负向预测超越进取价值观（$\beta=-0.07, p=0.053$）。

4 分析与讨论

本研究探讨了父母教养方式对青少年价值取向的预测。结果显示，父母教养方式对青少年价值观的各个维度都具有一定的预测作用。

在集体责任价值取向上，父亲引导归因以及母亲接纳温暖和独立鼓励对其有显著的正向预测作用。母亲采取独立鼓励的教养方式会使青少年在日常生活中更勇敢、坚强，并树立更强的责任意识。集体责任强调群体共同为某个成员的过错承担责任（李丹，宗利娟，刘俊升，2013），母亲采取接纳温暖的教养方式使青少年更能接纳群体成员的过错，并愿意与集体一同承担责任。父亲对孩子的影响有别于母亲，父亲通常会给儿童引导和鼓励而不是直接教导（李丹 等，2004）。本研究的结果表明父亲恰当的引导可以帮助青少年树立责任意识，承担集体责任。

表 5-3 价值观各维度与父母教养方式的相关分析

	1	2	3	4	5	6	7	8	9	10	11	12	13	14
1. 集体责任	—													
2. 遵纪守则	0.66**	—												
3. 超越进取	0.62**	0.52**	—											
4. 时尚潮流	0.19**	0.04*	0.27**	—										
5. 父接纳温暖	0.15**	0.19**	0.15**	0.01	—									
6. 父拒绝惩罚	−0.08**	−0.11**	−0.06**	0.09**	−0.34**	—								
7. 父引导归因	0.17**	0.20**	0.15**	0.01	0.82**	−0.32**	—							
8. 父独立鼓励	0.16**	0.20**	0.15**	0.01	0.73**	−0.21**	0.78**	—						
9. 父溺爱和保护	0.04	0.04*	0.04*	0.12**	0.32**	0.28**	0.28**	0.29**	—					
10. 母接纳温暖	0.18**	0.21**	0.15**	0.02	0.63**	−0.26**	0.58**	0.53**	0.20**	—				
11. 母拒绝惩罚	−0.08**	−0.13**	−0.07**	0.08**	−0.23**	0.63**	−0.23**	−0.15**	0.23**	−0.33**	—			
12. 母引导归因	0.18**	0.21**	0.16**	0.02	0.56**	−0.23**	0.65**	0.56**	0.18**	0.81**	−0.30**	—		
13. 母独立鼓励	0.19**	0.21**	0.17**	0.05*	0.51**	−0.16**	0.55**	0.65**	0.20**	0.74**	−0.20**	0.80**	—	
14. 母溺爱和保护	0.03	0.03	0.04*	0.10**	0.18**	0.22**	0.17**	0.20**	0.60**	0.28**	0.35**	0.24**	0.26**	—
M	3.91	4.31	3.72	2.54	4.04	2.06	4.08	4.04	3.20	4.12	2.01	4.13	4.04	3.21
SD	0.79	0.77	0.84	1.01	0.67	0.74	0.68	0.65	0.57	0.64	0.73	0.65	0.65	0.56

表 5-4　父亲教养方式对青少年价值观的预测作用

	集体责任		遵纪守则		超越进取		时尚潮流	
	β	t	β	t	β	t	β	t
父接纳温暖	0.04	1.04	0.01	0.37	0.07	1.93	−0.02	−0.64
父拒绝惩罚	−0.02	−0.94	−0.06	−2.65	−0.02	−0.60	0.04	1.49
父引导归因	0.09	2.57**	0.10	2.85**	0.04	1.16	0.02	0.55
父独立鼓励	0.06	1.88	0.07	2.37*	0.06	2.00*	0.001	0.04
父溺爱和保护	−0.01	−0.54	0.01	0.39	0.001	0.02	0.08	3.75***

表 5-5　母亲教养方式对青少年价值观的预测作用

变量	集体取向		遵纪守则		超越进取		时尚潮流	
	β	t	β	t	β	t	β	t
母接纳温暖	0.07	2.08*	0.04	1.36	0.03	0.83	0.01	0.29
母拒绝惩罚	−0.01	−0.45	−0.04	−1.81	−0.03	−1.27	0.03	1.40
母引导归因	0.04	1.22	0.08	2.37*	0.02	0.64	−0.07	−1.94
母独立鼓励	0.10	3.30***	0.08	2.50*	0.12	3.97***	0.10	3.22***
母溺爱和保护	−0.02	−0.83	0.02	0.68	0.01	0.49	0.05	2.39*

在遵纪守则上,父、母亲的引导归因以及独立鼓励的教养方式对其存在显著正向预测作用。与以往关于儿童的研究结果一致,父母适当的解释可以帮助儿童内化规则(Clarke-Stewart & Parke,2013),父母的引导会使儿童理解规则的重要性,以及违反规则需要付出的代价。与儿童不同的是,青少年在遵守规则的同时也强调自我愿望的满足,并存在一定的个人偏好或倾向(张卫,徐涛,王穗苹,1998),父母适时的引导和鼓励可以帮助青少年妥善处理自我愿望和规则之间的冲突,这在一定程度上使青少年更愿意遵守规则。

在超越进取上,父、母亲独立鼓励以及父亲接纳温暖的教养方式对其具有显著正向预测作用。随着自主意识不断增强,青少年与父母的关系也会更加平等(Collins & Laursen,2009),父母采取独立鼓励的教养方式可以给青少年更多自由探索的空间,使其充分发挥自己的潜能,实现自我超越。父亲在家庭中的作用越来越受到重视,父亲积极的教养方式可以促进青少年的社会性发展(Cabrera et al.,2007;Pougnet et al.,2011)。父亲采取接纳温暖的教养方式不仅可以让青少年更勇敢面对困难,还可以为青少年提供情绪价值,从而使青少年不断超越自我。

在时尚潮流上,父、母亲溺爱保护以及母亲独立鼓励的教养方式对其具有显著正向预测作用,母亲引导归因对其具有显著负向预测作用。时尚潮流价值观与物质主义价值观相类似,指青少年认为生活的满足感来源于获得潮流的服饰和时尚的电子产品等(王晓峰 等,2018;蒋奖 等,2016)。采取溺爱保护教养方式的父母倾向于无条件地满足孩子物质方面的任何需求,这可能使青少年更沉迷于物质追求(Li et al.,2023),表现为追求时尚潮流的服装、饰品以及电子产品等;而母亲过度采取独立鼓励的教养方式可能会使青少年追求时尚潮流以显示自己在群体中的独特性。相反,如果母亲对青少年进行适当引导,则可能使青少年避免陷入物质主义的陷阱。

5 小结

本研究分别探究了父亲和母亲教养方式的五个维度(接纳温暖、拒绝惩罚、独立鼓励、引导归因以及溺爱和保护)对青少年价值观的作用。结果表明,父亲引导归因以及母亲接纳温暖和独立鼓励能够显著正向预测青少年集体责任价值观;父母引导归因以及独立鼓励的教养方式能够显著正向预测遵纪守则价值观;父母独立鼓励的教养方式以及父亲接纳温暖的教养方式能够正向预测超越进取价值观;父母溺爱保护以及母亲独立鼓励的教养方式能正向预测时尚潮流价值观,而母亲引导归因对其具有边缘显著的负向预测作用。本研究为青少年价值观的塑造提供了重要的理论依据,并启示父母应选择恰当的教养方式以促进青少年价值观的发展。

第三节 同伴圈子价值观对早期青少年适应的影响

1 引言

青少年时期是价值观形成的关键时期,青少年价值观的形成和发展直接影响他们的身心健康(李丹 等,2018;王晓峰 等,2018)。然而,青少年价值观的可塑性较大(蒲昭谦 等,2008),极易受到来自社会、学校、家庭和同伴的影响,同伴交往是青少年社会交往的重要环境(Rubin et al., 2015);而同伴圈子作为青少年特有的社交圈子,加入不同类型的同伴圈子对青少年心理与行为会产生独特影响。如,加入学业导向圈子有利于提升学习动机和成就(Ryan, 2001),高社会能力圈子有利于增强社会能力(陈斌斌 等,2011),减少社会、学校和心理适应问题(Chung-Hall & Chen, 2009)等等;相反,加入攻击型圈子会强化青少年攻击行为(Shi & Xie, 2012),社会退缩(Zhao et al., 2016)或抑郁圈子(Chen & Chen, 2019)会引发更多社会、学校和心理适应问题等等。尽管研究者普遍认同圈子行为准则和价值观是圈子互动的基石,至今仍未有研究直接聚焦国内早期青少年同伴圈子的价值观。故本研究将同伴圈子与青少年价值观相结合,探究早期青少年是否依据价值观形成同伴圈子,加入不同价值观圈子对个体适应产生何种影响,以及这种影响是否会随着社会环境差异而产生变化。

1.1 价值观与适应

价值观是个体判断是非好坏的信念系统,反映了个体的愿望、态度和兴趣等等。价值观能够影响个体的认知、态度和行为(Sagiv et al., 2017, Sagiv & Roccas, 2021),个体所认同的价值观与其社会和心理适应关系密切。大量基于西方的青少年的研究表明,关心他人利益的自我超越价值观可增强青少年主观幸福感,弱化孤独感和抑郁(Schwartz & Sortheix, 2018),促发更多亲社会行为(Sagiv & Schwartz, 2022),减少攻击行为(Benish-Weisman, 2015)和反社会行为(Aquilar et al., 2018);追求个人利益的自我增强价值观则会破坏青少年主观幸福感,增加攻击行为(Benish-Weisman, 2015)。国内研究者同样发现青少年不同价值观对社会和心理适应影响差异的证据。例如,有研究(Liu et al., 2021)发现,新冠疫情时期上海和山东青岛两地青少年自我增强价值观与消极心理适应(焦虑、抑郁)有关,而自我超越与积极心理适应有关。王晓峰等人(2018)发现认同集体责任与良好的社会能力有关,认同超越进取拥有更好的学业成绩和学校能力,而认同时尚潮流则与较低的学业成绩和较多的学习问题等相关联。

1.2 同伴圈子社会化

同伴圈子或非正式的同伴群体(informal peer group)是在群体水平或社会网络水平上的一种同伴关系类型,通常由一群有相似兴趣、背景或社会地位的同龄人组成,成员大多为同性同伴,人数规模通常在3到10人左右(平均5到6人)(Chen et al., 2005; Rubin et al., 2015)。圈子成员间通过频繁互动,慢慢会发展出一个具有层级结构的"组织"(Rubin et al., 2015)。研究发现,圈子一旦形成,每个圈子会逐渐形成自己的准则和价值观,引导成员行为、观念变化,使群体成员朝着共同的目标努力;发展出独特的行为举止、着装打扮、手势暗语等,帮助内部成员建立稳定的归属感,维持圈子的同质性(Cairns et al., 1995; Espelage et al., 2003)。这种群体内部倾向于相同态度和行为的现象,称为同伴圈子"相似性假设"(Kandel, 1978)。

研究者提出同伴群体社会化的几种机制解释这一现象。首先,由于经常一起参与活动,个体态度或行为往往会受其他成员的约束或加强,这种同步互动和社会强化可能增强内部相似性(Chen et al., 2005; Chung-Hall & Chen, 2009)。其次,通过社会比较以评估自身能力和态度是人类的一种基本需要,内部成员间往往会进行各种社会比较,这使得成员间的任何差异都驱使至少一方发生改变,从而削弱圈子内的差异(Festinger, 1954)。此外,也有研究者认为,个体认同群体规范或价值观部分源于担心经历消极后果,比如窘迫、尴尬或因违反群体规范而导致他人的敌意拒绝等(Kruglanski & Webster, 1991)。可见,随着时间的推移,圈子成员间的价值观可能趋于同质。

1.3 圈子价值观与早期青少年适应

处于不同价值观的同伴圈子,青少年的社会和心理适应可能出现差异。陈欣银等(Chen et al., 2003; Chen & French, 2008)指出圈子的形成和发展往往受到宏观环境的文化标准引导,与文化标准相符合的同伴圈子更容易受到社会的鼓励和接纳。在中国传统文化情境下,重视团结合作和集体利益的圈子往往更受老师和家长的认可,青少年常常受到鼓励加入这类圈子(Chen & French, 2008)。同时这类圈子也更倾向遵守内部行为准则和价值观念,做出更多社会支持行为。研究发现个体融入学业成就取向的圈子自身学习动机和成就水平可以得到提升(Ryan, 2001),相反,如果加入攻击取向的圈子青少年攻击行为会受到激发(Shi & Xie, 2012),引发更多社会、学校和心理适应问题等等。

需要指出的是,尽管价值观具有较高的跨时间和跨情境稳定性,但特定历史时期、发展阶段或特定社会文化会呈现出一定程度的社会历史性。价值观内部构成及其与心理和行为的关系受到社会宏观环境的影响。近四十年来,中国社会经历了史无前例的快速变迁,重视个性表达、自主、自信的西方价值观与强调人际和谐、集体利益、顺从的中国传统文化不断碰撞融合,广泛而深远地影响了中国文化和中国人的心理与行为(蔡华俭 等,2020)。整体来看,中国的个体价值取向逐渐兴起,与群体价值取向共存,文化价值观趋于多元(Chen,2012;蔡华俭 等,2020)。更重要的是,随着社会变迁,作为家庭之外的重要微观系统——同伴圈子,其行为准则和价值观念对于圈子成员的约束力可能随之发生变化(陈斌斌 等,2011)。遗憾的是,以往研究更多的是从社会宏观层面考察价值观与青少年适应的关系,很少有研究从同伴圈子层面考察二者关系。

综上所述,本研究拟以城市和农村早期青少年为研究对象,采用间隔两年的追踪研究设计,从个体和圈子层次考察价值观对青少年适应的作用机制及城乡差异,尝试揭示社会变迁背景下圈子价值观与青少年社会、学校和心理适应的深层次联系。本研究主要关注集体责任、超越进取与时尚潮流三种价值观。集体责任侧重对集体利益的看重和维护,是集体取向的内涵体现;时尚潮流反映出青少年对时尚信息的密切关注和渴望获得时尚物品,是后现代主义在青少年价值取向上的具体体现;超越进取体现了青少年对成长成才、迎接挑战和奋发图强的认同。与施瓦茨(Schwartz,2018)强调集体取向与个人取向对立的自我超越和自我增强不同,超越进取不仅蕴含中国文化素来重视个人学习和才能务实的传统,而且蕴含感恩回报和惠及家庭社会之义,是青少年集体和个人价值取向整合的体现。研究显示集体责任认同与良好的社会能力有关,超越进取能预测学业成绩和学校能力,而时尚潮流则与较低的学业成绩和较多的学习问题等相关联(王晓峰 等,2018)。

本研究基于文献分析提出主要假设:1)早期青少年依据价值观相似程度形成不同价值观圈子;2)个体层面和圈子层面的集体责任和超越进取均可促进早期青少年社会和学校适应,降低心理适应问题,时尚潮流与之相反;3)上述圈子效应存在显著城乡差异,农村圈子集体责任和超越进取对适应的促进作用强于城市,城市圈子时尚潮流对适应的促进作用强于农村。此外,为了完善研究内容,本研究同时考察了圈子性别的调节效应。模型图见图5-1。

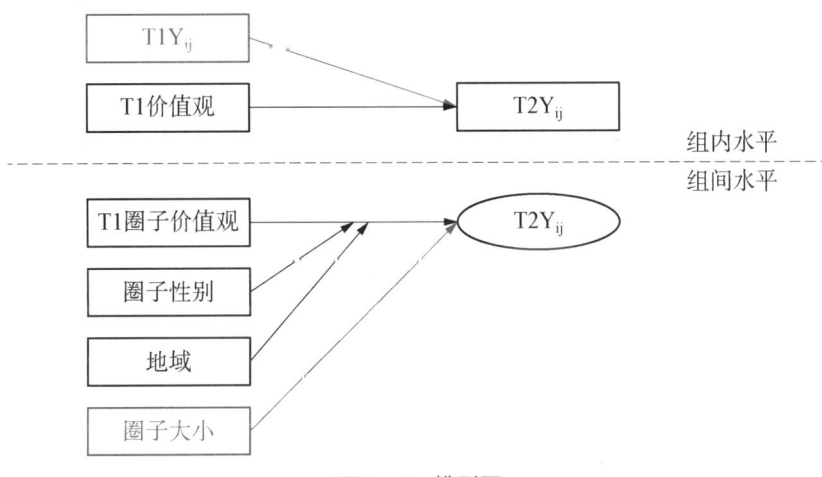

图5-1 模型图

2 研究方法

2.1 研究对象

本研究随机选取上海市一所公立初中和河南省北部地区一所普通乡镇公立中学的学生为研究对象,进行为期两年的追踪研究。第一次施测时(T1)共抽取两所学校七年级学生 534 名,其中,男生 283 名,占总样本 53%;城市学生 232 名,占总样本的 43.4%。被试平均年龄为 13.53 岁,标准差为 0.84 岁。第二次施测时(T2),收回城市学生 186 名,农村学生 299 名的数据,其中有 451 名学生同时参与了两次测试。由于 T2 样本缺失不涉及同伴圈子形成,参照陈斌斌等人(2012)做法,将 T2 缺失数据作缺失值处理。整体来看,除男生流失的比例高于女生($\chi^2(1)=5.74, p=0.017$),城市流失比例高于农村($\chi^2(1)=8.28, p=0.004$)外,流失与非流失在所有研究变量上均不存在显著差异。

2.2 工具

2.2.1 社会认知地图

采用社会认知地图(Social Cognitive Map procedure, SCM; Cairns et al., 1985)确定早期青少年所属圈子。SCM 要求被试写出经常与自己待在一起同学姓名,以及观察到的经常待在一起形成小圈子的其他同学姓名。圈子提名不限制性别和数量,提供全班学生名单,由学生自由回忆作答。由于将每位被试都视为观察者,且提名者与被提名者日常频繁接触彼此熟悉,所以评价结果与真实情况高度一致;更重要的是,即使仅有一半成员参与,该方法仍具有较高的准确性。本研究采用 SCM 4.0 计算机程序(Cairns et al., 1995)进行圈子数据分析。

T1 时,共有 22 人不属于任何圈子,89 人属于多个圈子(84 人同时属于两个圈子,5 人同时属于三个圈子),根据以往研究做法(Chen & Chen, 2019; Zhao et al., 2016),当被试与多个圈子有联系时,将其归属于圈子成员提名次数最多的圈子。本研究共识别 103 个圈子,其中 10 个圈子人数少于三人,考虑予以删除,最终,从 492 名被试中形成 93 个圈子,圈子大小范围为 3 到 16, $M=5.29, SD=2.57$。其中,男生圈子 46 个($N=217, 46.5\%$),女生圈子 41 个($N=212, 45.4\%$),混合性别圈子 6 个($N=38, 8.1\%$);城市圈子 33 个($N=199, 42.6\%$),农村圈子 60 个($N=268, 57.4\%$);男生圈子大小显著大于女生圈子($t(72)=1.19, p=0.238$),城市圈子大小显著大于农村圈子($M_{城市}=6.63, M_{农村}=5.25, t(67)=5.02, p=0.028$)。是否圈子成员身份(即圈子成员与孤立者)在各变量上的 t 检验结果表明,圈子成员集体责任、社会能力、同伴接纳、学业成就得分均显著高于孤立者($ts>1.98, ps<0.048$),孤立者在孤独感、外化问题、学习问题得分均显著高于圈子成员($ts>2.10, ps<0.037$)。

2.2.2 青少年价值观问卷

选用王晓峰等人(2018)编制的青少年价值观问卷来考察早期青少年价值观。该问卷共有八个维度,采用五点计分,1 表示"完全不像我",5 表示"非常像我"。本次研究选取集体责任(7题,例如,"他/她认为在一个集体中人与人之间应该互相帮助")、超越进取(6题,例如,"他/她认为人要时时刻刻想着努力提高自身能力和水平")和时尚潮流(5题,例如,"他/她认为年轻人的生活要与社会时尚保持一致")三个分维度。本研究 T1 和 T2 集体责任、超越进取、时尚潮流的内部一致性系数分别为 0.87 和 0.86、0.79 和 0.83、0.80 和 0.83。

2.2.3 班级戏剧量表

采用中文修正版班级戏剧量表(Revised Class Play, RCP; Masten et al., 1985; Chen et al., 1995)测量早期青少年的社会能力(社会适应指标)。班级戏剧采取同伴提名的做法,将每名被试均视为参与者,施测时发给每名被试一份全班同学的名单,要求被试根据问卷上提供的角色特征在班级里挑选适合扮演该角色的同学,已有研究发现该方法尤其适用于儿童社会行为和社会功能的评估(Liu et al., 2014)。统计时,首先计算被试在每个条目上得到他人提名次数之和,以班级为单位进行标准化后计算各维度的平均分,最后再次将各维度得分以班级为单位进行标准化。已有研究表明该测验具有较高的信度和效度(Chen et al., 2001;陈斌斌 等,2011)。社会能力分量表包含社交的亲社会性、自主性和果断性三个方面共 11 条目(如,"某个人是个好领导","某个人有很多朋友"等),本研究 T1 和 T2 的内部一致性系数分别为 0.86 和 0.89。

2.2.4 社会提名

每名学生被要求提名三个他/她最喜欢一起玩的同学,并允许跨性别提名,得到每位学生来自班级内所有人积极提名的情况。然后将每位学生得到积极提名次数进行累加,最终以班级为单位进行标准化得到被试的同伴接纳(社会适应指标)(Chen et al., 1995)。

2.2.5 孤独感量表

采用伊利诺斯孤独感量表(Illinois Loneliness Questionnaire; Asher et al., 1984)测量早期青少年的孤独感(心理适应指标)。量表包括 16 个题目(如"我感到孤独"),采用 5 点计分方式,1 表示"完全不符合",5 表示"非常符合"。反向题经过转换之后,求得量表平均分,被试分值越高,说明孤独感越强烈。经检验该量表在中国青少年群体中呈现出较好的信效度(Liu et al., 2012)。本研究中 T1 和 T2 的内部一致性系数分别为 0.899 和 0.901。

2.2.6 儿童抑郁量表

采用儿童抑郁量表(Childhood Depression Inventory; Kovacs, 1985; Chen et al., 2001)测量早期青少年的抑郁水平(心理适应指标)。量表包括 14 个项目,内容涉及睡眠失调、食欲不振、自杀意念等多种典型抑郁症状。采用 3 级记分,反向题经过转换之后,求得量表平均分,被试所得分数越高,说明抑郁水平越高。经检验该量表在中国青少年群体中呈现较好的信效度(Liu et al., 2014)。本研究中 T1 和 T2 的内部一致性系数为 0.848 和 0.861。

2.2.7 教师评定量表

采用教师—儿童行为评定量表(Teacher-Child Rating Scale, T-CRS; Hightower et al., 1986;陈欣银,李伯黍,李正云,1995)评估早期青少年的外化问题和学习问题(学校适应指标)。施测时要求班主任从外化行为问题、学习问题等多方面对班级每位学生进行评定。量表采用 5 点计分,1 表示"完全不符合",5 表示"完全符合"。外化行为问题分量表(如,"在班上调皮捣蛋","经常攻击同伴(打架)")和学习问题分量表(如,"上课时不能集中注意力","对于老师的指导听不太懂")均包含 6 个条目。为控制教师评价的个体差异,量表所得均分以班级为单位进行标准化,所得分值越高,说明被试的外化问题和学习问题(学习适应指标)越多。经检验该量表在中国青少年群体中呈现较好的信效度(Chen & Chen, 2019)。本研究中 T1 和 T2 外化行为问题和学习问题分量表的内部一致性系数依次是 0.781 和 0.828、0.788 和 0.783。

2.2.8 学业成就

学业成就(学校适应指标)从班主任对每个学生在三个主要科目(语文、数学和英语)的综合成绩评估结果获得。采用五点计分方式,1 表示"极差",5 表示"优秀"。通过对三个科目的分数进行求平均,然后以班级为单位标准化,形成学业成就指标。以往研究表明主要科目成绩是衡量青少年学业成就的有效指标(Liu et al., 2018)。

2.3 施测程序

在征得校方的同意后,分别于 2019 年秋季(约 11 月份)和 2021 年秋季(约 11 月份)以班级为单位进行团体施测。施测前先对主试进行统一培训,介绍问卷调查指导语和注意事项,每个班级至少安排一名主试,主试均为发展与教育心理学的博士生和硕士生。施测时,先向学生介绍指导语并发放知情同意书、学生问卷和教师问卷。指导语包括详细介绍问卷调研的目的意义以及答题注意事项,介绍答题保密自愿原则,申明答题结果不涉及考核评估等内容。学生问卷由当场完成并收回,问卷总时长约为 45 分钟,知情同意书请学生带回家中,请学生和父母(或其他合法监护人)完成签字。教师问卷交由班主任完成,教师问卷和知情同意书收齐后于一周内寄回给研究者。

2.4 分析思路

本研究采用 SPSS 24 软件进行描述性统计分析及信效度检验。由于学生(第一层个体层面)嵌套于班级同伴圈子(第二层圈子层面)中,因此本研究使用多层线性模型技术(Two-level Hierarchical Linear Modeling, Two-level HLM)考察圈子价值观(第二层变量)对早期青少年各适应变量(第一层变量)的影响,并进一步探讨圈子层面的影响是否存地域差异。本研究采用 Mplus 7.4 进行多层线性模型分析,具体分析步骤如下。

首先,评估变量组间异质性程度。本研究采用两种方法,一是计算各变量的跨级相关系数(Intra-class correlation, ICC),即变量组间变异占总体变异的比率,值越大表明变量水平在圈子内越相似。二是根据以往研究(Kindermann, 1993)建议,计算变量个体得分与组均分间的相关,即个体-群组相关系数(Individual-group correlation)。

其次,建立群体间模型(Between-group model),分别考察不同类型价值观对各适应变量的影响(模型 M0)。该模型组内水平上,以 T2 适应变量为因变量,个体价值观为自变量,T1 适应变量为控制变量,组间水平上,以各适应变量随机波动的截距为因变量,T1 圈子价值观为自变量,圈子大小、性别及地域为控制变量,同时考察个人价值观和圈子价值观对适应变量的影响。参考以往研究(Chen et al., 2019)的做法,本研究在 HLM 数据分析前对 7 个混合性别圈子依据性别占优比例进行归类,共得到 4 个男生圈子、3 个女生圈子。

最后,在群体间模型的基础上,加入圈子价值观分别与性别、地域的交互项,探讨 T1 圈子价值观对适应变量影响是否存在地域差异(模型 M1)。为了控制圈子性别的潜在影响,本研究将圈子价值观与性别的交互项同样作为控制变量放入圈子层面方程。本研究对群组内水平的适应变量、价值观采用群组均值中心化(group mean centering)处理,组间水平圈子价值观及圈子大小采用样本均值中心化(grand mean centering)处理,以降低多重共线性所引起的误差等。采用稳健极大似然估计(robust maximum likelihood estimator, MLR)方法进行模型估计以矫正变量非正态分布引起的估计偏差。此外,为最大化保留样本信息,采用全息最大似然估计法(Full Information Maximum Likelihood, FIML)进行缺失值处理。评估性别地域差异的群体间模型方程如下:

第一层:$T2Y_{ij} = \beta_{0j} + \beta_{1j} * T1Y_{ij} + \beta_{2j} * T1$ 价值观 $+ e_{ij}$

第二层:$\beta_{0j} = \gamma_{00} + \gamma_{01} * T1$ 圈子价值观 $+ \gamma_{02}$ 圈子大小 $+ \gamma_{03}$ 性别 $+ \gamma_{04}$ 地域 $+ \gamma_{05}$ 圈子价值观 $*$ 性别 $+ \gamma_{06}$ 圈子价值观 $*$ 地域 $+ \mu_{0j}$

$$\beta_{1j} = \gamma_{10}$$
$$\beta_{2j} = \gamma_{20}$$

3 结果

3.1 描述性统计分析

以地域(0=农村,1=城市)和性别(0=男,1=女)为组间变量,时间 T1 和 T2 为组内变量,孤独感、抑郁、社会能力、同伴接纳、外化问题、学习问题、学业成就为因变量做多元重复测量方差分析。结果表明,时间(Wilks'λ=0.947,$F(8,366)$=2.55,p=0.010,η^2=0.053)、地域(Wilks'λ=0.926,$F(8,366)$=3.65,p<0.001,η^2=0.074)、性别(Wilks'λ=0.791,$F(8,366)$=12.10,p<0.001,η^2=0.209)主效应均显著,组间交互、组间与组内的两两交互及三者交互均不显著。各变量的描述性统计分析结果见表 5-6。

紧接着单因素方差分析结果表明:孤独感($F(1,373)$=12.57,p<0.001,η^2=0.033)和抑郁($F(1,373)$=11.45,p<0.001,η^2=0.030)时间主效应显著,T2 时间点孤独感和抑郁得分均显著高于 T1 时间点;孤独感的地域差异显著($F(1,373)$=17.73,p<0.001,η^2=0.045),农村孤独感得分显著高于城市;孤独感、抑郁、外化问题、学习问题以及学业成就的性别差异显著(Fs>8.53,ps<0.004,η^2>0.022),女生孤独感、抑郁和学业成就显著高于男生,男生外化问题和学习问题显著高于女生。

此外,为了检验 T1 时间点价值观是否存在地域与性别差异,以地域和性别为自变量,集体责任、超越进取、时尚潮流为因变量做多元方差分析,结果表明,地域(Wilks'λ=0.999,$F(3,486)$=31.41,p<0.001,η^2=0.162)主效应均显著,性别主效应及性别与地域交互项均不显著。紧接着单因素方差分析结果表明:集体责任($F(1,488)$=89.88,p<0.001,η^2=0.156)、超越进取($F(1,488)$=47.69,p<0.001,η^2=0.089)、时尚潮流($F(1,488)$=17.62,p<0.001,η^2=0.035)地域主效应均显著,城市集体责任、超越进取、时尚潮流显著高于农村。

各变量相关分析结果见表 5-7。T1 时,集体责任与社会能力和学业成就显著正相关,与孤独感、抑郁和学习问题显著负相关;超越进取与社会能力、同伴接纳和学业成就显著正相关,与孤独感、抑郁、外化问题和内化问题显著负相关;时尚潮流与社会能力、外化问题内化问题和

表 5-6 各变量的均值和标准差（M(SD)）

变量	T1				T2			
	城市		农村		城市		农村	
	男	女	男	女	男	女	男	女
集体责任	4.25(0.77)	4.20(0.70)	3.50(0.87)	3.60(0.69)	1.91(0.76)	2.12(0.72)	2.12(0.69)	2.32(0.61)
超越进取	4.01(0.82)	3.85(0.74)	3.36(0.89)	3.48(0.74)	1.44(0.33)	1.58(0.36)	1.46(0.34)	1.58(0.36)
时尚潮流	3.00(1.11)	2.89(1.06)	2.50(0.95)	2.60(0.96)	0.06(1.02)	−0.10(0.88)	−0.01(0.87)	0.12(1.16)
孤独感	1.79(0.65)	1.86(0.78)	2.02(0.62)	2.27(0.69)	0.11(1.09)	0.09(0.93)	−0.02(1.05)	0.16(0.93)
抑郁	1.39(0.31)	1.42(0.39)	1.42(0.27)	1.55(0.37)				
社会能力	−0.11(0.75)	0.07(0.99)	−0.08(0.90)	0.13(1.01)				
同伴接纳	−0.08(0.96)	0.08(0.86)	0.07(1.04)	0.09(1.00)				
外化问题	0.35(0.99)	−0.35(0.82)	0.24(1.04)	−0.42(0.75)	0.41(1.14)	−0.27(0.74)	0.21(1.05)	−0.28(0.82)
学习问题	0.19(0.96)	−0.23(0.91)	0.05(1.00)	−0.25(0.98)	0.23(1.07)	−0.15(0.91)	0.10(1.03)	−0.13(0.91)
学业成就	−0.09(0.92)	0.17(0.86)	−0.12(0.99)	0.32(0.97)	0.01(0.91)	0.22(1.05)	−0.13(0.91)	0.22(1.05)

表 5-7　T1、T2 各变量相关分析表

变量	1	2	3	4	5	6	7	8	9	10
1. 集体责任	—			−0.21***	−0.07	0.04	0.06	0.02	0.01	0.12*
2. 超越进取	0.70***	—		−0.23***	−0.12**	0.13**	0.09	0.00	−0.09	0.21***
3. 时尚潮流	0.28***	0.33***	—	−0.01	0.02	0.03	0.01	0.08	0.10*	−0.10
4. 孤独感	−0.45***	−0.38***	−0.02		0.37***	−0.17***	−0.12*	0.05	0.09	−0.12*
5. 抑郁	−0.27***	−0.28***	0.06	0.33***		0.05	0.06	0.04	0.03	−0.02
6. 社会能力	0.14**	0.26***	0.11*	−0.16***	−0.05	0.60***	0.29***	−0.12**	−0.30***	0.34***
7. 同伴接纳	0.05	0.12*	0.03	−0.20***	−0.06	0.30***		−0.14**	−0.18***	0.19***
8. 外化问题	−0.07	−0.11*	0.10*	−0.05	−0.06	−0.05	−0.10*		0.33***	−0.20***
9. 学习问题	−0.13**	−0.23***	0.11*	0.07	0.07	−0.19***	−0.16**	0.47***		−0.38***
10. 学业成就	0.10*	0.27***	−0.09*	−0.10	−0.08	0.45***	0.23***	−0.34***	−0.52***	0.61***

注：左下角为 T1 价值观与 T1 适应变量、T1 与 T2 适应变量的相关，右上角为 T1 价值观与 T2 适应变量、T1 与 T2 适应变量的相关。* 表示 $p<0.05$，** 表示 $p<0.01$，*** 表示 $p<0.001$。

显著正相关,与学业成就显著负相关;集体责任、超越进取和时尚潮流两两正相关。T1 与 T2 时,T1 集体责任与 T2 孤独感显著负相关,与 T2 学业成就显著正相关;T1 超越进取与 T2 社会能力和 T2 学业成就显著正相关,与 T2 孤独感和 T2 抑郁显著负相关;T1 时尚潮流与 T2 学习问题显著正相关。T1、T2 适应变量重复测量的相关系数范围 0.37~0.61,具有中等程度的稳定性。

3.2 多水平分析

各变量组间异质性程度评估结果表明,集体责任、超越进取、时尚潮流的 ICC 分别为 0.189、0.184、0.075,$ps<0.011$;除抑郁外,各适应变量 T1 时间点 ICC 均显著,范围为 0.040(同伴接纳)到 0.220(外化问题);集体责任、超越进取、时尚潮流的个体—群组相关系数依次为 0.604、0.593、0.516,T1 各适应变量系数大小范围为 0.487(同伴接纳)到 0.631(外化问题),均显著,$ps<0.001$。此外,由于抑郁的 ICC 不显著,且初步分析发现个体价值观、圈子价值观及圈子价值观与性别地域的交互项均未有预测效应,故本研究未进一步分析抑郁的数据结果。

群体间模型(模型 M0)结果显示(见表 5-8):群组内水平上,T1 适应指标均显著正向预测 T2 适应指标,T1 集体责任、超越进取、时尚潮流对 T2 适应的预测作用均不显著;群组间水平上,性别显著正向预测孤独感、学业成就,负向预测外化问题、学习问题,地域显著负向预测孤独感;T1 圈子集体责任负向预测 T2 孤独感,T1 圈子超越进取负向预测 T2 孤独感和学业问题,正向预测 T2 同伴接纳和 T2 学业成就,T1 圈子时尚潮流正向预测 T2 外化问题。

表 5-8　T1 圈子价值观影响 T2 适应变量(模型 M0)的结果汇总表

自变量	因变量:T2Y_{ij}					
	孤独感	社会能力	同伴接纳	外化问题	学习问题	学业成就
集体责任						
L1:T1Y_{ij}	0.47***	0.58***	0.34***	0.31***	0.37***	0.58***
L1:T1 集体责任	0.05	−0.05	0.04	0.07	0.06	0.07
L2:T1 圈子集体责任	−0.31**	0.19	0.06	−0.08	−0.27	0.20
超越进取						
L1:T1Y_{ij}	0.44***	0.58***	0.33***	0.31***	0.37***	0.57***
L1:T1 超越进取	−0.031	−0.02	0.06	0.06	−0.02	0.09
L2:T1 圈子超越进取	−0.19*	0.23	0.20*	−0.08	−0.33**	0.33*
时尚潮流						
L1:T1Y_{ij}	0.45***	0.57***	0.34***	0.31***	0.37***	0.59***
L1:T1 时尚潮流	−0.01	0.01	0.01	0.03	0.03	−0.02
L2:T1 圈子时尚潮流	−0.03	0.16	0.12	0.23*	0.13	−0.08

注:L1=群组内水平,L2=群组间水平;L2 控制圈子大小、性别(0=男,1=女)、地域(0=农村,1=城市)影响,其结果未在表中显示;表中回归系数为非标准化回归系数;* $p<0.05$,** $p<0.01$,*** $p<0.001$。

T1 圈子集体责任影响 T2 适应的性别地域调节效应(模型 M1)结果显示(见表 5-9):T1 圈子集体责任正向预测 T2 社会能力和 T2 学业成就,T1 集体责任与地域的交互项负向预测 T2 孤独感,T1 集体责任与性别的交互项负向预测 T2 同伴接纳和 T2 学业成就,表明圈子集体责任影响孤独感的效应受圈子地域调节,圈子集体责任影响同伴接纳和学业成就的效应受圈子性别调节。为进一步检验调节效应模式,参考以往研究(Aiken & West, 1991)的做法进行简单斜率分析,结果显示,圈子集体责任对孤独感的负向预测作用只存在于城市圈子($\beta=-0.536, p<0.001$),对同伴接纳($\beta=0.286, p=0.016$)和学业成就($\beta=0.390, p=0.003$)正向预测作用只存在于男生圈子。

表 5-9　T1 圈子集体责任影响 T2 适应的地域调节效应汇总表

自变量	因变量:T2Yij					
	孤独感	社会能力	同伴接纳	外化问题	学习问题	学业成就
固定效应						
群组内水平						
截距	2.12***	0.08	−0.02	0.18	0.04	−0.03
T1Y$_{ij}$	0.47***	0.57***	0.34***	0.31***	0.37***	0.58***
T1 集体责任	0.05	−0.05	0.03	0.07	0.06	0.08
群组间水平						
T1 集体责任	−0.14	0.39*	0.21	−0.17	−0.28	0.54*
T1 圈子大小	0.000	0.000	0.01	−0.01	−0.004	0.02
T1 性别	0.16**	0.09	0.11	−0.50***	−0.25*	0.31**
T1 地域	−0.03	−0.09	−0.05	0.04	0.13	−0.01
T1 集体责任 * 性别	−0.13	−0.30	−0.48*	0.01	−0.05	−0.46*
T1 集体责任 * 地域	−0.21*	−0.19	0.22	0.31	0.13	−0.47
随机效应						
组内残差	0.360***	0.694***	0.876***	0.727***	0.753***	0.578***
组间残差	0.004	0.111***	0.008	0.116	0.143*	0.118***

注:性别(0=男,1=女)、地域(0=农村,1=城市);表中回归系数为非标准化回归系数;* $p<0.05$,** $p<0.01$,*** $p<0.001$。

T1 圈子超越进取影响 T2 适应的地域调节效应(模型 M1)结果显示(见表 5-10):T1 圈子超越进取正向预测 T2 社会能力和 T2 学业成就,负向预测 T2 学习问题;T1 圈子超越进取与圈子性别交互项负向预测 T2 社会能力、T2 同伴接纳和 T2 学业成就,表明圈子超越进取影响社会能力、同伴接纳和学业成就的效应受圈子性别调节。进一步简单斜率分析显示,圈子超越进取对社会能力($\beta=0.417, p<0.001$)、同伴接纳($\beta=0.406, p=0.001$)和学业成就($\beta=0.526, p<0.001$)正向预测作用均只存在于男生圈子,女生圈子效应不显著。

表 5-10 T1 圈子超越进取影响 T2 社会心理适应的地域调节效应汇总表

自变量	因变量:T2Yij					
	孤独感	社会能力	同伴接纳	外化问题	学习问题	学业成就
固定效应						
群组内水平						
截距	2.15***	0.10	−0.001	0.21	0.04	−0.05
T1Y_{ij}	0.44***	0.58***	0.34***	0.31***	0.37***	0.57***
T1 超越进取	−0.03	−0.03	0.04	0.06	−0.02	0.08
群组间水平						
T1 超越进取	−0.13	0.61***	0.36*	−0.09	−0.38*	0.67***
T1 圈子大小	−0.01	0.003	0.01	−0.01	−0.01	0.01
T1 性别	0.15*	0.09	0.13	−0.52***	−0.26*	0.33**
T1 地域	−0.16	−0.12	−0.11	0.07	0.12	−0.14
T1 超越进取*性别	0.03	−0.40*	−0.47**	−0.02	−0.11	−0.43*
T1 超越进取*地域	−0.19	−0.35	0.23	0.06	0.27	−0.25
随机效应						
组内残差	0.364***	0.695***	0.868***	0.725***	0.758***	0.575***
组间残差	0.006	0.091**	0.006	0.122	0.120*	0.104***

注:性别(0=男,1=女)、地域(0=农村,1=城市);表中回归系数为非标准化回归系数;* $p<0.05$,** $p<0.01$,*** $p<0.001$。

T1 圈子时尚潮流影响 T2 适应的地域调节效应(模型 M1)结果显示(见表 5-11):T1 圈子时尚潮流正向预测 T2 外化问题;T1 圈子时尚潮流与地域的交互项正向预测 T2 社会能力,负向预测 T2 外化问题,表明圈子时尚潮流影响社会能力和外化问题的效应受圈子地域调节。进一步简单斜率分析显示,圈子时尚潮流正向预测社会能力($\beta=0.413, p=0.004$)只存在于城市圈子,农村圈子不显著;圈子时尚潮流正向预测外化问题($\beta=0.338, p=0.014$)只存在于农村圈子,城市圈子不显著。

表 5-11 圈子时尚潮流影响早期青少年适应的地域调节效应汇总表

自变量	因变量:T2Yij					
	孤独感	社会能力	同伴接纳	外化问题	学习问题	学业成就
固定效应						
群组内水平						
截距	2.19***	−0.02	0.02	0.35**	0.18	−0.19*
T1Y_{ij}	0.45***	0.57***	0.34***	0.31***	0.37***	0.59***
T1 时尚潮流	−0.010	0.01	0.01	0.04	0.03	−0.02
群组间水平						
T1 时尚潮流	0.12	−0.002	0.20	0.59***	0.32	−0.30

续 表

自变量	因变量：T2Yij					
	孤独感	社会能力	同伴接纳	外化问题	学习问题	学业成就
T1 圈子大小	−0.01	−0.001	0.02	0.01	−0.002	0.01
T1 性别	0.15*	0.14	0.11	−0.55***	−0.28*	0.37**
T1 地域	−0.25**	−0.09	−0.04	−0.06	−0.06	0.05
T1 时尚潮流*性别	−0.14	−0.09	−0.13	−0.23	−0.14	0.04
T1 时尚潮流*地域	−0.18	0.48*	−0.03	−0.53**	−0.25	0.23
随机效应						
组内残差	0.368***	0.692***	0.884***	0.725***	0.758***	0.578***
组间残差	0.008	0.108**	0.008	0.096	0.137*	0.141***

注：性别（0＝男，1＝女），地域（0＝农村，1＝城市）；表中回归系数为非标准化回归系数；* $p<0.05$，** $p<0.01$，*** $p<0.001$。

4 讨论

本研究发现早期青少年会依据不同的价值观形成不同类型的同伴圈子，集体责任、超越进取和时尚潮流价值观在同伴圈子内部具有相似性。这一结论进一步证实了同伴圈子"相似性假设"。研究者认为自我选择和同伴社会化可能是圈子影响个体心理与行为，使其彼此出现相似性的两种重要方式（Ryan, 2001；陈斌斌 等，2011）。自我选择是指个体倾向选择物理距离、人格特质、行为、态度、价值观、身体外貌等与自己相似的同伴，解除或回避与自己不同甚至相反的同伴进行交往，建立亲密同伴关系或友谊的过程（Rubin et al., 2015）。同伴社会化是指群体成员频繁互动、相互影响，群体准则或规范不断形成和内化的过程（陈斌斌 等，2011）。随着圈子互动逐渐加强，通过自我选择和同伴社会化，成员间价值观越来越相似，青少年逐渐形成不同价值观的同伴圈子。

本研究发现融入不同的价值观圈子对早期青少年适应存在不同效应，集体责任和超越进取与良好的社会、学校和心理适应有关，时尚潮流与较差的社会适应有关。"价值观-环境一致性（Values-Environment Congruence）"观点认为个人价值观与环境流行的价值观的一致性程度是决定价值观与个体适应相互关系的关键因素（Sagiv & Schwartz, 2000）。当环境中盛行的价值观彼此相似，就会形成一种规则或规范力量，这股力量会促使个体验证自己或他人的价值观念是否与环境一致。如果一个人的价值观与环境所流行的价值观保持一致时，环境的适宜性可能会使个体朝着有利于目标达成的方向发展（Sagiv & Roccas, 2021）。由于集体责任和超越进取的内涵与传统文化价值观一致，家长和教师均非常重视学生社会能力培养和学业成就提升，鼓励青少年的良性竞争与合作。此外，这类圈子更倾向遵守内部准则和价值观，相互提供更多社会支持，而同伴支持水平的提升可以有效降低青少年的适应风险（Chen & French, 2008）。而追逐时尚、崇尚享乐虽然迎合了青少年个性表达的内在需求，但这种价值观可能会弱化内在学习动机，增加参与不良社会群体的风险，诱发更多社会认知偏差和外化行为问题

(Giletta et al., 2021)。研究发现,追逐时尚潮流可能使青少年更加激进,极易与他人发生激烈冲突,出现不良违规行为(Braams et al., 2015)。这或许是本研究发现早期青少年时尚潮流圈子正向预测两年后外化问题的原因。

重要的是,本研究发现圈子价值观对早期青少年适应的影响因城市化水平的不同而异。圈子时尚潮流对社会能力的正向预测效应只存在于城市,圈子时尚潮流对外化问题的正向预测效应只存在于农村。产生这一现象的原因可能与文化环境的差异有关。中国近四十年的改革开放,位于改革前沿的上海和偏远中部地区的农村,二者在城镇化、教育水平和商业发展等方面存在巨大差异,这深刻影响和改变了个人的人际交往和生活经验,并使得个体在认知和思维方式上产生明显不同(Chen, 2012),科技进步和生活水平提高使人们的价值观朝向重视行为独立和自我表达的方向发展(Greenfield, 2016)。这种宏观环境的变化可能改变了圈子互动模式。与以传统农业为主的农村相比,多元文化融合的城市更容易接纳个人竞争,追崇时尚、享乐和刺激等个人取向价值观,这可能是城市时尚潮流圈子可以促进社会能力,农村时尚潮流圈子可能引发外化问题的重要原因。

此外,本研究发现圈子集体责任对孤独感的负向预测效应只存在城市样本中,这与以往研究存在一定差异(Liu et al., 2018)。事实上,随着城镇化的推进,集体主义在城市并未减弱,甚至在某些方面得到加强。快速的经济增长并没有改变中国社会经历看似矛盾的两种力量,社会高度认可的集体主义(Oyserman et al., 2002)和鼓励竞争与精英教育的个体主义(Tan et al., 2021)同时并存。有研究者(Zeng & Greenfield, 2015)发现"责任"、"义务"等传统价值观念在过去几十年中依然稳定或上升。李丹等人(2018)发现上海青少年虽然享乐快乐的价值观念高于经济水平相对落后的四川仁寿地区,但同时对集体责任、遵纪守则以及超越进取价值观的重视程度相对较高。最近的研究为这一说法提供证据,有研究者(Han et al., 2023)通过比较早期青少年新冠大流行前后集体取向(包括社会平等、集体责任和遵纪守则价值观)的城乡差异,发现城市青少年对集体取向的认同程度显著高于农村。

值得注意的是,以往关于青少年价值观性别差异的研究更多聚焦于价值观维度差异,大体发现女生更加认同慈善、大同等自我超越和传统价值观,而男生更加认同权利、刺激、享乐和自我定向等自我增强和开放价值观(Alvarez et al., 2021, Sagiv & Schwartz, 2022)。女生比男生更加看重对他人利益的关注,更加强调对他人情感支持。然而,本研究发现集体责任对同伴接纳和学业成就,以及超越进取对社会能力、同伴接纳和学业成就的正向预测效应只存在于男生圈子,女生圈子效应不显著,具体原因需要进一步探究。

本研究丰富了以往的研究结论,但仍存在以下几点不足:第一,青少年价值观只采用自我报告的方式,未来研究可以通过实验法或观察法等(Ellis et al., 2018)对比圈子内和圈子间的不同价值观互动风格差异。第二,本研究主要关注同伴圈子价值观对早期青少年适应影响的主效应,未来研究可以进一步了解圈子价值观影响效应的内在机制和边界条件。第三,家庭环境同样是影响同伴社会化的关键因素,关于价值观亲子代际传递过程与同伴社会化过程二者如何交互作用对青少年产生影响,未来需要进一步研究。

5　小结

为了探究加入不同价值观的同伴圈子对早期青少年适应的影响,以及这种影响是否因城镇化水平而存在差异,本研究选取农村和城市样本开展了为期两年的追踪研究。结果发现,早期青少年集体责任、超越进取和时尚潮流价值观同伴圈子内具有相似性;在控制第一年适应变量和个体层面价值观后,圈子层面的超越进取对社会、学校和心理适应均有促进作用,集体责任可减弱心理适应问题,时尚潮流可增强外化问题;进一步分析发现,圈子集体责任对心理适应问题的弱化作用只存在于城市,圈子时尚潮流对外化问题的增强作用只存在于农村。研究结果揭示了同伴群体价值观对个体适应的重要性,对于青少年价值观的培养具有指导意义。

参考文献

蔡华俭,黄梓航,林莉,张明杨,王潇欧,朱慧珺,谢怡萍,杨盈,杨紫嫣,敬一鸣.(2020).半个多世纪来中国人的心理与行为变化——心理学视野下的研究.*心理科学进展*,28(10),1599-1618.

陈斌斌,李丹,陈欣银,陈峰.(2011).作为社会和文化情境的同伴圈子对儿童社会能力发展的影响.*心理学报*,43(1),74-91.

陈洁,刘铁桥,郑敏婕,陈冲,焦彬,李凌江.(2010).自尊、自我效能和自我概念的关系及对抑郁的作用.*中国临床心理学杂志*,18(6),799-801.

陈欣银,李伯黍,李正云.(1995).中国儿童的亲子关系、社会行为及同伴接受性的研究.*心理学报*,27(3),329-336.

丁雪辰,刘俊升,李丹,桑标.(2014).Harter 儿童自我知觉量表的信效度检验.*中国临床心理学杂志*,22(2),251-255.

谷传华,陈会昌,许晶晶.(2003).中国近现代社会创造性人物早期的家庭环境与父母教养方式.*心理发展与教育*,19(4),17-22.

黄铄翔,李晓强.(2018).自我概念与着装行为关系及对品牌优化的启发.*服装学报*,3(4),371-376.

蒋奖,曾陶然,杨淇越,于方静.(2016).青少年物质主义的成因、测量与干预.*心理科学进展*,24(8),1266-1278.

金盛华,李玲,车宏生,何立国.(2019).中国人价值观特点及其与社会主义核心价值观的契合性.*心理科学*,42(3),722-730.

李丹,朱宁宁,夏艳雨,杨盼盼,丁雪辰,刘俊升,陈欣银,张明浩.(2023).价值取向的代际效应及其与青少年心理和学校适应的关系.*心理科学*,46(2),329-338.

李丹,宗利娟,刘俊升.(2013).外化行为问题与集体道德情绪、集体责任行为之关系:班级氛围的调节效应.*心理学报*,45(9),1015-1025.

李丹,崔丽莹,岑国桢,周嘉,陈欣银.(2004).6~8岁儿童同伴互动及与父亲教养方式的关系.*心理科学*,27(4),803-806.

李丹,徐刚敏,刘世宏,郁丹蓉.(2017).母亲拒绝惩罚与6—9年级学生受欺负、社会能力的关系:性别角色类型的调节作用.*心理科学*,40(2),360-366.

李丹,周同,刘俊升,戴艳,陈梦雪,陈欣银.(2018).新时代青少年价值观及其与社会、学校和心理适应的关系:三个地域的比较.*心理科学*,41(6),1292-1301.

李伯黍,燕国材.(2010).*教育心理学*.上海:华东师范大学出版社.

刘俊升,季晓芹,李丹.(2014)夫妻冲突对儿童心理适应的影响:教养行为的中介效应.*心理研究*,7(1),

51-58.

凌辉,夏羽,张建人,朱阿敏,钟妮,阳子光,唐莘尧.(2016).自我概念的结构与发展.*中国临床心理学杂志*,*24*(2),363-367.

蒲昭谦,蒲昭益,杨成虎,胡中华,蒋丽.(2008).初中学生价值观及其相关因素的调查分析.*中国医药指南*,*21*,1-4.

王丽,傅金芝.(2005).国内父母教养方式与儿童发展研究.*心理科学进展*,*13*(3),298-304.

王晓峰,李丹,陈欣银,刘俊升,戴艳,郭虹蔓,徐婷.(2018).新时代青少年价值观的构成特征与适应功能研究.*心理科学*,*41*(6),1282-1291.

王雪,李丹.(2016).儿童社会能力发展的影响因素——社会环境和变迁的视角.*心理科学*,*39*(5),1177-1183.

吴欢伟,郝丛薇.(2017).自我调节研究述评:基于2010—2016 Business Source Complete 文献分析.*管理学刊*,*30*(3),42-55.

王晓峰,李丹,陈欣银,刘俊升,戴艳,郭虹蔓,徐婷.(2018).新时代青少年价值观的构成特征与适应功能研究.*心理科学*,*41*(6),1282-1291.

汪曼,尹元花,黄慧妹,陈军.(2022).大学生集体主义精神与人格特质间的相关研究.*公关世界*,*535*(20),66-67.

姚崇,游旭群.(2020).情绪对职业价值观的影响——意义建构的中介作用.*应用心理学*,*26*(1),48-55.

张荣伟,Pual, T. P. Wong,李丹.(2020).人际关系和自我概念对生命意义的影响:一项追踪研究.*心理科学*,*43*(5),1154-1161.

张荣伟,李丹,Pual, T. P. Wong.(2020).圣人之道,吾性自足:自我概念对生命意义的影响.*心理科学*,*43*(06),1506-1513.

张卫,徐涛,王穗苹.(1998).我国6—14岁儿童对道德规则和社会习俗的区分与认知.*心理发展与教育*,*14*(1),21-25.

甄月桥,张殷鹏,朱茹华.(2018).大学生自我概念对亲社会行为的影响研究——基于个体社会化视角.*浙江理工大学学报(社会科学版)*,*40*(1),91-98.

周晖,钮丽丽,邹泓.(2000).中学生人格五因素问卷的编制.*心理发展与教育*,*16*(1),48-54.

周丹,边玉芳,陈欣银,王莉.(2016).父亲和母亲温暖教养方式对初中生孤独感的影响及其差异.*中国特殊教育*,*3*,64-70.

Aiken, L. S., & West, S. G. (1991). Multiple regression: Testing and interpreting interactions-institute for social and economic research (Iser). *Journal of the Operational Research Society*, *45*(1), 119-120.

Alvarez, E., Tendais, I., Ramos, A., Rodrigues, R., Costa, L. P., Cavadas, M., ... Correia, I. (2021). Development of social values in childhood and early adolescence: A systematic review. *PsyArXiv* Preprints.

Aquilar, S., Bacchini, D., & Affuso, G. (2018). Three-year cross-lagged relationships among adolescents' antisocial behavior, personal values, and judgment of wrongness. *Social Development*, *27*(2), 381-400

Asher, S. R., Hymel, S., & Renshaw, P. D. (1984). Loneliness in children. *Child Development*, *55*(4), 1456.

Bajovic, M., & Rizzo, K. (2020). Meta-moral cognition: Bridging the gap among adolescents' moral thinking, moral emotions and moral actions. *International Journal of Adolescence and Youth*, *26*(1), 1-11.

Baumrind, D. (1971). Current patterns of parental authority. *Developmental Psychology*, *4*(1, Pt.2), 1-103.

Benish-Weisman, M. (2015). The interplay between values and aggression in adolescence: A longitudinal study. *Developmental Psychology, 51*(5), 677–687.

Bronfenbrenner, U. (1979) *The ecology of humandevelopment: Experiments by nature and design*. Harvard Press.

Braams, B. R., van Duijvenvoorde, A. C. K., Peper, J. S., & Crone, E. A. (2015). Longitudinal changes in adolescent risk-taking: A comprehensive study of neural responses to rewards, pubertal development, and risk-taking behavior. *The Journal of Neuroscience, 35*(18), 7226.

Cabrera, N. J., Shannon, J. D., & Tamis-LeMonda, C. (2007). Fathers' influence on their children's cognitive and emotional development: From toddlers to Pre-K. *Applied Development Science, 11*(4), 208–213.

Cairns, R. B., Leung, M. C., Buchanan, L., & Cairns, B. D. (1995). Friendships and social networks in childhood and adolescence: Fluidity, reliability, and interrelations. *Child Development, 66*(5), 1330–1345.

Cairns, R. B., Perrin, J. E., & Cairns, B. D. (1985). Social structure and social cognition in early adolescence: Affiliative patterns. *The Journal of Early Adolescence, 5*(3), 339–355.

Chen, X. Y., Bian, Y. F., Xin, T., Wang, L., & Silbereisen, R. K. (2010). Perceived social change and childrearing attitudes in China. *European Psychologist, 15*(4), 260–270.

Chen, L., & Chen, X. (2019). Affiliation with depressive peer groups and social and school adjustment in Chinese adolescents. *Development and Psychopathology, 32*(3), 1–9.

Chen, X. (2012). Culture, peer interaction, and socioemotional development. *Child Development Perspectives, 6*(1), 27–34.

Chen, X., & French, D. (2008). Children's social competence in cultural context. *Annual Review of Psychology, 59*, 591–616.

Chen, X., & Rubin, K. (1995). Social functioning and adjustment in Chinese children: A longitudinal study. *Developmental Psychology, 31*(4), 531–539.

Chen, X., Cen, G., Li, D., & He, Y. (2005). Social functioning and adjustment in Chinese children: The imprint of historical time. *Child Development, 76*(1), 182–195.

Chen, X., Chang, L., & He, Y. (2003). The peer group as a context: Mediating and moderating effects on relations between academic achievement and social functioning in Chinese children. *Child Development, 74*(3), 710–727.

Chen, X., Chang, L., He, Y., & Liu, H. (2005). The peer group as a context: Moderating effects on relations between maternal parenting and social and school adjustment in Chinese children. *Child Development, 76*(2), 417–434

Chen, X., Chen, H., & Kaspar, V. (2001). Group social functioning and individual socioemotional and school adjustment in Chinese children. *Merrill-Palmer Quarterly, 47*(2), 264–299.

Cebi, E., & Demir, A. (2022). A path model of meaning in life among university students: The roles of gratitude, self-concept clarity and self-construal. *Applied Research in Quality of Life, 17*(5), 3091–3113.

Chu, C., & Lowery, B. S. (2023). Perceiving a stable self-concept enablesthe experience of meaning in life. *Personality and Social Psychology Bulletin*. Advance online publication.

Chung-Hall, J., & Chen, X. (2009). Aggressive and prosocial peer group functioning: Effects on children's social, school, and psychological adjustment. *Social Development, 19*(4), 659–680.

Czerniawska, M., & Szydło, J. (2021). Do values relate to personality traits and if so, in what way? — Analysis of relationships. *Psychology Research and Behavior Management, 14*, 511–527.

Clarke-Stewart, A., & Parke, R. (2013). *Social Development*, WILEY.

Costa, P. T., Jr., & McCrae, R. R. (2008). The revised NEO personality inventory (NEO-PI-R). In G. J. Boyle, G. Matthews, & D. H. Saklofske (Eds.), *The SAGE handbook of personality theory and assessment, Vol. 2. Personality measurement and testing* (pp. 179–198). Sage Publications, Inc.

Ellis, W., Zarbatany, L., Chen, X., Kinal, M., & Boyko, L. (2018). Peer groups as a context for school misconduct: The moderating role of group interactional style. *Child Development, 89*(1), 248–263.

Espelage, D., Holt, M., & Henkel, R. (2003). Examination of peer-group contextual effects on aggression during early adolescence. *Child Development, 74*, 205–220.

Festinger, L. (1954). A theory of social comparison processes. *Human Relations, 7*, 117–140.

Giletta, M., Choukas-Bradley, S., Maes, M., Linthicum, K. P., Card, N. A., & Prinstein, M. J. (2021). A meta-Analysis of longitudinal peer influence effects in childhood and adolescence. *Psychology Bulletin, 147*(7), 719–747.

Greenfield, P. M. (2016). Social change, cultural evolution, and human development. *Current Opinion in Psychology, 8*, 84–92.

Han, X., Xia, Y., Yang, P., Li, D., Ding, X., Zhang, R., & Zhang, M. (2023). Changes in Chinese early adolescents' group orientation and mental health from before to during the COVID–19 pandemic. *Frontiers in Psychology, 14*.

Hightower, A. D., Work, W. C., Cowen, E. L., Lotyczewski, B. S., Spinell, A. P., Guare, J. C., Rohrbreck, C. A. (1986). The teacher-child rating scale: A brief objective measure of elementary children's school problem behaviors and competencies. *School Psychology Review, 15*(3), 393–409.

Heaven, P. L., & Ciarrochi, J. (2007). Personality and religious values among adolescents: A three-wave longitudinal analysis. *British Journal of Psychology, 98*(4), 681–694.

Huuskes, L., Ciarrochi, J., & Heaven, P. L. (2013). The longitudinal relationships between adolescent religious values and personality. *Journal of Research in Personality, 47*, 483–487.

Johannes, K., & Rebekka, K. (2017). Regulatory focus and human values. *Psihologija, 50*(2), 157–186.

Kandel, D. B. (1978). Homophily, selection, and socialization in adolescent friendships. *American Journal of Sociology, 84*, 427–436.

Kho, C., White, R. M., Knight, G. P., Zhao, C., & Roche, K. M. (2022). Parental warmth and developmental change in familism values: Latinx adolescents in an emerging immigrant community. *Journal of Research on Adolescence, 33*(1), 202–215.

Kindermann, T. A. (1993). Natural peer groups as contexts for individual development: The case of children's motivation in school. *Developmental Psychology, 29*(6), 970–977.

Kovacs, M. (1985). The children's depression, inventory (CDI). *Psychopharmacology Bulletin, 21*(4), 995–998.

Kruglanski, A. W., & Webster, D. M. (1991). Group members' reactions to opinion deviates and conformists at varying degrees of proximity to decision deadline and of environmental noise. *Journal of Personality and Social Psychology, 61*, 212–225.

Laursen, B., & Collins, W. A. (2009). Parent-child relationships during adolescence. In R. M. Lerner & L. Steinberg (Eds.), *Handbook of adolescent psychology: Contextual influences on adolescent development*, John Wiley & Sons Inc.

Lan, L. L., & Wang, X. F. (2023). Parental rejection and adolescents' learning ability: A multiple mediating effects of values and selfEsteem. *Behavior Science, 13*(2), 143.

Li, J., Wang, X., Wu, X. Y., & Guo, Y. Y. (2023). Early material parenting and adolescents' materialism: The mediating role of overt narcissism. *Current Psychology, 42*, 10543–10555.

Liu, P., Mo, B. B., Yang, P. P., Li, D., Liu, S. H., & Cai, D. (2023). Values mediated emotional adjustment by emotion regulation: A longitudinal study among adolescents in China. *Frontiers in Psychology, 14*, 1093072.

Liu, J., Coplan, R. J., Chen, X. Y., Li, D., Ding, X. C., & Zhou, Y. (2014). Unsociability and shyness in Chinese children: Concurrent and predictive relations with indices of adjustment. *Social Development, 23*(1), 119–136.

Liu, P., Wang, X., Li, D., Zhang, R., Li, H., & Han, J. (2021). The benefits of self-transcendence: Examining the role of values on mental health among adolescents across regions in China. *Frontiers in Psychology, 12*, 630420.

Liu, X., Fu, R., Li, D., Liu, J., & Chen, X. (2018). Self- and group-orientations and adjustment in urban and rural Chinese children. *Journal of Cross-Cultural Psychology, 49*(9), 1440–1456.

Masten, A., Morison, P., & Pellegrini, D. (1985). A revised class play method of peer assessment. *Developmental Psychology, 21*(3), 523–533.

Oyserman, D., Coon, H. M., & Kemmelmeier, M. (2002). Rethinking individualism and collectivism: Evaluation of theoretical assumptions and meta analyses. *Psychological Bulletin, 128*(1), 3–72.

Pougnet, E., Serbin, L. A., Stack, D. M., & Schwartzman, A. E. (2011). Fathers' influence on children's cognitive and behavioural functioning: A longitudinal study of Canadian families. *Canadian Journal of Behavioural Science, 43*(3), 173–182.

Prince, M. (1993). Self-concept, money beliefs and values. *Journal of Economic Psychology, 14*(1), 161–173.

Puente-Díaz, R., & Arroyo, J. C. (2015). The influence of personality dimensions on material and frugal values. *Anales de Psicología, 31*(1), 37–44.

Reitza, E., Dekovic, E., & Meijer, A. M. (2006). Relations between parenting and externalizing and internalizing problem behaviour in early adolescence: Child behaviour as moderator and predictor. *Journal of Adolescence, 29*(3), 419–436.

Rokeach, M. (1973). *The nature of human values*. NY: TheFree Press.

Rubin, K. H., Bukowski, W. M., & Bowker, J. C. (2015). Children in Peer Groups. In R. M. Lerner (Ed.), *Handbook of Child Psychology and Developmental Science* (pp. 1–48). John Wiley & Sons, Inc.

Ryan, A. (2001). The peer group as a context for the development of young adolescent motivation and achievement. *Child Development, 72*, 1135–1150.

Sagiv, L., & Roccas, S. (2021). How do values affect behavior? Let me count the ways. *Personality and Social Psychology Review, 25*(4), 295–316.

Sagiv, L., & Schwartz, S. (2000). Value priorities and subjective well-Being: Direct relations and congruity effects. *European Journal of Social Psychology, 30*, 177–198.

Sagiv, L., Roccas, S., Cieciuch, J., & Schwartz, S. H. (2017). Personal values in human life. *Nature Human Behaviour, 1*(9), 630–639.

Sagiv, L., & Schwartz, H. S. (2022). Personal values across cultures. *Annual Review of Psychology, 73*, 517–546.

Soenens, B., & Vansteenkiste, M. (2020). Taking adolescents' agency in socialization seriously: The role of appraisals and cognitive-behavioral responses in autonomy-relevant parenting. *New Directional for Child and Adolescent Development, 2*(173), 7–26.

Schlaegel, C., Gunkel, M., & Taras, V. (2022). COVID-19 and individual performance in global virtual teams: The role of self-regulation and individual cultural value orientations. *Journal of Organizational Behavior, 44*(1), 102-131.

Schwartz, S. H. (1992). Universals in the content and structure of values: Theory and empirical tests in 20 countries. *Advances in Social Psychology Bulletin, 25*, 89-211.

Schwartz, S., & Sortheix, F. (2018). *Values and Subjective Well-Being*. In E. Diener, S. Oishi, & L. Tay (Eds.), Handbook of Well-Being. Noba Scholar Handbook series: Subjective well-being. Salt Lake City, UT: DEF publishers.

Shi, B., & Xie, H. (2012). Socialization of physical and social aggression in early adolescents' peer groups: High-status peers, individual status, and gender. *Social Development, 21*(1), 170-194.

Van Lissa, C. J., Keizer, R., Van Lier, P. A. C., & Meeus, W. H. J. (2019). The role of fathers' versus mothers' parenting in emotion-regulation development from mid-late adolescence: Disentangling between-family differences from within-family effects. *Developmental Psychology, 55*(2), 377-389.

Van Lissa, C. J., & Keizer, R. (2020). Mothers' and fathers' quantitative and qualitative parenting in relation to children's emotional adjustment: A between- and within-family investigation. *Developmental Psychology, 56*(9), 1709-1722.

Vecchione, M., Alessandri, G., Roccas, S., & Caprara, G. V. (2019). A look into the relationship between personality traits and basic values: A longitudinal investigation. *Journal of Personality, 87*(2), 413-427.

Wong, T. Y., Konishi, C., & Kong, X. X. (2020). Parenting and prosocial behaviors: A meta-analysis. *Social Development, 30*(2), 343-373.

Williams, K. E., & Ciarrochi, J. (2019). Perceived parenting styles and values development: A longitudinal study of adolescents and emerging adults. *Journal of Research on Adolescence, 30*(2), 541-558.

Tan, T. X., Yi, Z., Camras, L. A., Cheng, K., Li, Z., Sun, Y., & Chen, N. (2021). The effect of academic performance, individualistic and collectivistic orientation on Chinese youth's adjustment. *Social Psychology of Education, 24*(5), 1209-1229.

Zeng, R., & Greenfield, P. M. (2015). Cultural evolution over the last 40 years in China: Using the Google Ngram Viewer to study implications of social and political change for cultural values. *International Journal of Psychology, 50*(1), 47-55.

Zhao, S., Chen, X., Ellis, W., & Zarbatany, L. (2016). Affiliation with socially withdrawn groups and children's social and psychological adjustment. *Journal Abnormal Child Psychology, 44*(7), 1279-1290.

Zhou, Y., Bullock, A., Liu, J., Fu, R., Coplan, R., & Cheah, C. L. (2015). Validation of the self-regulation scale in Chinese children. *Journal of Psychoeducational Assessment, 34*(6), 1-6.

第 六 章

影响青少年价值观发展的社会环境因素

本章概要：本章首先以上海市闵行区、四川省仁寿县、甘肃省玉门市三地的青少年为被试，对青少年价值观与适应的关系进行了三个地域的比较，结果表明除时尚潮流维度外，青少年价值观各维度上均存在显著的地域差异；除时尚潮流和享受快乐维度外，青少年价值观各维度在不同地域中均能正向预测学习成绩、社会能力以及负向预测抑郁感，时尚潮流则能负向预测学习成绩，正向预测抑郁感。接着，探究中国城市和农村儿童的个体和集体取向与适应功能的关系。对上海481名城市儿童和安徽宣城509名农村儿童测查结果发现，个体取向和集体取向与儿童的社会和心理适应之间的关联存在显著的城乡差异。个体和集体取向在农村和城市儿童中具有不同的功能意义。最后，探索新冠大流行期间青少年的群体取向与心理健康的关系。对来自农村和城市的两个九年级青少年样本，在新冠疫情流行前一年（2019年）和后一年（2021年）分别施测，结果发现相比新冠之前，新冠流行期间青少年的群体取向认同变低，孤独感和抑郁情绪增多，并且城市青少年的集体取向对孤独感和抑郁症状的积极影响要强于农村。这些结果表明，社会文化环境可能在塑造青少年价值取向和心理健康方面发挥重要作用。

第一节 青少年价值观及其与适应的关系：三个地域的比较①

1 引言

随着个体的成长，其价值观也在不断发展变化。价值观的形成和发展既是个体自身成熟和发展的结果，也是家庭、学校等社会文化环境影响的结果。学校和家庭等微观环境以及社会经济结构和社会文化等宏观环境（Bronfenbrenner, 1979），无疑对于青少年价值观的发展产生重要的作用。中共十八大从国家、社会、个人三个方面提出了"社会主义核心价值观"，倡导富强、民主、文明、和谐；自由、平等、公正、法治；爱国、敬业、诚信、友善。国家将培育和践行社会主义核心价值观融入国民教育全过程，帮助引导新时代青少年树立正确的价值观，发展健康的心理与行为。

---

① 原文发表在《心理科学》2018年第6期，此次刊载具体内容略有删改。

近年来,不少研究开始关注社会环境变化在个体价值观发展过程中的作用,如,经济大萧条对青少年价值观及其相应行为的影响(Park, Twenge, & Greenfield, 2014),生活环境的变化对个体价值观的影响(Chen, 2015; Manago, 2012; Weinstock et al., 2014)。格林菲尔德提出社会变迁和人类发展理论(Greenfield, 2009, 2013; Greenfield, Suzuki, & Rothstein-Fisch, 2006),探讨不断变化的社会环境如何改变人们的文化价值观,影响个体的发展。根据格林菲尔德的理论,社会环境和经济结构的重大变化可以显著影响人们的社会交往和生活经验,使个体产生新的知识和思维方式,进而导致价值观的变化发展。自20世纪80年代以来,随着中国改革开放的不断深入,城镇化进程的不断加快,社会经济迅速发展,中国人整体生活水平得到了极大改善。然而,历史和政策等方面的原因使得地区之间、城乡之间在经济、文化、教育等多方面仍存在巨大差异(景跃军,李雪,2014;李文钊,2014;Chen, Wang, & Liu, 2012)。各区域社会经济文化发展的不平衡,可能导致青少年的价值观受其影响而呈现不同的特点。

中国传统的文化价值观强调集体归属和关系和谐,提倡内敛、谦让的行为方式,要求儿童青少年学会与他人合作、自我控制和遵从权威(Chen & French, 2008; Chen et al., 2012);而现代中国社会追求成就和自我实现的价值观逐渐成为城市年轻一代追求的目标。学校和父母均鼓励儿童青少年更多的独立自主、自我表达和自我探索(Way et al., 2013)。当代青少年正面临着传统价值观与新的时代要求间的碰撞,因此文化价值观与青少年适应的关系引起了研究者们的关注(Chen et al., 2012)。适应包括学校适应、社会适应、心理适应和文化适应等方面,以往研究中多用学习成绩、学业等级、学业问题等反映学校适应,用同伴偏好、亲社会、社交性等反映社会适应,用孤独感、抑郁感、焦虑感等反映心理适应(Chen et al., 2012; Coplan et al., 2017)。也有研究涉及文化适应(Hirai, Frazier, & Syed, 2015; Simon, 2015; Zlobina et al., 2006)。本研究拟采用学习成绩、社会能力和抑郁情绪分别作为学校适应、社会适应和心理适应的测量指标,综合考察青少年适应水平,同时比较不同地域青少年的不同价值取向与适应的关系是否存在差异。已有研究发现不同的价值取向在个体发展过程中可能起到不同的作用(Coll et al., 1996; Hong et al., 2000),例如,个人取向更容易带来个人成就;而集体取向则更有助于建立社会支持关系,从而有助于心理适应。对于城市青少年来说,崇尚标新立异者有更好的同伴关系和学业成绩;而这一现象并未在农村青少年中体现,标新立异者在农村地区更孤独(Chen et al., 2012)。这意味着在青少年价值观与适应的关系中,地域差异应是不可忽视的因素。

本研究结合地理区域位置,并根据人口密度,在"胡焕庸线"东部、西部以及线上,选取上海市闵行区、甘肃省玉门市和四川省仁寿县三个处于不同社会经济发展水平的区域作为样本施测地。在经济发展方面,根据2017年的统计数据,上海市人均可支配收入为58988元;四川仁寿城镇人均可支配收入30282元,农村人均可支配收入13775元,平均是22029元;甘肃玉门城镇人均可支配收入29703元,农村人均可支配收入15756元,平均是22730元。三地人均可支配收入差异较大,即使在仁寿或玉门同一区域范围,城镇人口的收入也是农村的2倍。从城镇化发展和人口迁移的角度,上海作为经济发达地区,闵行区位于上海市中部,无论是经济建设,还是教育资源均处于上海市中等偏上水平;而城市人口和外来人口在这里交融聚居,也成为这一区域的特征所在,该区域能够较好地反映出上海这一国际化大都市在城镇化进程中可能面临的机遇和挑战,有助于探讨经济发达地区青少年价值观的发展特点。仁寿县和玉门市作为经济欠发达地区,也表现出各自独特的特点:四川仁寿县是四川省第一人口大县,较低的城镇化水平驱使该地区青壮年外出务工,是周边劳动力的主要输出地。该区域的现状有助于探索在城镇化水平较低的区域青少年价值观的发展,以及未来的城镇化进程对该区域青少年产生的可能影响;甘肃玉门则面临截然相反的发展背景,作为一个典型的因能源枯竭而导致的"收缩城市"(龙瀛,吴康,王江浩,2015),玉门曾面临严重的人口流失,在国家西部政策的支持下,玉门从原本落后破败的石油老城迁入了基础设施完善的玉门新城,该区域有助于探索迅速完成的城镇化进程对当地青少年的价值观产生的影响。

综上所述,受当地经济和社会文化的影响,不同地域青少年价值观的发展可能出现差异,而这些价值观差异也可能反映在他们的学校、社会和心理适应的差异上。因此,本研究通过对三个地域青少年价值观与适应指标的跨组分析,探究社会变迁背景下不同地域青少年价值观的发展状况及其与适应的关系。

2 研究方法

2.1 研究对象

本研究选取上海市闵行区、四川省仁寿县、甘肃省玉门市三地七年级(626人)、九年级(425人)共1051名青少年作为研究对象。其中上海闵行277人(七年级194人,九年级83人),四川仁寿383人(七年级227人,九年级156人),甘肃玉门391人(七年级205人,九年级186人)。表6-1是样本的基本家庭背景信息,包括父母学历、父母外出务工情况、户口所在地、是否为独生子女以及区域内常住人口。

表6-1 青少年基本家庭背景信息

		父母学历		外出务工情况		户口		是否独生		常住人口
		初中及以下	高中及以上	本地	外地	本地	外地	独生	非独生	(万人)
闵行	父亲	41.50%	58.50%	93.00%	7.00%	32.40%	67.60%	45.80%	54.20%	253.43
	母亲	62.00%	38.00%	94.10%	5.90%					
玉门	父亲	40.60%	59.40%	90.10%	9.90%	87.70%	12.30%	50.70%	49.30%	16.65
	母亲	47.70%	52.30%	97.80%	2.20%					
仁寿	父亲	75.60%	24.40%	62.60%	35.90%	93.60%	4.60%	40.10%	59.90%	121.92
	母亲	80.40%	19.60%	79.60%	18.20%					

2.2 研究工具

2.2.1 青少年价值观

采用王晓峰、李丹等人(2018)编制的"中国青少年价值观问卷"测量不同地域青少年价值观水平。问卷共计46个条目8个维度,包括社会平等、集体责任、遵纪守则、家庭亲情、同伴友情、超越进取、时尚潮流、享受快乐,采用5点计分(1~5分),计算维度均分,分数越高表明个体越看重这一价值取向。本研究中青少年价值观各维度的内部一致性系数为 0.73~0.90。

2.2.2 社会能力

采用中文修订版班级戏剧量表(Masten et al., 1985; Chen, Rubin, & Sun, 1992)测量青少年社会能力。该量表广泛运用于不同文化背景(Chen, Cen, Li, & He, 2005; Coplan et al., 2017),是一种基于同伴评价的客观测量方式。本研究参照以往研究(Chen et al., 2005)的方法,采用该量表中的社交性(如"某个人有很多朋友")、亲社会(如"某个人对别人很友好")、自主性(如"某个人有很多好主意")得分合成社会能力分数,并在班级内标准化。该量表已被广泛运用于中国被试群体的研究,具有良好的信效度(Chen, He, & Li, 2004; Chen, Rubin, & Li, 1995)。本研究中社会能力的内部一致性系数为 0.90。

2.2.3 抑郁情绪

采用儿童青少年抑郁量表(Kovacs, 1992; Chen et al., 1995)测量抑郁水平。量表由 14 个题项组成,采用 3 点记分(0~2),内容包括睡眠失调、食欲不振、自杀意念等多种典型的抑郁症状。经过反向题转换后,计算 14 个题项的平均分,所得分数越高代表抑郁水平越高。该量表曾多次用于中国被试群体的研究,具有较高的信效度(Chen et al., 2005)。在本研究中,抑郁的内部一致性系数为 0.83。

2.2.4 学习成绩

学习成绩由班主任统一提供,包括语文、数学、英语三门主课成绩,将三门成绩均分作为学生学习成绩的衡量指标,考虑到不同学校、班级的成绩评价体系可能存在差异,参照以往的研究(Liu et al., 2014),将成绩均分以班级为单位转换为标准分作为学生学习成绩的指标。

2.3 统计处理

采用 SPSS 22.0 对研究数据进行各变量间描述性统计、相关分析和回归处理,为比较地域间差异,参考以往研究做法(Chen et al., 2016),采用 Mplus 7.4 进行跨组一致性检验(measurement invariance tests)。

3 结果

3.1 不同地域、年级青少年价值观的差异比较

为考察青少年价值观在地域、年级中的差异,以地域(上海、四川、甘肃)和年级(七年级、九年级)为自变量,以青少年价值观的不同维度为因变量,进行多元方差分析(MANOVA)。结果表明:地域主效应显著,Wilks' $\lambda=0.93$,$F(16,1950)=4.85$,$p<0.01$,$\eta_p^2=0.04$;年级主效应显著,Wilks' $\lambda=0.98$,$F(8,975)=2.93$,$p<0.01$,$\eta_p^2=0.02$;地域和年级的交互作用显著,Wilks' $\lambda=0.95$,$F(16,1950)=3.17$,$p<0.01$,$\eta_p^2=0.03$。表 6-2 显示了青少年价值观的不同维度,在地域和年级间得分上的均值和标准差。

表 6-2　青少年价值观各维度描述性统计（$M \pm SD$）

	上海		四川		甘肃		F	
	七年级	九年级	七年级	九年级	七年级	九年级	地域	年级
社会平等	4.45±0.79	4.51±0.66	4.22±0.64	4.26±0.72	4.51±0.72	4.36±0.75	9.96**	0.15
集体责任	4.14±0.81	4.15±0.82	3.78±0.77	3.80±0.69	4.11±0.75	4.00±0.68	18.64**	0.27
遵纪守则	4.34±0.82	4.38±0.82	4.00±0.84	4.17±0.73	4.40±0.76	4.26±0.75	11.64**	0.18
家庭亲情	4.11±0.86	4.08±0.93	3.80±0.83	3.83±0.91	3.94±0.82	4.06±0.82	8.15**	0.46
同伴友情	4.18±0.79	4.16±0.84	3.83±0.76	3.86±0.86	3.99±0.77	4.02±0.72	12.43**	0.07
超越进取	3.69±0.79	3.95±0.74	3.58±0.79	3.69±0.73	3.87±0.72	3.99±0.73	14.22**	10.19**
时尚潮流	2.42±1.07	2.42±0.94	2.44±0.99	2.36±0.95	2.29±1.00	2.43±0.91	0.27	0.07
享受快乐	3.26±0.99	3.25±1.03	2.71±0.90	3.09±0.81	2.99±0.81	2.93±0.85	10.88**	3.09

进一步单因变量方差分析表明：除时尚潮流外，青少年价值观其余各维度得分存在显著地域差异，上海、甘肃两地区青少年社会平等、集体责任、遵纪守则、家庭亲情和超越进取得分均显著高于四川青少年；上海地区青少年同伴友情显著高于甘肃和四川，而甘肃又高于四川；上海地区青少年享受快乐显著高于甘肃和四川两地青少年。

青少年超越进取价值取向存在显著的年级差异，九年级青少年超越进取显著高于七年级。遵纪守则取向上，年级和地域的交互作用显著，简单效应分析表明，四川样本中九年级青少年遵纪守则得分显著高于七年级，其余地域年级差异不显著。享受快乐取向上，年级和地域交互作用显著，简单效应分析表明，四川九年级青少年享受快乐得分显著高于七年级，其余地域年级差异不显著。

3.2　价值观与适应变量关系的跨组比较

青少年价值观各维度与学习成绩、社会能力、抑郁感等适应变量之间的相关系数如表 6-3 所示。

为探讨青少年价值观各维度与适应的关系，以青少年价值观各维度为自变量，学习成绩、同伴评价的社会能力、自评抑郁感为因变量，采用分层回归考察不同地域青少年价值观的预测作用，采用跨组比较考察地域差异。考虑到年级对于青少年价值观的影响，将年级作为控制变量。分层回归结果如表 6-4、6-5、6-6 所示。

表 6-4 结果显示：上海、四川两地青少年的社会平等、集体责任均能够正向预测学习成绩；三地青少年的遵纪守则和超越进取均能正向预测学习成绩；甘肃青少年的家庭亲情能够正向预测学习成绩；上海、四川青少年的同伴友情能够正向预测学习成绩；时尚潮流在上海和甘肃两地能够显著负向预测学习成绩。但在价值观各维度与学习成绩的关系中，三个区域之间均不存在显著差异。

表 6-5 结果显示：上海和四川两地青少年的社会平等、遵纪守则可以显著正向预测社会能力；集体责任只在四川地区可以显著正向预测青少年社会能力；上海和四川两地青少年的同

表6-3 青少年价值观各维度与适应变量间的相关分析

	1	2	3	4	5	6	7	8	9	10
1. 社会平等										
2. 集体责任	0.75***									
3. 遵纪守则	0.72***	0.73**								
4. 家庭亲情	0.42***	0.48**	0.45***							
5. 同伴友情	0.50***	0.58**	0.47***	0.45***						
6. 超越进取	0.52***	0.57**	0.56***	0.29***	0.41***					
7. 时尚潮流	−0.07*	−0.05	−0.10*	0.001	0.09**	0.12**				
8. 享受快乐	0.08*	0.11*	0.04	0.20***	0.23***	0.16**	0.43**			
9. 学习成绩	0.10**	0.09**	0.12**	0.02	0.05	0.23***	0.11**	−0.05		
10. 社会能力	0.15***	0.15***	0.13***	0.05	0.18***	0.21***	0.01	0.02	0.27***	
11. 抑郁感	−0.29***	−0.34***	−0.32***	−0.21***	−0.17***	−0.31***	0.10***	0.05	−0.13***	−0.21***

注：* $p<0.05$，** $p<0.01$，*** $p<0.001$

表6-4 不同地域青少年价值观各维度对学习成绩的预测作用

价值观	上海				四川				甘肃				$\chi^2(df=2)$
	$B(SE)$	β	t		$B(SE)$	β	t		$B(SE)$	β	t		
社会平等	0.18(0.06)	0.19	2.93**		0.21(0.06)	0.18	3.44**		0.09(0.07)	0.07	1.33		1.69
集体责任	0.12(0.06)	0.13	2.02*		0.20(0.06)	0.17	3.19**		0.07(0.07)	0.05	1.08		2.09
遵纪守则	0.13(0.06)	0.15	2.23*		0.15(0.05)	0.14	2.62**		0.12(0.06)	0.10	1.92*		0.17
家庭亲情	0.07(0.05)	0.09	1.41		−0.01(0.05)	−0.01	−0.13		0.12(0.06)	0.10	2.01*		2.72

续　表

价值观	上海 B(SE)	β	t	四川 B(SE)	β	t	甘肃 B(SE)	β	t	$\chi^2(df=2)$
同伴友情	0.12(0.06)	0.13	2.01*	0.24(0.06)	0.20	3.80***	0.10(0.06)	0.08	1.56	2.74
超越进取	0.18(0.06)	0.20	2.06**	0.24(0.06)	0.21	4.00***	0.28(0.06)	0.22	4.53***	1.48
时尚潮流	−0.14(0.05)	−0.20	−3.06**	−0.06(0.05)	−0.07	−1.32	−0.12(0.05)	−0.12	−2.47*	1.44
享受快乐	−0.06(0.05)	−0.08	−1.17	−0.04(0.05)	−0.04	−0.72	0.05(0.05)	0.05	0.91	2.22

注：* $p<0.05$，** $p<0.01$，*** $p<0.001$。年级作为控制变量在第一步进入回归方程。

表 6-5　不同地域青少年价值观各维度对社会能力的预测作用

价值观	上海 B(SE)	β	t	四川 B(SE)	β	t	甘肃 B(SE)	β	t	$\chi^2(df=2)$
社会平等	0.18(0.09)	0.13	2.07*	0.18(0.07)	0.13	2.54*	0.06(0.07)	0.04	0.78	1.79
集体责任	0.13(0.08)	0.10	1.57	0.21(0.07)	0.16	3.03**	0.03(0.07)	0.02	0.36	3.78
遵纪守则	0.16(0.08)	0.13	1.99*	0.18(0.07)	0.15	2.75**	0.12(0.07)	0.09	1.70*	0.59
家庭亲情	0.08(0.07)	0.07	1.07	−0.01(0.06)	−0.01	−0.10	−0.03(0.06)	−0.03	−0.54*	1.41
同伴友情	0.23(0.08)	0.18	2.85**	0.32(0.07)	0.24	4.60***	0.05(0.07)	0.04	0.75	10.68**
超越进取	0.19(0.08)	0.15	2.33*	0.41(0.07)	0.32	6.26***	0.12(0.07)	0.09	1.69*	12.03**
时尚潮流	−0.06(0.06)	0.06	0.95	0.05(0.05)	0.05	1.00	−0.04(0.05)	−0.04	−0.76	2.30
享受快乐	0.05(0.07)	0.05	0.72	0.05(0.06)	0.04	0.81	−0.06(0.06)	−0.05	−0.99	2.33

注：* $p<0.05$，** $p<0.01$，*** $p<0.001$。年级作为控制变量在第一步进入回归方程。

表6-6 青少年价值观各维度对抑郁感的预测

价值观	上海			四川			甘肃			χ^2
	B(SE)	β	t	B(SE)	β	t	B(SE)	β	t	$(df=2)$
社会平等	-0.12(0.03)	-0.28	-4.42***	-0.11(0.03)	-0.25	-4.79***	-0.14(0.02)	-0.31	-6.23***	0.58
集体责任	-0.14(0.02)	-0.35	-5.68***	-0.14(0.02)	-0.31	-6.03***	-0.14(0.02)	-0.33	-6.82***	0.08
遵纪守则	-0.11(0.02)	-0.29	-4.67***	-0.12(0.02)	-0.29	-5.57***	-0.12(0.02)	-0.30	-5.99***	0.03
家庭亲情	-0.12(0.02)	-0.33	-5.47***	-0.09(0.02)	-0.25	-4.76***	-0.08(0.02)	-0.20	-4.01***	2.18
同伴友情	-0.09(0.03)	-0.22	-3.42***	-0.05(0.02)	-0.11	-2.01*	-0.09(0.02)	-0.20	-3.99***	1.63
超越进取	-0.06(0.03)	-0.15	-2.36**	-0.17(0.02)	-0.41	-8.37***	-0.14(0.02)	-0.32	-6.52***	7.74*
时尚潮流	-0.004(0.02)	0.01	-0.20	0.04(0.02)	0.13	2.52*	0.06(0.02)	0.18	3.50**	5.04
享受快乐	0.01(0.02)	0.03	0.43	0.04(0.02)	0.12	2.21*	0.02(0.02)	0.07	1.27	0.95

注：* $p<0.05$，** $p<0.01$，*** $p<0.001$。年级作为控制变量在第一步进入回归方程。

伴友情可以显著正向预测社会能力,并且三地之间差异显著,上海和四川两地高于甘肃地区,上海与四川两地间无显著差异。此外,上海、四川和甘肃三地青少年超越进取均能够正向预测社会能力,且三组差异显著,其中四川地区显著高于上海和甘肃两地,上海与甘肃间无显著差异。

表 6-6 结果显示:上海、四川和甘肃三地青少年的社会平等、集体取向、遵纪守则、家庭亲情和同伴友情均能显著负向预测青少年抑郁水平,但地域差异不显著;三个地区青少年超越进取均可以显著负向预测抑郁水平,且三地间差异显著,其中甘肃和四川地区显著高于上海地区,四川和甘肃两地间不存在显著差异;四川和甘肃两地青少年的时尚潮流可以显著正向预测青少年抑郁水平,且四川和甘肃两地显著高于上海地区,前两地区间无显著差异。

4 分析与讨论

4.1 青少年价值观发展的地域和年龄差异

本研究根据社会经济发展水平和文化特征,以上海市闵行区、四川省仁寿县和甘肃省玉门市三地作为典型区域,探讨不同地域青少年价值观的发展状况,以及这些不同侧面的价值观与适应的关系是否存在地域差异。

研究结果发现,除了时尚潮流,青少年价值观其余各维度均存在显著的地域差异,上海和甘肃两地的青少年在社会平等、集体责任、遵纪守则、家庭亲情、超越进取等五个价值观维度上均有更更高的认同度;而在同伴友情和享受快乐这两个维度上,上海地区青少年有更高的认同度。究其原因,可能与三地青少年的家庭背景和社会环境均有一定的关系。上海闵行与甘肃玉门两地青少年父母具有高中及以上学历的比例约50%左右,而四川仁寿样本中该比例只有22%。父母的价值观具有代际传递性,影响青少年价值观的形成(Knafo & Schwartz, 2011),受过更多教育的父母也会向孩子传递更多与集体和个人有关的价值观念,而上海和甘肃两地青少年价值观水平的相似,提示我们城镇化对青少年价值观产生的可能影响。上海作为国际化大都市的城市化水平不言而喻,而甘肃玉门在国家政策的大力扶持下,快速完成由石油重工业向新能源的产业结构转型,区域基础设施完善,学校设施配套齐全,从国际、国内发达地区引进志愿者的同时,也鼓励教师对外学习先进教学理念,这些宏观社会环境的变化与发展对当地青少年价值观的形成和发展具有重要的影响。

此外,上海地域青少年更看重同伴友情和享受快乐这一结果,提示我们随迁子女价值观有其独特性。根据被试的家庭背景信息,上海的被试有67.6%是外地户口,从异地随父母来沪,这些孩子要适应学校的学习和生活需要付出更多的努力,更需要与周围的同伴建立联结,以获得更多的同伴支持;因此这些孩子就会特别看重友情,也更希望拥有友情。另一方面,这些外来户口的孩子生活在上海,受国际大都市生活的影响较深,大城市琳琅满目的物质刺激,生活享受的便利条件,可能使他们更强调个人快乐感受的重要性,有更多趋乐避苦的生活动机。而在时尚潮流维度并未发现地域差异,恰恰体现出不同地域青少年在时尚潮流认同上较一致,这与青春期不断增长的自我意识有关,互联网传媒的兴起更是消除了地域限制,无论哪一地区的青少年都较容易获得潮流信息与时尚观念。

价值观的年级差异只体现在青少年的超越进取维度上,九年级青少年超越进取得分显著高于七年级,这可能与九年级学生面临初中毕业的选择有关。大多数中国家庭都对自己孩子在升学竞争中取胜抱有极大的期望,到了初中毕业的关口,教师在课堂教学中也会更强调努力进取的重要性。因此,九年级青少年有更多的竞争意识,积极进取的价值取向。遵纪守则和享受快乐两种价值取向存在显著的地域和年级的交互作用,四川仁寿地区九年级青少年在遵纪守则和享受快乐上得分均显著高于七年级,其余地域年级差异不显著。这可能与仁寿地区的实际情况有关。本研究样本取自仁寿县某镇的一所中学,相比小学阶段相对宽松的管理方式,初中学段对学生纪律管理有更高的要求,经过两年中学阶段学习的九年级学生相比七年级学生更能认同对于纪律和规则的遵守。此外,七年级学生中不乏留守孩子,他们的父母往往去成都等大城市打工,而到了九年级,面临孩子即将升学,大多数外出打工的父母们选择回到当地工作,大城市的工作经历可能使父母的价值观趋于享受快乐,九年级青少年受到更多来自父母的影响,更可能认同享受快乐的价值观念。

4.2 不同地域青少年价值观与适应关系的比较

本研究结果显示,三地青少年价值观各个侧面与学习成绩的关系均无显著差异。中国传统文化强调读书和学识的重要性,有许多诸如"学而优则仕""学富五车,才高八斗"之类的说法,在某种意义上与本研究结果相吻合,无论哪里的青少年,价值取向均与学习成绩紧密关联。虽然三地的关系差异不显著,上海四川两地仍存在更多的相似性。此外,青少年时尚潮流取向与适应的关系呈现与其他价值取向截然相反的趋势,也就是对时尚潮流越是认同者其学习成绩越差。其中,上海甘肃两地青少年拥有的时尚潮流价值观显著负向预测学习成绩,过于追逐时尚潮流在某种程度上分散了青少年的精力,势必减少了专注于学习的时间,从而影响学习结果;而四川仁寿青少年时尚潮流观的认同似乎对学习成绩影响不大,其原因可能在于:一方面仁寿地区经济发展水平相对较低,青少年对时尚潮流的追求心有余而力不足,同时学校对学生的穿着打扮有严格的管理规定,因此该价值观认同在仁寿地区对学业成绩的影响较小。

社会能力是个体在社会互动情境中,表现出适当且有效的行为,实现社会目标,获得长远发展的能力(王雪,李丹,2016),本研究中的社会能力主要包括社交性、亲社会性和自主性等3个指标。上海四川两地青少年的社会平等、遵纪守则、同伴友情、超越进取取向均可显著正向预测社会能力,且同伴友情和超越进取对社会能力的预测在三地存在显著差异;集体责任只在上海地区显著正向预测青少年社会能力。与本研究结果相一致,已有研究也发现社会能力与儿童拥有的友谊关系密切,受同伴欢迎的儿童在社会能力各项指标上得分较高(Santos et al., 2014),而同伴友情价值观必然引领青少年的友谊关系。超越进取是个体主义价值取向的体现,反映了中国社会正从礼俗社会向法理社会的转变(Greenfield, 2009)。在这一变迁过程中,个体的竞争意识增强(Garcia, Rivera, & Greenfield, 2015),自主性和自我表达增多,从而促进了社会能力的发展。而大多数学校在育人过程中都特别强调青少年的互助合作等亲社会行为的培养,在一定程度上促进了社会平等、遵纪守则等群体导向的价值观养成。

价值观的核心要义在于有关什么是"值得的"的看法,是个体所拥有的持久的信念。这种信念使人产生满意感,将引导人们的行为,并作为一种生活方式反复践履(李伯黍,燕国材,

2010)。抑郁感是一种持续时间较长的低落消沉的情绪体验，伴随消极认知以及胃纳不佳、虚弱疲劳等躯体症状（李丹，刘俊升，2014）。重大生活事件、缺乏生活目标或价值观念都可能让人产生无意义感，从而引发抑郁情绪。本研究结果显示青少年对社会平等、集体取向、遵纪守则、家庭亲情和同伴友情的认同，均能显著负向预测青少年抑郁水平，地域差异不显著。超越进取在三地均可显著负向预测抑郁，但三地间差异显著，甘肃四川两地预测作用显著高于上海。这些结果均说明了积极而又明晰的价值观会让人感觉满意，在一定程度上能够降低个体的抑郁情绪。时尚潮流取向在四川甘肃两地均可显著正向预测青少年抑郁水平，且显著高于上海。这一结果与其他研究发现的时尚潮流可以在一定程度上缓解抑郁症状（Masuch & Hefferon, 2014）不一致，也反映了不同社会经济水平地域的青少年时尚潮流观念的发展趋势。在上海这样的国际大都市，时尚是人们司空见惯的事物，而在中国内陆地区，时尚的接受度相对较低，过于追求时尚潮流的青少年可能容易受到排斥，从而感受到抑郁情绪。

上述结果提示我们，对于青少年价值观发展规律的探索，除了考虑个体发展特点，还应与时代和社会发展特征相适应，在经济发展水平不同的地域间，即使青少年持有相似的价值观，适应的状况也不尽相同。家庭、学校和社会亦可结合这一规律，因地制宜地引导青少年形成正确的价值观。此外，社会变迁是一个动态持续发展的过程，发展仍是各区域未来所面临的重要话题，以本研究中所选取的三地为例，上海闵行面临着流动人口和区域内文化融合的挑战；四川仁寿面对的是从经济欠发达地区向城镇化的转变，如何正确定位，找准区域发展方向，稳步增长的机遇；而玉门则面临在快速城镇化进程后如何引入人口，在不依靠国家扶持的前提下能动发展的问题。未来的研究中可进一步探究社会变迁的动态过程对于宏观环境的影响，以及这样的变化过程对个体价值观发展又会如何产生作用。最后，本研究根据胡焕庸线及区域特点，选取能够体现新时代中国城镇化特点的三地展开研究。未来的研究可以考虑不同的区分模式，如根据细分的区域财政收入（高、较高、中等、较低与低），或者地理位置（东、西、南、北、中）来选取样本，以期从不同的角度更加全面地考察青少年价值观发展特点及趋势。

5 小结

本研究通过大样本问卷调查考察了上海市闵行区、四川省仁寿县、甘肃省玉门市三地青少年价值观发展状况，探究不同经济和文化发展水平的地域之间，青少年价值观的发展与其学校、社会和心理适应的关系。结果发现：①除时尚潮流维度外，青少年价值观各维度上均存在显著的地域差异；超越进取存在年级差异，九年级高于七年级；②除时尚潮流和享受快乐维度外，青少年价值观各维度在不同地域间均能正向预测学习成绩、社会能力，负向预测抑郁感；时尚潮流能够负向预测学习成绩，正向预测抑郁感；③青少年价值观某些维度对适应的预测存在显著的地域差异：同伴友情对社会能力的预测，上海、四川高于甘肃；超越进取对社会能力的预测，四川高于上海、甘肃；超越进取、时尚潮流对抑郁感的预测，四川、甘肃均高于上海。研究在一定程度上揭示了新时代青少年价值观的发展现状，为理解青少年价值观与健康心理的关系，引导青少年树立正确的价值观提供了一定的实证依据。

第二节　中国城市和农村儿童的个体和集体取向与适应功能的关系[①]

1　引言

个体取向和集体取向价值观是个体看待世界与自身关系并与之互动的两种不同方式。个体取向，主要表现为个人的独特性和独立性，关注在互动过程中个人观点和行为风格的表达。具有个体取向特征的人倾向于根据自我的感觉行动，偏好为自己做选择和决定(Kitayama et al., 2010; Oyserman, 2017)。集体取向则强调关注群体的福祉与义务，涉及对社会关系、归属感和社会融入的感知(Chen, Wang, & Liu, 2012)。具有集体取向特征的人倾向于尊重他人观点和感受，维护群体和谐和人际关系(Kitayama et al., 2010)。个体取向和集体取向均可能影响个体的社会和心理适应，个体需要在追求个人目标的同时保持与他人的积极关系(Chen, 2015; Kagitcibasi, 2012)。因此，在大多数社会中，发展个体取向和集体取向的态度和特质被认为是儿童和青少年的主要任务(Kagitcibasi & Ataca, 2005)。

然而，个体取向和集体取向在每个社会中的重要性可能不尽相同(Kitayama et al., 2010)。在个体主义社会中，个体取向往往在社会交往中得到高度重视，这可能体现在它对儿童社会和心理适应具有重要意义，特别是在满足自主和积极的自我评价的需求上(Chen & French, 2008; Chirkov & Ryan, 2001; Kagitcibasi, 2005)。另一方面，在集体主义社会中，人们更希望在家庭、社区和同伴群体等社会环境中发展自我(Fuligni, 1998; Greenfield, Suzuki, & Rothstein-Fisch, 2006; Jose, Huntsinger, & Liaw, 2000)，对集体取向的强调可能使其对这些社会中个体的适应功能产生更为重要的影响。

中国传统社会以儒家思想引领社会活动(Ho, 1986; Yang, 1986)。根据儒家思想，为了促进社会交往和群体功能的发挥，个体的行为和情感需要加以约束，个人利益需要服从群体利益。而在过去的四十年间，大规模的经济改革使中国社会发生了巨大的变化，成为一个高度竞争的市场导向社会，尤其是在城市地区。家长和教育工作者都认识到，孩子们要具备自我指导、主动性和自信心等新的社交技能，才能适应社会并取得成功(Su & Ren, 2014; Wang & Huang-pu, 2007)。教育部也调整了教育政策以适应市场导向型经济的需求，将重点从知识获取转移到学术和社会情感领域更全面的个体发展(OECD, 2016)。在城市地区，许多学校扩大了教育的目标和实践，帮助孩子们习得适应竞争环境所需的社交技能，鼓励学生参与各种自主探索的活动，如主动规划、组织学校和社区的课外活动(Chen & Chen, 2010; Yu, 2002)。城市的年轻人已开始认可强调个体独特性的价值观，诸如"我喜欢自己有独特的地方，和别人不一

[①] 原文出处：Liu, X., Fu, R., Li, D.*, Liu, J., & Chen, X. (2018). Self-and group-orientations and adjustment in urban and rural Chinese children. *Journal of Cross-Cultural Psychology*, 49(9), 1440–1456. 此次刊载略作文字删改。

样","我喜欢用我自己的方式来处人处事"(Chen et al., 2012)。

根据格林菲尔德(Greenfield, 2009)的社会变迁和人类发展理论,世界上许多国家因城市化而发生的社会变迁,其方向是从礼俗社会(Gemeinschaft)向法理社会(Gesellschaft)变化。这种变化对应着从促进合作和相互依赖的价值观向促进个人自主和独立的价值观变化。另有研究者(Chen, 2015; Kagitçibasi, 2012)则认为,近年来城镇化和相关的社会变化,如工作场所中不断增强的竞争,可能导致许多发展中国家将个体取向的价值观融入传统的集体取向价值观中。文化价值观的变化可能在影响城市儿童的社会情绪功能和学业表现方面发挥越来越突出的作用。正如格林菲尔德(Greenfield, 2009)所述,向个体取向转变的价值观可能改变儿童的学习和社会互动环境。例如,城市文化对独立性自主性的强调,可能会为高度个体取向的儿童创造一个有利的氛围,使他们在社交和在校表现中更加自信。这些儿童往往得到积极的社会评价,获得更高的社会地位。从而帮助他们更好地完成学校任务,发展积极的自我概念(Coplan et al., 2017)。同时,传统的以群体为导向的价值观,如社会和谐和相互依赖,在城市中重要性可能会有所减弱(Chen & Chen, 2010),在引导城市儿童的社交活动方面可能没有那么大的影响力和效果。

与城市地区相比,中国农村地区经历的社会变迁要小得多。农村地区的家庭大多仍从事农业活动,农村儿童接受新价值观影响的机会相对较少。在许多农村地区,传统上认可的群体导向的价值观,如群体和谐和社会归属,在学校教育和家庭教育中仍受到高度鼓励,并用于指导社会交往和集体活动(Fuligni & Zhang, 2004; Ming, 2008)。与城市孩子相比,农村孩子更可能关心他人,不太可能追求个人利益(Guo, Yao, & Yang, 2006)。因此,群体导向的价值观可能在农村地区依旧发挥社会评价的作用,并与获取社会地位、建立积极的社会关系和心理适应密切关联。具有集体价值取向的儿童更有可能得到表扬和鼓励。这些儿童在社会和学校环境中可能有更好的表现。同时,他们建立的积极社会关系可能帮助他们应对适应过程中的困难和压力。相比之下,成人和同伴可能不太欣赏农村孩子的个体价值取向(Chen et al., 2010)。因此,个体取向在中国农村青少年适应中的作用不那么重要(Chen & Li, 2012)。

在中国和西方社会,通常会鼓励男孩比女孩表现得更独立自主,而通常期望女孩比男孩对人际关系更感兴趣(Chen & He, 2004; Maccoby, 1998)。社会中与性别有关的期望和相应的社会化实践可能会影响儿童的文化价值观。因此,本研究假设女孩比男孩有更高的集体取向和更低的个体取向。以往的研究显示(Chen et al., 2005; Eisenberg, Fabes, & Spinrad, 2006)女孩比男孩适应更良好、问题更少。有研究者认为,女孩可能比男孩有更好的自我调节能力,这对于社交和学业任务上的表现以及社会情绪功能的发挥至关重要(Chen et al., 2003; Dodge, Coie, & Lynam, 2006; Whiting & Edwards, 1988)。考察适应功能的性别差异有助于我们对该问题的进一步理解。

综上所述,本研究试图探讨中国城市和农村儿童的个体和集体取向与社会和心理适应之间的关系。研究以公立学校四至六年级的城市和农村儿童为样本,该年龄段是儿童心理发展的重要时期,因为他们参与了众多的社交活动,并在社会环境中形成了不同且较明晰的信念和价值体系(例如,Chen et al., 2012; Chen & French, 2008; Diesendruck & Markson, 2011)。研究将有助于理解个体取向和集体取向如何促进城市和农村儿童的心理与社会适应。

适应是指个体在环境中有效运作以应对外部需求和内部需要的程度(VandenBos,2015)。社会适应关注的是根据既定的标准或规范(如社会地位、学习成绩)个体在社会环境中应对要求和挑战的功能,而心理适应主要关注个体在满足内部需求和应对环境中的障碍所产生的压力反应(如生活满意度、孤独感、抑郁)。本研究将儿童的社会地位(领导地位和获奖状况)、教师评价的社会能力和学习成绩作为社会适应的指标,自我报告的生活满意度、孤独感、抑郁和社会焦虑作为心理适应的指标(Chen & Li, 2012; Chen at al., 2016)。

本研究假设在城市和农村儿童中,儿童的个体取向和集体取向与适应具有不同的关联。具体来说,由于社会变迁对城市地区的影响更大,城市儿童更加强调个人自主性和个性,个体取向与城市儿童的适应功能关联可能比农村儿童更加显著;而集体取向在社会评价过程中的重要性在农村地区得到更多强调,更可能影响农村儿童的适应。此外,我们预期女孩在集体取向上的得分较高,在个体取向上的得分较低,并且比男孩表现出更好地适应。

2 研究方法

2.1 研究对象

研究对象来自公立学校四到六年级儿童,共包括上海的 481 名城市儿童(235 名男生和 246 名女生)和安徽宣城的 509 名农村儿童(264 名男生和 245 名女生)。城市和农村样本的平均年龄分别为 11.19 岁($SD=1.23$)和 11.41 岁($SD=1.37$)。城市和农村样本中 94% 和 97% 的人来自完整的家庭,其他的人来自父母一方的家庭。城市和农村样本中 88% 和 49% 是独生子女,其他学生有一个或多个兄弟姐妹。

2.2 研究工具

2.2.1 教师评价

(1) 社会能力。每个班级的班主任对班上每名学生与学校有关的社会能力进行评分(教师评定量表[T-CRS]; Hightower et al., 1986),采用 5 点计分,从 1(完全没有)到 5(非常好)。该量表中有 20 个项目,涉及与学校有关的各方面能力,如,耐挫折能力、社交自信心等。与以往研究一致(Chen, Rubin, & Li, 1995),本研究计算了社会能力的总分,并将其在班级内标准化,以控制教师的反应风格。T-CRS 已被证明在中国儿童中具有较好的信效度(Liu et al., 2015)。本研究中城市和农村儿童的社会能力的内部一致性系数分别为 0.91 和 0.92。

(2) 学习成绩。班主任对每名学生在语文、英文和数学方面的学习成绩进行评分。城市组的语文、英文和数学的评分显著相关,$rs=0.77$ 至 0.83,$ps<0.001$;农村组的 $rs=0.64$ 至 0.74,$ps<0.001$。将各项分数在班级内进行标准化后相加,形成总的学习成绩指标。以往研究表明,它是衡量中国儿童学校学业成就的有效指标(Chen et al., 2016; Coplan et al., 2017)。

(3) 社会地位。由领导地位和获奖状况整合而成。在中国学校有各种正式的学生组织,这些组织通常具有等级性质。与班级或班内小组等较低层次的领导地位相比,较高层次的领导地位,如学校层次的领导地位被认为是社会能力更强的一个指标。我们从学校记录中收集了关于学生领导地位的数据。领导地位被编码如下:在班级内担任小组长的学生得 1 分(16%);

在班级和学校层面担任领导职务的学生分别得 2 分(13%)和 3 分(4%);没有担任领导职务的学生得 0 分(67%)。

另外,通常学校每学年都会对每个学生进行一次正式评估。被同学和老师判定为在品德和智力方面有较好表现的学生可以被提名为"优秀学生"。优秀学生有不同的级别,从班级级别,到学校级别,再到地区级别。我们从学校记录中获得了关于优秀学生获奖状况的数据。获奖状况的编码如下:没有获得任何奖励的学生得分为 0(88%),在班级层面获得奖励的学生得分为 1(6%),在班级层面以外获得奖励的学生得分为 2(6%)。领导地位和获奖状况的学生分布比例与以往研究相似(Chen et al., 2000)。城市组和农村组的领导地位和获奖状况显著相关,分别为 $r=0.65, p<0.001$ 和 $r=0.55, p<0.001$。由于它们都是由同学和老师根据类似的标准确定的,并且反映了几乎相同的结构。与以往研究相一致(Chen et al., 1995),本研究将二者在班级内标准化,然后汇总形成一个单一的社会地位指标。该测量已被证明是中国儿童与学校相关的社会能力的可靠指标(Chen & Li, 2012)。

2.2.2 孤独感

采用孤独感量表(Asher et al., 1984)测量被试的孤独感水平。参与者需要对 16 个自我陈述做出选择,5 点计分,从 1(完全不符合)到 5(完全符合)。项目的平均分代表一般孤独感,分数越高,孤独感越强。以往研究表明,该量表子在中国儿童中具有较好的信效度(Chen et al., 2016; Coplan et al., 2017)。城市和农村样本的内部一致性系数分别为 0.91 和 0.87。

2.2.3 抑郁

使用中文版儿童抑郁量表(Kovacs, 1992)测量儿童的抑郁症状。该量表包括短版(CDI-S)中的所有 10 个项目和完整版中的 4 个额外项目,这些项目被认为有助于评估中国儿童与抑郁有关的思想、感觉和行为(例如,自责、疲劳、厌食、食欲下降)。每个项目提供三个备选答案,参与者从中选择一个最能描述他或她过去两周的情况。这些项目的分数为 0、1 或 2,计算 14 个项目的平均分,分数越高表明抑郁越严重。该量表在中国儿童中显示了较高的信效度(Chen et al., 2005)。城市和农村样本的内部一致性分别为 0.85 和 0.79。

2.2.4 社交焦虑

采用中文版的《儿童社交焦虑量表—修订版》(Liu et al., 2015)测量儿童的社交焦虑。该量表由 15 个项目组成,采用 5 点计分,从 1(完全不符合)到 5(完全符合)。所有项目的平均分代表个体社交焦虑的水平,分数越高表示社会焦虑越大。以往研究表明,该测量工具在中国儿童中有较好的信度和效度(Liu et al., 2015)。城市和农村样本的内部一致性系数分别为 0.95 和 0.90。

2.2.5 生活满意度

使用学生生活满意度量表评估儿童的生活满意度(Huebner, 1991)。该量表包括 7 个项目,采用 5 点计分,从 1(完全不符合)到 5(完全符合)。计算所有项目的平均分,分数越高,说明生活满意度越高。研究表明该量表具有良好的信效度(Liu, Zhao, & Shen, 2013)。城市和农村样本的内部一致性系数分别为 0.72 和 0.70。

2.2.6 个体取向和集体取向

使用儿童文化价值量表(Chen et al., 2012)来测量儿童的个体和集体取向。共 17 个项目,采用五点记分法,从1(完全不符合)到5(非常符合)。文化价值观量表包括两个分量表:个体取向和集体取向。验证性因素分析表明,以相应项目作为构念指标的双因素模型的拟合结果是可以接受的,$\chi^2(113)=401.98$,$\chi^2/df=3.55$,CFI=0.92,TLI=0.92,RMSEA=0.05。计算所有项目的平均分,两个分量表的分数越高,说明个体取向或集体取向越强。城市儿童的个体取向和集体取向的内部一致性系数分别为0.67和0.82,农村儿童为0.64和0.80。

3 结果

3.1 初步分析

按照相关建议的程序(Cheung,2008;Vandenberg & Lance,2000),在农村和城市样本之间进行了测量不变性检测,以检查城市和农村组的测量是否等同。

所有的测量都建立了部分测量不变性,除了文化价值观的3个项目、孤独感的1个项目、抑郁的1个项目、社会焦虑的6个项目和教师评价能力的5个项目,其他项目的载荷参数都受到限制,$\Delta\chi^2(7)=13.73$ to $\chi^2(14)=23.59$,$ps=0.051—0.270$。部分受限模型与非受限模型没有明显差异,使我们能够比较个体取向和集体取向与适应变量之间关系。

3.2 描述性统计

表6-7中列出了适应变量之间的相互关系。相关性的大小从微弱到中等,表明这些测量反映了社会和心理适应的不同方面。通过多元方差分析(MANOVA)进一步探究城乡群体和性别对个体取向和集体取向的影响。城乡群体和性别的主效应均显著,$F(2,985)=83.55$ 和 5.00,Wilks' $\lambda=0.86$ 和 0.99,$p<0.001$ 和 $p=0.007$,$\eta^2=0.15$ 和 0.01。城乡群体和性别没有明显的交互作用,$F(2,985)=0.51$,Wilks' $\lambda=0.99$,$p=0.601$,$\eta^2=0.001$。后续分析显示,在集体取向上存在性别差异,表明女孩的分数高于男孩,$F(1,986)=8.91$,$p=0.003$,$\eta^2=0.01$。另外,在个体取向和集体取向上也存在城乡群体差异,城市儿童在个体取向和集体取向上的得分高于农村儿童,$F(1,986)=151.75$ 和 94.06,$ps<0.001$,$\eta^2=0.13$ 和 0.09。

表6-7 城市组和农村组各变量间的相关

	1	2	3	4	5	6	7	8
城市组								
1. 个体取向								
2. 集体取向	0.54***							
3. 社会能力	0.17***	0.15**						
4. 学习成绩	0.25***	0.12*	0.55***					
5. 社会地位	0.14***	0.01	0.49***	0.63***				
6. 生活满意度	0.21***	0.26***	0.16***	0.23***	0.19***			
7. 孤独感	−0.23***	−0.27***	−0.36***	−0.31***	−0.24***	−0.46***		

续表

	1	2	3	4	5	6	7	8
8. 抑郁	−0.30***	−0.29***	−0.33***	−0.35***	−0.29***	−0.59***	0.70***	
9. 焦虑	−0.21***	−0.21***	−0.08	−0.03	0.02	−0.11*	0.16***	0.18***
农村组								
1. 个体取向								
2. 集体取向	0.49***							
3. 社会能力	0.19***	0.21***						
4. 学习成绩	0.21***	0.26***	0.64***					
5. 社会地位	0.13***	0.16***	0.43***	0.54***				
6. 生活满意度	0.23***	0.39***	0.17***	0.20***	0.16***			
7. 孤独感	−0.21***	−0.37***	−0.29***	−0.30***	−0.20***	−0.47***		
8. 抑郁	−0.19***	−0.34***	−0.30***	−0.38***	−0.26***	−0.44***	0.57***	
9. 焦虑	0.02	0.11*	−0.08	−0.10*	−0.11*	−0.24***	0.39***	0.39***

注：* $p<0.05$，** $p<0.01$，*** $p<0.01$。

通过多元方差分析(MANOVA)来考察城乡群体和性别对适应变量的影响。发现城乡群体和性别的主效应显著，Wilks' $\lambda=0.88$ 和 0.90，$F(7,980)=17.90$ 和 15.63，$ps<0.001$，$\eta^2=0.11$ 和 0.10。城乡群体和性别之间在这些变量上没有明显的交互作用。后续的单变量分析显示，男孩在孤独感($F(1,986)=12.29$，$p<0.001$，$\eta^2=0.01$)，抑郁($F(1,986)=13.76$，$p<0.001$，$\eta^2=0.01$)方面的得分较高，而在社会能力($F(1,986)=79.94$，$p<0.001$，$\eta^2=0.08$)，学习成绩($F(1,986)=38.02$，$p<0.001$，$\eta^2=0.04$)，社会地位($F(1,986)=25.83$，$p<0.001$，$\eta^2=0.03$)，生活满意度($F(1,986)=15.78$，$p<0.001$，$\eta^2=0.02$)，以及社会焦虑($F(1,986)=7.58$，$p=0.006$，$\eta^2=0.01$)方面得分较低。

与农村儿童相比，城市儿童在生活满意度上的得分较高($F(1,986)=62.80$，$p<0.001$，$\eta^2=0.06$)，而在孤独感($F(1,986)=46.98$，$p<0.001$，$\eta^2=0.05$)，以及社交焦虑($F(1,986)=23.04$，$p<0.001$，$\eta^2=0.02$)方面的得分较低。城市和农村儿童中男孩和女孩的所有变量的平均值和标准差见表6-8。

表6-8 不同群组和性别的各变量均值和标准差

	男生	城市女生	总体	男生	农村女生	总体
个体取向	3.64 (0.74)	3.69 (0.67)	3.66 (0.70)	3.12 (0.71)	3.12 (0.65)	3.12 (0.68)
集体取向	3.95 (0.78)	4.05 (0.63)	4.01 (0.71)	3.50 (0.73)	3.65 (0.65)	3.57 (0.69)
社会能力	−0.28 (0.95)	0.27 (0.98)	0.00 (1.00)	−0.26 (0.98)	0.29 (0.94)	0.00 (1.00)

续 表

	男生	城市女生	总体	男生	农村女生	总体
学习成绩	−0.19 (1.05)	0.17 (0.92)	0.00 (1.00)	−0.20 (1.00)	0.22 (0.95)	0.00 (1.00)
社会地位	−0.12 (0.98)	0.12 (1.01)	−0.00 (1.00)	−0.19 (0.78)	0.20 (1.16)	0.00 (1.00)
生活满意度	3.93 (0.71)	4.10 (0.64)	4.02 (0.68)	3.59 (0.69)	3.76 (0.66)	3.67 (0.68)
孤独	1.84 (0.74)	1.60 (0.63)	1.72 (0.69)	2.03 (0.67)	1.98 (0.59)	2.01 (0.63)
抑郁	0.33 (0.34)	0.26 (0.28)	0.29 (0.31)	0.36 (0.30)	0.29 (0.26)	0.32 (0.28)
焦虑	1.98 (0.85)	2.10 (0.83)	2.04 (0.84)	2.20 (0.74)	2.36 (0.77)	2.28 (0.76)

注:平均数下方括号中是标准差。

3.3 个体和集体取向与适应的关系

接下来,我们进行了多组不变性检验,以检查个体和集体取向与适应结果之间的关联,并检验农村和城市儿童之间各变量的关系是否存在差异。该分析分两步进行。首先,我们研究了个体和集体取向与适应之间的整体关联是否存在群体差异。其次,当发现整体的群体差异时,我们对个体和集体取向与适应之间的具体关联进行进一步不变性检验。

本研究的分析显示,在无限制模型中,所有的路径在城乡样本中都是自由的,而在限制模型中,所有的路径在样本中都被设定为相等的,这两者之间存在着明显的差异,$\chi^2(14)=35.65, p=0.001$,表明在文化取向和适应变量的整体关系中存在着明显的城乡差异。

为了检测城乡差异的来源,我们对具体的路径系数进行了后续的不变性检验,对特定的关联进行了限制:(1)个体取向和所有适应变量的关系;(2)集体取向和所有适应变量的关系。在个体取向和适应变量之间的关联中,城乡样本之间存在明显的差异,$\chi^2(7)=16.75, p=0.019$;在集体取向和适应变量之间的关联中,$\chi^2(7)=18.62, p=0.009$,城乡样本之间也存在明显的差异。个体取向和集体取向预测各适应变量的结果见表6-9。

表6-9 个体取向和集体取向与适应变量之间关联的多组不变性检验

适应	城市			农村			$\chi^2(df=1)$
	β	B(SE)	t	β	B(SE)	t	
社会能力							
个体取向	0.12	0.17(0.07)	2.36*	0.14	0.20(0.07)	2.93**	0.08
集体取向	0.07	0.09(0.07)	1.28	0.11	0.16(0.07)	2.28*	0.38

续 表

适应	城市			农村			$\chi^2(df=1)$
	β	B(SE)	t	β	B(SE)	t	
学习成绩							
个体取向	0.27	0.38(0.07)	5.20***	0.12	0.18(0.07)	2.54*	4.12*
集体取向	−0.04	−0.06(0.07)	−0.79	0.18	0.26(0.07)	3.75***	9.87**
社会地位							
个体取向	0.19	0.25(0.07)	3.54***	0.08	0.13(0.08)	1.66	1.43
集体取向	−0.10	−0.14(0.07)	−1.94	0.10	0.15(0.07)	1.97*	7.68**
生活满意度							
个体取向	0.10	0.10(0.05)	2.01*	0.05	0.05(0.05)	1.05	0.56
集体取向	0.20	0.19(0.05)	3.77***	0.36	0.35(0.05)	7.63***	5.94*
孤独感							
个体取向	−0.12	−0.12(0.05)	−2.34*	−0.04	−0.04(0.04)	−0.81	1.48
集体取向	−0.19	−0.19(0.05)	−3.75***	−0.35	−0.32(0.04)	−7.32***	3.95
抑郁							
个体取向	−0.20	−0.09(0.02)	−3.93***	−0.04	−0.02(0.02)	−0.83	5.72*
集体取向	−0.18	−0.08(0.02)	−3.53***	−0.31	−0.13(0.02)	−6.51***	2.70
社交焦虑							
个体取向	−0.14	−0.17(0.06)	−2.71**	0.05	0.05(0.06)	0.97	7.09***
集体取向	−0.14	−0.16(0.06)	−2.63**	−0.15	−0.16(0.06)	−2.93***	0.00

注意：在分析中控制了性别的影响。* $p<0.05$，** $p<0.01$，*** $p<0.001$。

结果显示，个体取向和适应变量之间的关系，包括学习成绩、抑郁和社会焦虑，在两个样本之间有明显的不同。具体来说，在城市样本中，个体取向与抑郁和社会焦虑呈负相关，但在农村样本中，这种关联并不显著。在两个样本中，个体取向与学习成绩均呈正相关，但城市样本中的相关要比农村样本大。

研究结果还显示，集体取向与学习成绩、社会地位、生活满意度和孤独感之间的关系在两个样本之间有明显的不同。在农村样本中，集体取向与学习成绩和社会地位呈正相关，但在城市样本中，这种关联不显著。在两个样本中，集体取向与生活满意度呈正相关，与孤独感呈负相关，但农村样本的关联程度比城市样本大。综上所述，这些结果表明，个体取向与城市儿童的适应有更明显的关联，而集体取向与农村儿童的适应有更明显的关联。

4 分析与讨论

本研究结果表明，个体取向和集体取向与儿童的社会和心理适应之间的关联存在显著的城乡差异。与农村儿童相比，城市儿童的个人取向与学业和心理适应的联系更显著。与城市儿童相比，农村儿童的集体取向与适应的关联更为紧密。这些结果表明，在中国城市和农村背景下，个体取向和集体取向对儿童的适应有不同的影响。

与农村儿童相比，城市儿童的个体取向得分更高，这一研究结果支持了现代化影响个人信念和价值观的观点(Chen, 2012; Greenfield, 2009; Kagitcibasi, 2012)。中国城市的家长和教师为了帮助孩子更好地适应社会、取得成功，在与孩子的日常互动中鼓励他们发展自主和自信的新行为品质(Chen et al., 2010; Ming, 2008; Yu, 2002)。相比之下，在农村地区，儿童较少受到鼓励发展新行为品质，中国传统价值观在社交活动中更受认可(Chen & Li, 2012; Huang & Du, 2007; Ming, 2008)。城市儿童在集体取向上得分比农村同龄人高，这与研究预期不一致。有研究者认为虽然城市化可能会导致个体独立性和自主性的增加，但它不一定会减少个人对社会联结和归属的需要(Kagitcibasi & Ataca, 2005)。此外，个体导向的价值观可能为个体提供了探索独特品质和增强主动性的机会，这可能会促进群体功能和归属感的建立(Kagitcibasi, 2012; Zeng & Greenfield, 2015)。这一观点与个体取向和集体取向在个体层面上呈正相关的发现相一致，表明有些儿童在这两种价值取向上都保持较高水平。在社会变迁的背景下，研究儿童如何整合不同价值观的构建过程，将是一个有意义的研究方向(Chen, 2015)。

除了个体和集体取向外，城市儿童在生活满意度方面的得分较高，在孤独感和社会焦虑方面的得分较低。根据陈欣银等人(Chen et al., 2014)的研究，近年来，在中国城市中对自信和独立的重视可能增强儿童对不良社会情感经历的应对能力。此外，随着社会变迁，个体有更多机会追求自己的兴趣和个人目标，这反而可能促使城市儿童对其生活环境表现出越来越积极的态度。这种积极的态度，加上提升的自信心，可能会减少孤独感和不满情绪的出现。

本研究结果表明，尽管城市儿童比农村儿童报告了更多的个体和集体取向，但个体和集体取向在预测适应功能方面对于不同群体有着不一样的意义。首先，相比农村群体，城市群体中个体取向与较好的学习成绩和较少的心理问题的关联更显著。这可能是因为，随着中国城市向竞争性、市场化社会的转变，个人独立和其他个体取向的品质越来越被认为是可取的和具有适应性的(Chen & French, 2008; Chen et al., 2012)。相应地，以个体取向方式行事的儿童可能被认为更具有能力，在学校获得社会支持和学业成就方面更具优势。此外，独立及其相关的态度，如自信，可能有助于儿童应对适应中的挫折，减少心理痛苦。竞争激烈的城市环境中的社会变化似乎也塑造了集体取向的意义，尤其体现在其对心理或情绪适应功能中(Kagitcibasi, 2012; Zeng & Greenfield, 2015)。由于集体取向可能有助于社会关系的形成和维持，它有助于儿童发展对自己的积极感受，减少孤独和抑郁等情绪困扰。与此同时，集体取向对儿童的社会和学校的成就并没有起到明显的作用，这些成就在很大程度上主要基于城市背景下的个人竞争力、主动性和自我导向行为。

本研究结果表明，农村儿童的集体取向与社会和心理适应的关系比城市儿童更密切。集体取向与农村儿童的学习成绩和社会地位呈正相关。与城市儿童相比，农村儿童的集体取向与生活满意度呈正相关，与孤独感呈负相关。如前所述，农村家庭和儿童相较于城市地区，接触到的社会变化和新文化价值观较少(Chen al., 2010; Huang & Du, 2007)。在许多农村地区,传统上认可的以群体为导向的价值观继续作为儿童社会交往的准则,包括对个人行为的社会评价(Fuligni & Zhang, 2004; Ming, 2008)。具有较强集体取向的儿童更有可能获得社会认可和地位,在其社会和心理适应中获得社会支持。此外,良好的社会环境可以帮助以群体为导向的儿童在展示他们在社会和学术表现优势时发展自信心。

本研究发现,在城市和农村样本中,女孩的集体取向得分均高于男孩。这一结果与我们的假设以及以往的研究结果一致(Chen et al., 2012)。女孩比男孩更有可能被教导要相互依赖和社会交往(Chen & He, 2004; Maccoby, 1998)。显著的性别差异也体现在社会和心理适应方面,女孩有较高的社会能力,较少的心理问题。以往中国和其他国家的研究中也发现了类似的结果(Chen et al., 1995, 2005; Whiting & Edwards, 1988)。性别差异是否是一个跨文化的普遍现象,需要在未来的研究中进一步调查。

5　局限与结论

本研究存在几点局限性。首先,本研究着重探究了中国城市和农村儿童的个体和集体取向与适应之间的关系。宏观环境对个体发展的影响体现在各种社会条件和个体生活的方方面面,这些方面通常是相互关联的。本研究并没有涉及形成个体和集体取向与适应之间关系的具体背景因素,未来或许可以采用多学科(如社会学、人类学、心理学)和多方法(如定量、人种学、历史学)的方法,以实现对这些问题的深入理解。

第二,本研究关注的是个体和集体取向。还有其他的价值观,如自我控制,与儿童在不同环境中的社会和心理适应密切相关(Chen & French, 2008)。探索其他价值观及其对儿童社会和心理发展的影响将是一个有趣的研究课题。

最后,正如已有研究(Greenfield, 2009; Kagitcibasi & Ataca, 2005)所指出的,许多国家的农村和城市儿童可能有不同的社会化经验。此外,传统社会(如巴西、印度)的城市化可能会带来与中国类似的儿童价值观、态度和适应的变化。这项研究的结果可能有助于我们理解社会背景在这些国家人类发展中的作用。然而,鉴于每个国家都有特定的传统和社会文化,在将我们的结果概括到其他国家时需要谨慎。与此相关,在中国不同的农村或城市地区,社会和经济发展存在着相当大的差异。因此,在将本研究结果推广到中国更大的儿童群体时需要谨慎。更重要的是,未来的研究应对更广泛的农村和城市地区采样。

尽管有局限性,本研究提供了关于中国城市和农村儿童的个体取向和集体取向与社会和心理适应之间不同关系的宝贵信息。研究结果表明,个体取向可能有助于城市儿童的适应,但对农村儿童来说并非障碍;而集体取向可能有利于农村儿童,但对城市儿童来说也并非障碍。这些结果对我们理解人类发展中的个体和集体取向在不同背景下的功能意义作出了重要贡献。

第三节　新冠大流行期间青少年的群体取向与心理健康[①]

1　引言

自世界卫生组织于 2020 年 3 月 11 日宣布新型冠状病毒疾病(COVID-19)为大流行病以来,激增的感染病例严重威胁着公民生命,全球各国医疗卫生保障体系受到重大挑战。为了阻止新冠大流行的蔓延,世界范围内实施了一系列预防控制措施,包括学校关闭、保持社交距离和佩戴口罩等(N. Zhang et al., 2022)。虽然新冠大流行真实影响程度目前尚不清楚,但大量研究表明,新冠大流行可能会对个人心理健康产生持久而深远的影响,特别是对儿童青少年、感染者和疑似感染者、一线医疗工作者、居家隔离人员、老年人(65 岁及以上)、慢性病患者和残疾人等人群(N. Zhang et al., 2022)。儿童和青少年,由于对危机事件理解和应对策略有限,可能在大流行期间更容易受到心理健康问题的侵扰(Dalton et al., 2020)。此外,在线学习和长期居家隔离减少了与同伴和老师互动机会,可能会进一步损害儿童青少年身心健康(Liu et al., 2021; Lichand et al., 2022)。在大流行期间(相对于大流行之前),挪威青少年的抑郁水平更高,对未来生活的乐观程度更低(von Soest et al., 2022)。

价值取向反映了人们生活中优先考虑的事情(Schwartz, 1992),是构建对错或好坏等信念体系的基础。青少年早期是价值取向形成和发展的关键时期,这一时期的青少年容易受社会、学校、家庭和同伴影响(Sagiv & Schwartz, 2022)。新冠大流行极大影响了人们的生活,可能使青少年重新评估核心价值观点和信念(Daniel et al., 2021)。以往研究显示,集体取向与心理健康直接相关,集体取向能够削弱儿童青少年的孤独感和抑郁症状(Liu et al., 2018)。由于城乡之间的地域文化差异,集体取向与心理健康的内在关联可能有所不同(Chen et al., 2012; Liu et al., 2018)。中国传统文化高度重视团结互助、人际往来等集体观念,而新冠大流行期间青少年个体价值取向相比之前会发生怎样的变化? 在此期间青少年集体取向与心理健康的内在关联是否在农村和城市地区有所不同? 本研究试图通过新冠大流行前和期间对青少年样本的追踪研究,来探明这些随环境变化而可能产生的变化。

1.1　早期青少年新冠大流行期间的集体取向

集体取向以关注集体利益和团队和谐为特征(Chen et al., 2012)。在表达观点和感受时,集体取向更高的个体往往会尊重其他成员并给予礼貌回应,而这对于维持群体功能和良好社会关系极为重要(Kitayama et al., 2010)。青少年期是身份认同和自主性发展的重要时期(Kitayama et al., 2010)。随着对自主性和独立性的需求觉醒,青少年通常比成人更愿意改变,

---

[①] 原文出处：Han, X., Xia, Y., Yang, P., Li, D.*, Ding, X., Zhang, R., & Zhang, M*. (2023) Changes in Chinese early adolescents' group orientation and mental health from before to during the COVID-19 pandemic. *Frontiers in Psychology*, 14:1093128. 这部分内容已在原文的基础上做了一些删改。

更看重享乐主义和追求刺激(Alvarez et al., 2021)。作为自我的核心组成部分,虽然价值取向在一生中稳定性较高,但同样具有适应性,尤其是在青少年期,更可能因外部环境而改变(Alvarez et al., 2021; Daniel et al., 2021)。以往研究发现重大的生存威胁可以改变个体的价值取向。经历2008年金融危机(Sortheix et al., 2019)和战争(Daniel et al., 2013)的青少年对保守取向变得更认同,对与其相反的价值取向包括自我导向、刺激和享乐主义的认同减少。最近有研究记录了新冠大流行期间个人价值取向的系统性变化,同样发现在新冠大流行期间,保守取向得到加强,而自我超越价值观(对他人福利的关注)减弱(Daniel et al., 2021; Yu et al., 2022)。

从进化的视角来看,传染病流行下的集体行为反应可能导致个体价值取向产生适应性变化(Thornhill & Fincher, 2014)。为了减少疾病传播,可能激活个体的行为回避系统(比如,减少外群体接触)和加强保护主义(Woltin & Bardi, 2018)。根据恐怖管理理论(Greenberg et al., 1986),世界观防御(Worldview Defense)和对亲密关系(Close Relationship)的投入是面临死亡威胁的重要焦虑缓冲机制,一方面持续的死亡焦虑可能会增强与他人的亲密联系(Mikulincer et al., 2003),但另一方面也会增加维护原有价值取向的意愿(Burke et al., 2013),降低对集体利益的关注(Courtney et al., 2020)。有研究者(Daniel et al., 2021)探讨了新冠大流行爆发后澳大利亚成人价值取向的变化,结果发现对他人利益的认同随着大流行的进程发生变化,从最初的对陌生他人、社会和自然的关心下降,逐渐发展对亲密他人的联系下降。因此,早期青少年的集体取向可能同样会因重大传染病(如COVID-19)等生活逆境而出现下降。

1.2 城乡环境下集体取向与心理健康

中国社会通常被认为是一个集体主义社会,儒家思想是指导人们生活的主要意识形态。传统儒家思想要求人们克制自己行为和情绪,以维持积极的社会关系和集体和谐(例如,Chen et al., 2012)。社会鼓励关注集体,在个人利益与集体利益之间出现冲突时,将集体利益置于个人利益之上(Chen, 2012)。自我控制和重视集体的青少年更容易受到父母、老师和同伴的赞赏。根据已有研究(Lu, 2006),集体取向与中国集体主义文化的社会期望形成了一种"文化契合度"。注重集体取向的青少年往往具有更强的社交能力和自尊,更少的孤独感和抑郁症状(Chen et al., 2012; Liu et al., 2018; Tan et al., 2021; Wang et al., 2018)。

价值取向可能与心理健康产生积极或消极的联系,这取决于所处社会环境(Sagiv & Schwartz, 2022)。如果个人所认同的价值理念有助于克服环境阻碍,价值取向可能会产生或增强与心理健康的积极联系。在新冠大流行之前,中国经历了前所未有的经济改革和城市化进程,极大改变了人们的社会环境(Chen et al., 2005, 2012)。竞争独立和自我导向的观念越来越被城市年轻人所接受(Chen et al., 2005, 2021; Liu et al., 2018)。而对于农村青少年,较高的集体取向仍旧会获得更多社会赞许,体验更少的情绪问题(Chen et al., 2012; Liu et al., 2018),传统儒家文化所认可的集体取向在农村地区仍然很盛行(Liu et al., 2018; Yue et al., 2020)。此外,尽管早期青少年的个性独立和自主性会随着城市化增加,但这并不意味着他们对社会关系和归属感的需求一定会减少(Kagitcibasi & Ataca, 2005)。事实上,强调社会和谐与人际服从等集体取向在现代中国社会中持续存在,某些方面甚至得到加强(Zeng & Greenfield, 2015; Zhou et al., 2018)。一些研究发现,与城市相比,在新冠大流行期间,集体取向对心理健康的保护作用在农村似乎有所增强。例如,在新冠大流行爆发的初始阶段,农村流动儿童和留守儿童的心理健康状况似乎优于城市儿童(e.g., R. Zhang et al., 2022)。另有研究(Zhu et al., 2020)认为在应对不确定性威胁时,不同文化背景青少年的学习方式可能对其心理健康产生深远影响。个人主义文化背景下,个体主要使用个人主导的学习方式(即自由、独立地寻找创新解决方案)来增强控制感;而集体主义文化中,青少年更强调社会主导的学习方式(即尊重和沿用现有解决方案)可能使其在新冠大流行期间获益。研究发现,与美国和日本的参与者相比,在新冠大流行期间,中国参与者对社会层面预防措施(例如学校关闭)表现出更高接受度(Zhu et al., 2021)。

值得关注的是,随着新冠疫情的不断演化,价值取向与心理健康的关系可能会随之发生变化。随着疫情防控趋于稳定,个体价值取向逐渐回复常态(Daniel et al., 2021)。新冠疫情暴发两年后,中国进入病毒低传染性和低死亡率的相对稳定的防控阶段。青少年原初的恐惧和焦虑情绪有所减轻,自我导向的需求开始不断增加(e.g., Yu et al., 2022)。然而,有研究指出当防控措施不断放松后,城市社会交流和经济活动迅速恢复至接近大流行之前,但农村地区复苏进程相对缓慢(Shen et al., 2021),那么这种宏观环境的变化是否会影响集体取向对心理健康的保护作用?这对于青少年集体取向特征的理解以及心理健康问题的干预至关重要。因此,在本研究中,我们探讨了新冠大流行下农村和城市早期青少年群体取向与心理健康的关联程度是否存在新的变化。

1.3 当前研究

新冠大流行极大地影响了青少年的生活,进而可能影响他们对重要事物的看法和信念(Daniel et al., 2021)。本研究主要考察新冠大流行之前和期间青少年集体取向与心理健康的关系,探究二者关联是否随社会文化环境改变而发生变化。使用来自农村和城市的三所普通公立初中学校的两个九年级学生样本:第一个样本调查在 2019 年,第二个样本调查在 2021 年。前者在新冠疫情流行之前一年,后者在流行之后一年。即使疫情隔离期间,中考同样是九年级学生面临的巨大压力。学业成功或失败会减少或增加孤独感和抑郁等心理健康问题(例如,Liu et al., 2018; Tan et al., 2021)。

为揭示青少年价值取向的变化,本研究选择课题团队开发的青少年价值观问卷(AVQ)中的社会平等、集体责任和遵纪守则三个指标来代表集体取向。其中,社会平等代表对社会规范和正义的认可,对社会地位的关注以及对人权的尊重,集体责任体现了对集体利益的关注和偏好,遵纪守则是指对社会规则、法律、传统和习俗的遵守。此前研究发现社会平等、集体责任和遵纪守则与抑郁症状等心理健康问题显著负相关(Li et al., 2018),孤独感和抑郁症状也被看作新冠大流行期间心理健康问题的重要指标(例如,Brooks et al., 2020)。

基于以往的理论和实证研究(例如,Daniel et al., 2021; Yu et al., 2022),本研究首先假设在新冠大流行爆发后,青少年的社会平等和集体责任下降,遵纪守则增加。其次,根据有关城乡差异的文献(例如,Liu et al., 2018; Zhu et al., 2020, 2021),假设青少年集体取向特别是集体责任与心理健康之间的关系在农村比城市环境中更强。

2 研究方法

2.1 研究对象

本研究选取三所学校,其中,两所位于城市(山东省烟台市和上海市),一所位于农村(河南省安阳市)。第一次调查样本(2019年11月,新冠大流行之前)包括516名九年级学生(48.8%女生,69.4%城市,$M_{年龄}=14.87$岁,$SD=0.54$岁)。66.9%的父亲和73.7%的母亲初中及以下学历,28.2%的父亲和21.1%的母亲高中学历,其余为大专或本科及以上学历。两年后(2021年11月,新冠大流行期间),第二次调查样本包括655名九年级学生(48.1%女生,56.8%城市,$M_{年龄}=14.80$岁,$SD=0.57$岁)。59.9%的父亲和64.8%的母亲初中及以下学历,25.8%的父亲和21.9%的母亲高中学历,其余为大专或本科及以上学历。农村和城市青少年在年龄($t(1125)=1.89, p>0.05$)或性别($\chi^2(1)=0.07, p>0.05$)上没有显著差异,但城市父亲($\chi^2(2)=141.66, p<0.001$)和母亲($\chi^2(2)=105.77, p<0.001$)高中学历及以上学历高于农村。样本中的父母教育水平与该地区普通人口父母教育水平相似(安阳统计局,2021;上海统计局,2021;烟台统计局,2021)。两个样本中的大多数参与者为汉族(超90%),多数参与者都是本地居民(超80%)。

2.2 测量指标

2.2.1 集体取向

采用王晓峰等人(2018)开发的青少年价值观问卷评估青少年的群体取向。原量表包括46个条目八个维度,每个条目描述的是一个人的观点或信念,被试需要报告该观点或信念与自身观点或信念的匹配程度,从1(根本不像我)到5(非常像我)的五点计分进行回答。本研究选取以下三个维度作为集体取向指标:社会平等(6个条目,例如,"他/她认为无论什么种族、性别、地位等等,人都是平等的");集体责任(7个条目,例如,"他/她人们可以为了集体而放弃自己的利益");遵纪守则(5个条目,例如,"他/她认为每个人都要遵纪守法")。标准化因子载荷范围为0.468至0.836,新冠大流行前和期间的三因子模型拟合优度均可接受的:$\chi^2(129)=308.486$和376.825,CFI=0.929和0.940,RMSEA=0.052和0.054,SRMR=0.044和0.039。三个维度两次调查的内部一致性系数分别为0.826、0.849、0.836和0.885、0.872、0.876。

2.2.2 孤独感

采用伊利诺斯孤独感量表(Illinois Loneliness Questionnaire; Asher et al., 1984)测量早期青少年的孤独感。量表包括16个题目(如"我感到孤独"),5点计分,反向题经过转换之后,求得量表平均分,被试得分越高,说明孤独感越强烈。该量表在中国青少年群体中呈现出较好的信效度(Liu et al., 2021)。新冠大流行前和期间的单因子模型拟合优度均可接受的:$\chi^2(92)=226.93$和300.50,CFI=0.942和0.940,RMSEA=0.053和0.059,SRMR=0.047和0.057。孤独感的内部一致性系数分别为0.862和0.877。

2.2.3 抑郁症状

采用儿童抑郁量表(Childhood Depression Inventory; Kovacs, 1985; Chen et al., 2001)测量早期青少年的抑郁水平。量表包括14个项目,内容涉及睡眠失调、食欲不振、自杀意念等多种典型抑郁症状。采用3级记分,反向题经过转换之后,求得量表平均分,被试得分越高,说明抑郁水平越高。该量表在中国青少年群体中呈现较好的信效度(Liu et al., 2014)。新冠大流行前和期间的单因子模型拟合优度均可接受的: $\chi^2(73)=175.56$ 和 187.12, CFI=0.926 和 0.944, RMSEA=0.052 和 0.049, SRMR=0.043 和 0.039。抑郁症状的内部一致性系数分别为 0.856 和 0.867。

2.3 施测程序

征得校方同意后,于2019年11月(新冠疫情暴发前)和2021年11月(疫情暴发约两年)对相同地区相同学校进行数据采集,城市和农村的施测程序相同。所有施测人员都是发展与教育心理学专业的博士或硕士生。收集数据之前,他们接受了心理评估方面的培训。在进行问卷调查时,向学生和父母/法定监护人解释了研究目的,数据保密,参与的自愿性原则等。所有参与学生及其家长(或法定监护人)均签署知情同意书。

2.4 数据分析

首先,进行集体取向、孤独感和抑郁症状的测量不变性检验。其中,集体取向中的社会平等、集体责任和遵纪守则,以及孤独感和抑郁症状的潜因子结构均是基于量表的条目。然后,采用结构方程模型检验集体取向对孤独感和抑郁症状的主效应。最后,通过一系列的跨组不变性检验,评估集体取向各指标与心理健康指标间的城乡差异及疫情前后差异。通过 Wald 卡方检验计算,如果约束模型(所有路径不同组间设置相等)和无约束模型(所有路径不同组间自由估计)差异显著,表明路径系数不可以被认为是跨组相等的。结构方程模型和跨组不变性检验中,控制青少年性别和父母教育水平(父母教育水平的平均值),且所有分析均值在 Mplus 7.4 中进行(Muthén & Muthén, 2012)。总体模型拟合指数选取四个指标:卡方拟合优度、CFI、RMSEA 和 SRMR。可接受的模型拟合优度标准是: CFI≥0.90、RMSEA≤0.06 和 SRMR≤0.08(Hu & Bentler, 1999)。此外,我们还报告了95%的偏差校正置信区间(95% CI),如果 95% CI 不包括零则表示满足显著性条件(MacKinnon et al., 2004)。

3 结果

3.1 测量不变性检验

采用一系列约束模型比较评估集体取向各指标、孤独感和抑郁症状在城乡、疫情前后时间和性别间的测量不变性。使用卡方值和 CFI、RMSEA 和 SRMR 值的变化量来表示测量不变性(Chen, 2007)。本研究评估各变量的因子载荷和截距不变性。对于因子载荷不变性的检验,如果 ΔCFI≥0.010, ΔRMSEA≥0.015, 或 ΔSRMR≥0.030 则表示异质性;对于截距不变性,如果 ΔCFI≥0.010, ΔRMSEA≥0.015, 或 ΔSRMR≥0.010 则表示异质性(Chen, 2007)。结果表明集体取向、孤独感和抑郁症状在不同组别间满足因子载荷和(部分)截距不变性。

3.2 描述性统计分析

所有条目缺失率均不超过 2.39%。Little MCAR 检验(Rubin, 1976)显示数据为完全随机缺失($\chi^2(60)=76.85, p>0.05$)。参照以往研究(例如,Graham, 2009)使用全信息最大似然估计(full information maximum likelihood estimation)来处理缺失数据。采用多变量方差分析(multivariate analysis)检验各变量在性别、新冠大流行前—期间以及城乡上的差异。结果表明,城乡(Wilks' $\lambda=0.945, F(5,1149)=13.37, p<0.001, \eta_p^2=0.055$),大流行前—期间(Wilks' $\lambda=0.976, F(5,1149)=5.71, p<0.001, \eta_p^2=0.024$)和性别(Wilks' $\lambda=0.944, F(5,1149)=13.52, p<0.001, \eta_p^2=0.056$)的主效应显著。城乡与大流行前—期间的交互项显著(Wilks' $\lambda=0.990, F(5,1149)=2.24, p<0.05, \eta_p^2=0.010$),其他交互项均不显著。

紧接着单变量分析(univariate analyses)显示,大流行之前社会平等($F(1,1153)=21.28, p<0.001, \eta_p^2=0.018$)、集体责任($F(1,1153)=12.72, p<0.001, \eta_p^2=0.011$)和遵纪守则($F(1,1153)=16.32, p<0.001, \eta_p^2=0.014$)更高,大流行期间孤独感($F(1,1153)=9.00, p<0.01, \eta_p^2=0.008$)和抑郁症状($F(1,1153)=12.86, p<0.001, \eta_p^2=0.011$)更高。城市学生的社会平等($F(1,1153)=15.12, p<0.001, \eta_p^2=0.011$)、集体责任($F(1,1153)=12.39, p<0.001, \eta_p^2=0.011$)和遵纪守则($F(1,1153)=48.10, p<0.001, \eta_p^2=0.040$)更高,农村学生的孤独感($F(1,1153)=4.85, p<0.05, =0.004$)更高。女孩社会平等($F(1,1153)=17.65, p<0.001, \eta_p^2=0.015$)和遵纪守则($F(1,1153)=10.67, p<0.001, \eta_p^2=0.009$)、孤独感($F(1,1153)=9.23, p<0.01, \eta_p^2=0.008$)和抑郁症状($F(1,1153)=21.32, p<0.001, \eta_p^2=0.018$)均高于男孩。农村学生新冠大流行之前集体责任和遵纪守则均高于大流行期间。集体取向和心理健康问题的均值和标准差见表 6-10。

表 6-10 集体取向和心理健康问题的均值和标准差($M \pm SD$)

变量	城市				农村			
	疫情前		疫情期间		疫情前		疫情期间	
	女	男	女	男	女	男	女	男
社会平等	4.53±0.57	4.37±0.65	4.45±0.68	4.19±0.86	4.48±0.53	4.24±0.7	4.12±0.75	4.03±0.84
集体责任	4.03±0.71	3.94±0.74	3.96±0.77	3.97±0.84	3.98±0.68	3.95±0.69	3.60±0.70	3.71±0.77
遵纪守则	4.47±0.66	4.31±0.70	4.10±0.69	4.22±0.85	4.31±0.63	4.07±0.80	3.91±0.80	3.84±0.89
孤独感	2.06±0.73	2.00±0.64	2.19±0.71	2.00±0.74	2.11±0.64	2.01±0.52	2.34±0.66	2.17±0.73
抑郁症状	1.55±0.39	1.40±0.33	1.60±0.38	1.46±0.34	1.44±0.31	1.43±0.27	1.59±0.37	1.49±0.36

如表 6-11 所示,皮尔逊相关分析表明,城市青少年社会平等、集体责任和遵纪守则与孤独感和抑郁症状呈负相关。农村青少年疫情前社会平等、集体责任和遵纪守则与孤独感显著负相关,疫情期间仅集体责任与抑郁症状呈负相关。此外,父母教育水平和青少年性别均与孤

独感和抑郁症状呈负相关,父母教育水平与集体取向各指标正相关,故后续分析中控制了父母教育水平和青少年性别的影响。

表6-11 各变量的相关分析

变量	1	2	3	4	5	6	7
疫情前							
1. 社会平等	1.00	0.73***	0.73***	−0.35***	−0.24***	0.19***	−0.13*
2. 集体责任	0.65***	1.00	0.67***	−0.42***	−0.25***	0.25***	−0.06
3. 遵纪守则	0.74***	0.71***	1.00	−0.36***	−0.27***	0.13*	−0.12*
4. 孤独感	−0.29***	−0.36***	−0.32***	1.00	0.63***	−0.13*	−0.04
5. 抑郁症状	−0.21**	−0.29***	−0.27***	0.61***	1.00	−0.07	−0.21***
6. 父母教育水平	0.02	0.02	−0.02	−0.16	0.03	1.00	−0.08
7. 性别	−0.19*	−0.03	−0.15	−0.08	−0.02	0.002	1.00
疫情期间							
1. 社会平等	1.00	0.77***	0.82***	−0.32***	−0.26***	0.13*	−0.17**
2. 集体责任	0.75***	1.00	0.77***	−0.47***	−0.40***	0.10	0.01
3. 遵纪守则	0.76***	0.71***	1.00	−0.35***	−0.33***	0.14*	−0.11*
4. 孤独感	−0.16**	−0.29***	−0.13*	1.00	0.62***	−0.11*	−0.13*
5. 抑郁症状	−0.07	−0.14*	−0.08	0.54***	1.00	−0.001	−0.19***
6. 父母教育水平	0.01	−0.001	0.02	−0.06	−0.09	1.00	−0.06
7. 性别	−0.06	0.07	−0.04	−0.12*	0.14*	0.09	1.00

注:上三角为城市群体,下三角为农村群体;性别(0=女,1=男)。* $p<0.05$,** $p<0.01$,*** $p<0.001$。

3.3 集体取向预测心理健康的跨组比较

首先,结构方程模型检验结果表明,社会平等、集体责任和遵纪守则与孤独感($\beta=-0.40\sim-0.30, ps<0.001$)和抑郁症状($\beta=-0.35\sim-0.28, ps<0.001$)显著负向关联。集体取向对心理健康问题的主效应分析结果见表6-12。

表6-12 集体取向对心理健康问题的主效应模型拟合

路径	β	SE	t	95% CI	拟合指数				
					χ^2	df	RMSEA	CFI	SRMR
SE on LN	−0.30	0.04	−7.96***	−0.37, −0.22	1 649.75	615	0.038	0.926	0.052
SE on DS	−0.28	0.04	−7.39***	−0.36, −0.21					
GR on LN	−0.40	0.04	−11.07***	−0.47, −0.33	1 830.00	660	0.039	0.919	0.056

续 表

路径	β	SE	t	95% CI	拟合指数				
					χ^2	df	RMSEA	CFI	SRMR
GR on DS	−0.35	0.04	−9.95***	−0.41, −0.28					
RA on LN	−0.32	0.04	−8.70***	−0.39, −0.25	1 689.14	589	0.040	0.920	0.054
RA on DS	−0.31	0.04	−8.41***	−0.38, −0.24					

注:LN:孤独感;DS:抑郁症状;SE:社会平等;GR:集体责任;RA:遵纪守则。* $p<0.05$,** $p<0.01$,*** $p<0.001$。

接下来,通过一系列跨组不变性检验考察集体取向与心理健康之间的关联。集体取向关联心理健康问题各模型在农村—城市群体中均具有可接受的拟合优度($\chi^2/df=1.90\sim2.01$,RMSEA<0.042,CFI>0.915,SRMR<0.059)。Wald 卡方检验表明,整体而言,集体取向与心理健康问题关联的强度存在城乡差异(社会平等:$\chi^2(2)=11.41$,$p<0.01$;集体责任:$\chi^2(2)=7.79$,$p<0.05$;遵纪守则:$\chi^2(2)=9.54$,$p<0.01$)。进一步分析表明,城市社会平等、集体责任和遵纪守则与孤独感和抑郁症状的关联均强于农村($\chi^2(1)=4.94\sim14.46$,$ps<0.05$)。集体取向与心理健康问题关系的城乡差异见表6-13。

表6-13 集体取向与心理健康问题关系的城乡差异

路径	农村				城市				$\chi^2(1)$
	β	SE	t	95%CI	β	SE	t	95%CI	
SE on MHP									
SE on LN	−0.19	0.06	−3.01**	−0.32, −0.07	−0.37	0.05	−8.19***	−0.46, −0.28	12.91***
SE on DS	−0.18	0.07	−2.49*	−0.32, −0.04	−0.36	0.04	−8.45***	−0.44, −0.28	8.89**
GR on MHP									
GR on LN	−0.28	0.06	−4.60***	−0.40, −0.16	−0.47	0.05	−10.38***	−0.55, −0.38	7.08**
GR on DS	−0.23	0.07	−3.42***	−0.36, −0.10	−0.42	0.04	−10.67***	−0.50, −0.34	6.44*
RA on MHP									
RA on LN	−0.21	0.06	−3.33***	−0.33, −0.09	−0.39	0.04	−9.02***	0.48, −0.31	8.75**
RA on DS	−0.20	0.07	−3.01**	−0.33, −0.07	−0.40	0.04	−9.73***	−0.48, −0.32	7.93**

注:MHP:心理健康问题;LN:孤独感;DS:抑郁症状;SE:社会平等;GR:集体责任;RA:遵纪守则。* $p<0.05$,** $p<0.01$,*** $p<0.001$。

最后,进一步比较集体取向影响心理健康问题程度的城乡差异在大流行之前和期间是否存在显著差异(见表6-14)。Wald卡方检验表明,总体而言,社会平等、集体责任以及遵纪守则对心理健康问题预测的城乡差异在疫情之前和期间存在显著差异。后续检验结果表明,疫情之前,社会平等、集体责任和遵纪守则均与孤独感和抑郁症状呈负向关联,且不存在城乡差异;但疫情期间,城市青少年在社会平等、集体责任和遵纪守则对孤独感和抑郁症状的负向预测均显著高于农村($\chi^2(1)=7.08\sim13.77, ps<0.01$)。

表6-14 城乡之间集体取向与心理健康问题相关程度的大流行之前和期间差异

路径	农村				城市				$\chi^2(1)$
	β	SE	t	95%CI	β	SE	t	95%CI	
SE on MHP									
Bef: SE on LN	−0.43	0.13	−3.40***	−0.68, −0.18	−0.39	0.07	−5.82***	−0.53, −0.26	1.21
Dur: SE on LN	−0.10	0.08	−1.34	−0.25, 0.05	−0.35	0.06	−5.56***	−0.47, −0.23	12.63***
Bef: SE on DS	−0.37	0.13	−2.78**	−0.64, −0.11	−0.32	0.07	−4.97***	−0.45, −0.20	1.67
Dur: SE on DS	−0.09	0.09	−0.96	−0.26, 0.09	−0.36	0.06	−5.94***	−0.48, −0.24	8.71**
GR on MHP									
Bef: GR on LN	−0.35	0.10	−3.46***	−0.55, −0.15	−0.44	0.06	−6.77***	−0.56, −0.31	1.11
Dur: GR on LN	−0.22	0.08	−2.90**	−0.42, −0.07	−0.48	0.06	−7.47***	−0.60, −0.35	7.08**
Bef: GR on DS	−0.34	0.11	−3.13**	−0.56, −0.13	−0.36	0.06	−6.18***	−0.47, −0.24	0.89
Dur: GR on DS	−0.15	0.09	−1.74	−0.32, 0.02	−0.47	0.05	−8.85***	−0.57, −0.37	7.98**
RA on MHP									
Bef: RA on LN	−0.44	0.11	−3.86***	−0.66, −0.22	−0.41	0.06	−6.65***	−0.53, −0.29	0.28
Dur: RA on LN	−0.10	0.08	−1.32	−0.26, 0.05	−0.36	0.06	−5.82***	−0.49, −0.24	11.88***
Bef: RA on DS	−0.44	0.12	−3.63***	−0.67, −0.20	−0.36	0.06	−6.32***	−0.47, −0.25	0.07
Dur: RA on DS	−0.09	0.08	−1.07	−0.25, 0.07	−0.43	0.06	−7.21***	−0.54, −0.31	13.77***

注:Bef:疫情前;Dur:疫情期间;MHP:心理健康问题;LN:孤独感;DS:抑郁症状;SE:社会平等;GR:集体责任;RA:遵纪守则。* $p<0.05$, ** $p<0.01$, *** $p<0.001$。

4 分析与讨论

通过对中国新冠疫情大流行之前和大流行期间农村和城市青少年的问卷调查，结果发现，与大流行前相比，大流行期间青少年表现出较低的集体取向与较高的孤独感和抑郁症状。更重要的是，城市青少年集体取向与心理健康的关联程度比农村更强。集体取向对心理健康的保护作用似乎只在农村地区削弱了。说明当面临新冠疫情威胁时，城市和农村青少年的集体取向和心理健康存在不同程度的关联。

青少年孤独感和抑郁症状在大流行期间明显高于大流行之前，说明大流行对心理健康产生负面影响，新冠大流行期间相关的限制措施也与这种影响有关（Liu et al., 2021）。此外，与之前的研究一致（e.g., Chen et al., 2012），女孩比男孩报告更高的集体取向、孤独感和抑郁症状。

新冠大流行爆发近两年后，青少年的社会平等和集体责任观念有所下降。这可能与社会层面的疾病预防措施限制了个人利他和合作等自我超越行为有关（Daniel et al., 2021），也可能是因为过度担心而导致社交退缩（Seligman, 1972）。总之，在持续性危机事件中，关注自我保护和人身安全可能导致关注他人减少。此外，与之前的假设不一致，农村青少年集体责任和遵纪守则在大流行期间下降。虽然在农村地区实施了更严格的社会层面预防措施导致感染率非常低，但缺乏疾病预防知识使个体疏于防范，不愿或不记得戴口罩和洗手等防疫措施，这可能会抑制农村青少年对集体责任和遵纪守则等价值取向的认同。

与早期研究结果一致（例如，Li et al., 2018），疫情之前，农村与城市青少年在集体取向与心理健康之间的关联并没有太大差异。然而在疫情期间，农村（而非城市）地区青少年集体取向各个方面对心理健康的保护作用减弱甚至消失。这一发现不同于以往农村集体取向更有利于心理健康的研究结论（Chen et al., 2012；Liu et al., 2018）。这可能与外部威胁压力随时间变化有关。在新冠大流行的早期阶段，无论是在城市还是农村地区，都实施严格公共卫生措施，诸如限制个人的活动空间，保持尽量少的社会联系等，这些举措可能增加个体产生孤独感和抑郁情绪的风险（Pfefferbaum & North, 2020），却由于家庭成员大多时间都在家里，反而加强了亲子间的人际联结，农村流动儿童和留守儿童的心理幸福感似乎也高于城市儿童（R. Zhang et al., 2022）。然而，在疫情暴发近两年后，病毒传播得到有效遏制，城市各方面功能得到迅速恢复，农村地区却恢复或发展缓慢，很多现实问题未得到解决（Shen et al., 2021）。持续的不确定性和控制感的降低使得一些农村青少年越来越不关心集体利益，似乎产生习得性无助（Seligman, 1972）。与城市相比，农村青少年在预防心理健康问题方面获益较少。

以往研究表明，新冠大流行背景下，激发集体取向可以促进青少年的亲社会行为（e.g., Russo et al., 2022）。存在主义积极心理学（Wong et al., 2021）认为，在不确定性的世界中，人类可以通过转变痛苦和对他人的关心来获得内心的充盈。本研究结果提示社会文化背景在价值取向和心理健康关系中的重要作用，但仍存在一些局限，未来需要进一步加强研究。首先，本研究仅探究新冠流行期间青少年集体取向和心理健康的关系，并未阐明价值取向如何影响心理健康。未来的研究应该考察群体取向影响心理健康的内在机制，例如是否可以通过亲社会行为缓解心理健康问题等(Russo et al., 2022)。其次,本研究只关注集体取向而没有涉及时尚潮流、享受快乐等个体价值取向。以往研究发现,集体主义和个人主义取向在中国年轻人中并存(Tan et al., 2021),因此未来可以进一步探究个体价值取向与心理健康指标的关系。第三,本研究的横断设计、单一被试群体(仅九年级学生),虽有流行前和流行期间两个时间点的数据对比,还是难以得出因果结论,并限制了研究结果的推广。最后,使用自我报告调查价值取向可能难以提供完整的信息,未来研究应该结合使用其他方法,例如借助文本分析等(Sagiv & Schwartz, 2022)。

5 总结

总体而言,在持续影响生活许多领域的危机中,环境条件可能会导致早期青少年价值取向发生变化,并可能对心理健康产生长期影响。相比新冠疫情之前,新冠大流行期间,青少年的群体取向认同变低,孤独感和抑郁情绪增多。大流行期间,城市青少年的集体取向对孤独感和抑郁症状的积极影响要强于农村。这些结果表明,在持续危机事件期间,青少年价值取向及其与心理健康的关系可能会发生不同的变化,社会文化环境可能在塑造青少年价值取向和心理健康方面发挥重要作用。

参考文献

岑国桢. (2007). 青少年主流价值观:心理学的探索. 上海:上海教育出版社.
景跃军,李雪. (2014). 我国城乡居民收入区域差异分析与对策. 经济与管理, 28(2), 34 – 38.
李伯黍,燕国材. (2010). 教育心理学. 上海:华东师范大学出版社.
李丹,刘俊升. (2014). 健康心理学. 上海:上海教育出版社.
李文钊. (2014). 维护城市的行政体制、身份歧视与中国城乡差异. 南京社会科学, 6, 81 – 87.
龙瀛,吴康,王江浩. (2015). 中国收缩城市及其研究框架. 现代城市研究, 9, 14 – 19.
王雪,李丹. (2016). 儿童社会能力的发展——社会环境和变迁的视角. 心理科学, 39, 1177 – 1183.
Allport, G. W., & Vernon, P. E. (1931). *A study of values*. Boston: Houghton Mifflin.
Alvarez, E., Tendais, I., Ramos, A., Rodrigues, R., Costa, L. P., Cavadas, M., et al. (2021). The development of social values in childhood and early adolescence: A systematic review. *PsyArXiv Preprints*.
Asher, S. R., Hymel, S., & Renshaw, P. D. (1984). Loneliness in children. *Child Development, 55*, 1456 – 1464.
Brogden, H. E. (1952). The primary personal values measured by the Allport Vernon test, "a study of values". *Psychological Monographs, 66*(16), 1 – 31.
Bronfenbrenner, U., & Morris, P. A. (2006). The bioecological model of human development. In W. Damon & R. M. Lerner (Eds.), *Handbook of child psychology: Theoretical models of human development* (pp. 793 – 827). Hoboken, NJ: Wiley.
Brooks, S. K., Webster, R. K., Smith, L. E., Woodland, L., Wessely, S., Greenberg, N., et al. (2020). The psychological impact of quarantine and how to reduce it: Rapid review of the evidence. *The Lancet, 395*, 912 – 920.
Bureau of Statistics of Shanghai (2021). Shanghai statistical yearbook 2021. *Bureau of Statistics of*

Huangshan of China.

Bureau of Statistics of Yantai (2021). Yantai statistical yearbook 2021. *Bureau of Statistics of Yantai of China.*

Burke, B. L., Kosloff, S., & Landau, M. J. (2013). Death goes to the polls: A meta-analysis of mortality salience effects on political attitudes. *Political Psychology, 34*, 183–200.

Chen W., Liu J., Li D., & Chen X. (2018). Developmental trajectories of early adolescents' cultural values in the new era: The effect of peer acceptance. *Journal of Psychological Science, 41*, 1302–1309.

Chen, F. F. (2007). Sensitivity of goodness of fit indexes to lack of measurement invariance. *Structural Equation Modeling, 14*, 464–504.

Chen, X. (2012). Human development in the context of social change: Introduction. *Child Development Perspectives, 6*, 321–325.

Chen, X. (2015). Exploring the implications of social change for human development: Perspectives, issues and future directions. *International Journal of Psychology, 50*(1), 56–59.

Chen, X., & French, D. C. (2008). Children's social competence in cultural context. *Annual Review of Psychology, 59*, 591–616.

Chen, X., & He, H. (2004). The family in mainland China: Structure, organization, and significance for child development. In J. L. Roopnarine & U. P. Gielen (Eds.), *Families in Global Perspective* (pp. 51–62). Boston, MA: Allyn and Bacon.

Chen, X., & Li, D. (2012). Parental encouragement of initiative-taking and adjustment in Chinese children from rural, urban, and urbanized families. *Journal of Family Psychology, 26*, 927–936.

Chen, X., Bian, Y., Xin, T., Wang, L., & Silbereisen, R. K. (2010). Perceived social change and childrearing attitudes in China. *European Psychologist, 15*, 260–270.

Chen, X., Cen, G., Li, D., & He, Y. (2005). Social functioning and adjustment in Chinese children: The imprint of historical time. *Child Development, 76*(1), 182–195.

Chen, X., Chen, X., Zhao, S., Way, N., Yoshikawa, H., Zhang, G., et al. (2021). Autonomy- and connectedness-oriented behaviors of toddlers and mothers at different historical times in urban China. *Developmental Psychology, 57*, 1254–1260.

Chen, X., He, Y., & Li, D. (2004). Self-perceptions of social competence and self-worth in chinese children: Relations with social and school performance. *Social Development, 13*(4), 570–589.

Chen, X., Liu, J., Ellis, W. E., & Zarbatany, L. (2016). Social sensitivity and adjustment in Chinese and canadian Children. *Child Development, 87*(1), 1115–1129.

Chen, X., Rubin, K. H., & Li, B. (1995). Social and school adjustment of shy and aggressive children in China. *Development & Psychopathology, 7*(2), 337–349.

Chen, X., Rubin, K. H., & Sun, Y. (1992). Social reputation and peer relationships in Chinese and Canadian children: A cross-cultural study. *Child Development, 63*(6), 1336–1343.

Chen, X., Rubin, K. H., Liu, M., Chen, H., Wang, L., Li, D., ... & Li, B (2003). Compliance in Chinese and Canadian toddlers. *International Journal of Behavioral Development, 27*, 428–436.

Chen, X., Wang, L., & Liu, J. (2012). Adolescent cultural values and adjustment in the changing Chinese society. In G. Trommsdorff & X. Chen (Eds.), *Values, religion, and culture in adolescent development* (pp. 235–252). Cambridge: Cambridge University Press.

Chen, X., Wang, L., Li, D., & Liu, J. (2014). Loneliness in Chinese children across contexts. *Developmental Psychology, 50*, 2324–2333.

Cheung, G. W. (2008). Testing equivalence in the structure, means, and variances of higher-order constructs with structural equation modeling. *Organizational Research Methods*, 11, 593–613.

Chirkov, V. I., & Ryan, R. M. (2001). Parent and teacher autonomy-support in Russian and US adolescents: Common effects on well-being and academic motivation. *Journal of Cross-Cultural Psychology*, 32, 618–635.

Coll, C. G., Lamberty, G., Jenkins, R., Mcadoo, H. P., Crnic, K., & Wasik, B. H., et al. (1996). An integrative model for the study of developmental competencies in minority children. *Child Development*, 67(5), 1891–1914.

Coplan, R. J., Liu, J., Cao, J., Chen, X., & Li, D. (2017). Shyness and school adjustment in Chinese children: The roles of teachers and peers. *School Psychology Quarterly*, 32, 131–142.

Courtney, E. P., Goldenberg, J. L., & Boyd, P. (2020). The contagion of mortality: A terror management health model for pandemics. *Br J Soc Psychol*. 59, 607–617.

Dalton, L., Rapa, E., and Stein, A. (2020). Protecting the psychological health of children through effective communication about COVID-19. *The Lancet Child & Adolescent Health*, 4, 346–347.

Daniel, E., Bardi, A., Fischer, R., Benish-Weisman, M., and Lee, J. A. (2021). Changes in personal values in pandemic times. *Social Psychological and Personality Science*, 13(2), 572–582.

Daniel, E., Fortuna, K., Thrun, S. K., Cioban, S., and Knafo, A. (2013). Brief report: Early adolescents' value development at war time. *Journal of Adolescence*, 36, 651–655.

Diesendruck, G., & Markson, L. (2011). Children's assumption of the conventionality of culture. *Child Development Perspectives*, 5, 189–195.

Dodge, K. A., Coie, J. D., & Lynam, D. (2006). Aggression and antisocial behavior in youth. In N. Eisenberg (Ed.), *Handbook of child psychology: Vol. 3. Social, emotional, and personality development* (6th ed., pp. 719–788). New York, NY: Wiley.

Dubler, M. L., & Gurel, L. M. (1984). Depression: Relationships to clothing and appearance self-concept. *Family and Consumer Sciences Research Journal*, 13(1), 21–26.

Eisenberg, N., Fabes, R. A., & Spinrad, T. L. (2006). Prosocial development. In N. Eisenberg (Ed.), *Handbook of child psychology: Vol. 3. Social, emotional, and personality development* (pp. 646–718). New York, NY: Wiley.

Fuligni, A. J., & Zhang, W. (2004). Attitudes toward family obligation among adolescents in contemporary urban and rural China. *Child Development*, 75, 180–192.

García, C., Rivera, N., & Greenfield, P. M. (2015). The decline of cooperation, the rise of competition: Developmental effects of long-term social change in Mexico. *International Journal of Psychology Journal International of Psychology*, 50(1), 6–11.

Graham, J. W. (2009). Missing data analysis: Making it work in the real world. *Annual Review of Psychology*, 60, 549–576.

Greenberg, J., Pyszczynski, T., and Solomon, S. (1986). "The causes and consequences of a need for self-esteem: A terror management theory" in *Public Self and Private Self*, ed. R. F. Baumeister (New York, NY: Springer New York), 189–212.

Greenfield, P. M. (2009). Linking social change and developmental change: Shifting pathways of human development. *Developmental Psychology*, 45(2), 401–418.

Greenfield, P. M. (2013). The changing psychology of culture from 1800 through 2000. *Psychological Science*, 24(9), 1722–1731.

Greenfield, P. M., Suzuki, L. K., & Rothstein-Fisch, C. (2006). Cultural pathways through human development. In K. A. Renninger, I. E. Sigel, W. Damon, & R. M. Lerner (Eds.), *Handbook of child psychology: Child psychology in practice* (pp. 655–699). Hoboken, NJ, US: John Wiley &

Sons Inc.

Guo, L., Yao, Y., & Yang, B. (2006). Adaptation of migrant children to the city: A case study at a migrant children school in Beijing. *Youth Study, 3*, 22-31.

Hightower, A. D., Work, W. C., Cohen, E. L., Lotyczewski, B. S., Spinell, A. P., Guare, J. C., & Rohrbeck, C. A. (1986). The Teacher-Child Rating Scale: A brief objective measure of elementary children's school problem behaviors and competencies. *School Psychology Review, 15*, 393-409.

Hirai, R., Frazier, P., & Syed, M. (2015). Psychological and sociocultural adjustment of first-year international students: Trajectories and predictors. *Journal of Counseling Psychology, 62*(3), 438-452.

Hong, Y. Y., Morris, M. W., Chiu, C. Y., & Benet-Martínez, V. (2000). Multicultural minds: A dynamic approach to culture and cognition. *American Psychologist, 55*(7), 709-20.

Hu, L., & Bentler, P. M. (1999). Cutoff criteria for fit indexes in covariance structure analysis: Conventional criteria versus new alternatives. *Structural Equation Modeling, 6*, 1-55.

Huebner, E. S. (1991). Initial development of the student's life satisfaction scale. *School Psychology International, 12*, 231-240.

Jose, P. E., Huntsinger, C. S., Huntsinger, P. R., & Liaw, F. (2000). Parental values and practices relevant to young children's social development in Taiwan and the United States. *Journal of Cross-Cultural Psychology, 31*, 677-702.

Kagitcibasi, C. (2012). Sociocultural change and integrative syntheses in human development: Autonomous-related self and social-cognitive competence. *Child Development Perspectives, 6*, 5-11.

Kagitcibasi, C., & Ataca, B. (2005). Value of children and family change: A three-decade portrait from Turkey. *Applied Psychology: An International Review, 54*, 317-337.

Kitayama, S., Karasawa, M., Curhan, K. B., Ryff, C. D., & Markus, H. R. (2010). Independence and interdependence predict health and wellbeing: Divergent patterns in the United States and Japan. *Frontiers in Psychology, 1*, 163.

Kluckhohn, C. (1951). Values and value-orientations in the theory of action. In T. Parsons & E. A. Shils (Eds.), *Toward a general theory of action* (pp. 388-433). Cambridge, MA: Harvard University Press.

Knafo, A., & Schwartz, S. H. (2011). Identity formation and parent-child value congruence in adolescence. *British Journal of Developmental Psychology, 22*(3), 439-458.

Kovacs, M. (1985). The children's depression, inventory (CDI). *Psychopharmacology bulletin, 21*, 995-998.

Kovacs, M. (1992). *The Children's Depression Inventory (CDI)*. Manual. Toronto: Multi-Health Systems.

Li, D., Zhou, T., Liu, J., Dai, Y., Chen, M., & Chen, X. (2018). Values of adolescent across regions in China: Relations with social, school, and psychological adjustment. *Journal of Psychological Science 41*, 1292-1301.

Lichand, G., Doria, C. A., Leal-Neto, O., & Fernandes, J. P. C. (2022). The impacts of remote learning in secondary education during the pandemic in Brazil. *Nature Human Behaviour, 6*, 1079-1086.

Liu, J., Coplan, R. J., Chen, X., Li, D., Ding, X., & Zhou, Y. (2014). Unsociability and shyness in Chinese children: Concurrent and predictive relations with indices of adjustment. *Social Development, 23*(1), 119-136.

Liu, J., Coplan, R. J., Ooi, L. L., Chen, X., & Li, D. (2015). Examining the implications of social anxiety in a community sample of mainland Chinese children. *Journal of Clinical Psychology, 71*, 979–993.

Liu, X., Fu, R., Li, D., Liu, J., & Chen, X. (2018). Self- and group-orientations and adjustment in urban and rural chinese children. *Journal of Cross-Cultural Psychology, 49*(9), 1440–1456.

Liu, X., Zhao, J., & Shen, J. (2013). Perceived discrimination and subjective well-being among urban migrant children: The effect of mediator and moderator. *Acta Psychologica Sinica, 5*, 568–584.

Lu, L. (2006). "Cultural fit": Individual and societal discrepancies in values, beliefs, and subjective well-being. *The Journal of Social Psychology, 146*, 203–221.

Maccoby, E. E. (1998). *The two sexes: Growing up apart, coming together*. Cambridge, MA: Harvard University Press.

MacKinnon, D. P., Lockwood, C. M., & Williams, J. (2004). Confidence limits for the indirect effect: Distribution of the product and resampling methods. *Multivariate Behavioral Research, 39*, 99–128.

Manago, A. M. (2012). The new emerging adult in Chiapas, Mexico: Perceptions of traditional values and value change among first-generation Maya university students. *Journal of Adolescent Research, 27*(27), 663–713.

Masuch, C. S., & Hefferon, K. (2014). Understanding the links between positive psychology and fashion: A grounded theory analysis. *International Journal of Fashion Studies, 1*(1), 227–246(20).

Mikulincer, M., Florian, V., & Hirschberger, G. (2003). The existential function of close relationships: Introducing death into the science of love. *Personality and Social Psychology Review, 7*, 20–40.

Ming, Z. (2008). A comparison of urban-rural family education. *Journal of Educational Institute of Jilin Province, 24*, 37–39.

Muthén, L. K., and Muthén, B. O. (2012). *Mplus version 7 user's guide*. Los Angeles: CA: Muthén & Muthén. Organisation for Economic Co-operation and Development (OECD) (2016). *Education in China, a Snapshot*. OECD Publishing, Paris.

Organisation for Economic Co-operation and Development (OECD) (2016). *Education in China, a Snapshot*. OECD Publishing, Paris.

Oyserman, D. (2017). Culture three ways: Culture and subcultures within countries. *Annual Review of Psychology, 68*, 435–463.

Park, H., Joo, J., Quiroz, B., & Greenfield, P. M. (2015). Sociodemographic factors influence cultural values: Comparing European American with Korean mothers and children in three settings—rural Korea, urban Korea, and los Angeles. *Journal of Cross-Cultural Psychology, 46*(9), 1131–1149.

Park, H., Twenge, J. M., & Greenfield, P. M. (2014). The great recession: Implications for adolescent values and behavior. *Social Psychological and Personality Science, 5*(3), 310–318.

Pfefferbaum, B., & North, C. S. (2020). Mental health and the Covid-19 pandemic. *New England Journal of Medicine, 383*, 510–512.

Rokeach, M. (1973). The nature of human values. *American Journal of Sociology, 89*(2).

Rubin, D. B. (1976). Inference and missing data. *Biometrika. 63*, 581–592.

Russo, C., Dell'Era, A., Zagrean, I., Danioni, F., and Barni, D. (2022). Activating self-transcendence values to promote prosocial behaviors among adolescents during the COVID-19 pandemic: The moderating role of positive orientation. *The Journal of Genetic Psychology, 183*, 263–277.

Sagiv, L., and Schwartz, S. (2022). Personal values across cultures. *Annual Review of Psychologgy, 73*, 517–546.

Santos, A. J., Vaughn, B. E., Peceguina, I., & Daniel, J. R. (2014). Longitudinal stability of social competence indicators in a Portuguese sample: Q-sort profiles of social competence, measures of social engagement, and peer sociometric acceptance. *Development Psycholpgy, 50*(3), 968-978.

Schwartz, S. H. (1992). Universals in the content and structure of values: Theoretical advances and empirical tests in 20 countries. In M. P. Zanna(Ed.), *Advances in experimental social psychology* (Vol. 25, pp. 1-65). San Diego, CA: Academic Press.

Schwartz, S. H. (2005). Robustness and fruitfulness of a theory of universals in individual human values. In A. Tamayo & J. Porto (Eds.), *Valorese trabalho [Values and work]*. Brasilia: Editora Universidade de Brasilia.

Seligman, M. E. P. (1972). Learned helplessness. *Annual Review of Medicine, 23*, 407-412.

Shen, J., Shum, W. Y., Cheong, T. S., & Wang, L. (2021). COVID-19 and regional income inequality in China. *Frontiers in Public Health, 9*, 687152.

Simon, O. (2015). Predictors of international students' psychological and sociocultural adjustment to the context of reception while studying at Aarhus university, Denmark. *Scandinavian Journal of Psychology, 56*(6), 717.

Sortheix, F. M., Parker, P. D., Lechner, C. M., & Schwartz, S. H. (2019). Changes in young europeans' values during the global financial crisis. *Social Psychological and Personality Science, 10*(1), 1-31.

Su, H., & Ren, X. P. (2014). Regional difference and cross-generational change of individualism. *Advances in Psychological Science, 22*, 1006-1015.

Su, H., & Ren, X. P. (2014). Regional difference and cross-generational change of individualism. *Advances in Psychological Science, 22*, 1006-1015.

Tan, T. X., Yi, Z., Camras, L. A., Cheng, K., Li, Z., Sun, Y., et al. (2021). The effect of academic performance, individualistic and collectivistic orientation on Chinese youth's adjustment. *Social Psychology of Education, 24*, 1209-1229.

Thornhill, R., and Fincher, C. L. (2014). *The parasite-stress theory of values and sociality: Infectious disease, history and human values worldwide*. Cham: Springer International Publishing AG.

Von Soest, T., Kozak, M., Rodriguez-Cano, R., Fluit, D. H., Cortes-Garcia, L., Ulset, V. S., et al. (2022). Adolescents' psychosocial well-being one year after the outbreak of the COVID-19 pandemic in Norway. *Nature Human Behavior, 6*, 217-228.

Wang, C., & Huang-pu, X. (2007). A survey and analysis of urban-rural family education. *Journal of Changzhi University, 24*, 33-36.

Wang, X., Li, D., Chen, X., Liu, J., Dai, Y., Guo, H., et al. (2018). Adolescent values and their relations with adjustment in the changing Chinese context. *Journal of Psychology Science, 41*, 1282-1291.

Way, N., Okazaki, S., Zhao, J., Kim, J. J., Chen, X., & Yoshikawa, H., et al. (2013). Social and emotional parenting: Mothering in a changing Chinese society. *Asian American Journal of Psychology, 4*(1), 61-70.

Weinstock, M., Ganayiem, M., Igbaryia, R., Manago, A. M., & Greenfield, P. M. (2014). Societal change and values in Arab communities in Israel. *Journal of Cross-Cultural Psychology, 46*(1), 19-38.

Whiting, B. B., & Edwards, C. P. (1988). *Children of different worlds*. Cambridge, MA: Harvard University Press.

Woltin, K. A., & Bardi, A. (2018). Fitting motivational content and process: A systematic investigation of fit between value framing and self-regulation. *Journal of Personality, 86*, 973-989.

Wong, P. T. P. , Arslan, G. , Bowers, V. L. , Peacock, E. J. , Kjell, O. N. E. , Ivtzan, I. , et al. (2021). Self-transcendence as a buffer against COVID-19 suffering: The development and validation of the self-transcendence measure-B. *Frontiers in Psychology, 12*, 648549.

Yu, M. , Jiao, L. , Guo, Z. , Shi, H. , Zhao, J. , Xu, Y. , et al. (2022). Changes in values and well-being during major emergencies: Based on latent growth model and cross-lagged model. *Psychological Exploration, 42*, 136-143.

Yu, R. (2002). On the reform of elementary school education in china. *Educational Exploration, 3*, 56-57.

Yue, Z. , Liang, Z. , Wang, Q. , & Chen, X. (2020). The impact of parental migration on depression of children: New evidence from rural China. *Chinese Sociological Review, 52*, 364-388.

Zeng, R. , & Greenfield, P. M. (2015). Cultural evolution over the last 40 years in China: Using the Google Ngram Viewer to study implications of social and political change for cultural values. *International Journal of Psychology, 50*, 47-55.

Zhang, N. , Yang, S. , & Jia, P. (2022). Cultivating resilience during the COVID-19 pandemic: A socioecological perspective. *Annual Review of Psychology, 73*, 575-598.

Zhang, R. , Lu, Y. , & Du, H. (2022). Vulnerability and resilience in the wake of COVID-19: Family resources and children's well-being in China. *Chinese Sociological Review, 54*, 27-61.

Zhou, C. , Yiu, W. Y. V. , Wu, M. S. , & Greenfield, P. M. (2018). Perception of cross-generational differences in child behavior and parent socialization: A mixed-method interview study with grandmothers in China. *Journal of Cross-Cultural Psychology, 49*, 62-81.

Zhu, N. , O, J. , Lu, H. J. , & Chang, L. (2020). Debate: Facing uncertainty with(out) a sense of control-cultural influence on adolescents' response to the COVID-19 pandemic. *Child and Adolescent Mental Health, 25*, 173-174.

Zhu, N. , Smetana, J. G. , & Chang, L. (2021). Acceptance of society-level and individual-level preventive measures during the COVID-19 pandemic among college students in three societies. *Journal of Cross Cross-Cultural Psychology, 52*, 606-621.

Zlobina, A. , Basabe, N. , Paez, D. , & Furnham, A. (2006). Sociocultural adjustment of immigrants: Universal and group-specific predictors. *International Journal of Intercultural Relations, 30*(2), 195-211.

第七章

青少年价值观对心理健康的影响

本章概要:本章研究结合了以变量为中心和以个体为中心的方法来研究中国两个地区的青少年价值观与心理健康之间的关系。结果显示自我增强和保护价值观与抑郁和孤独均呈正相关,而自我超越和开放价值观与抑郁和孤独均呈负相关;与认可自我关注和漠不关心价值观的青少年相比,认可无焦虑价值观群组的青少年所报告的抑郁和孤独水平均较低,而认可他人关注的青少年报告的抑郁和孤独水平均较高。对以往文献的综述也发现认同自我增强价值观会使人更加关注个人利益,可以让人体验到波动的幸福感,表现为短暂快乐和消极情绪的交替循环;认同自我超越价值观,即切实关心他人利益和福祉,则可以让人拥有持久的幸福感,表现为一种持续的充实、和谐、宁静的状态。此外,认同自我超越价值观的个体可能对自我威胁信息有较少的防御性反应,体验到更多的社会关系导向的情绪,激发更多的亲社会行为,从而获得持久的幸福体验。

第一节 自我超越价值观对青少年心理健康的作用[①]

1 引言

如前所述,价值观环形模型采用动机相容性来组织价值观。施瓦茨(Schwartz, 2015)确定了两个原则。第一个原则是价值观所服务的利益。根据这一原则,自我超越和保守属于社会取向(social-focus)价值观,涉及个体如何与他人建立社会关系以及影响他人利益和福祉。自我增强和开放属于个人(personal-focus)价值观,涉及个体如何表达个人兴趣和特性。第二个原则是价值观和焦虑的关系。根据这一原则,自我超越和开放属于无焦虑(free-anxiety)价值观,是个人成长和自我扩展。自我增强和保守属于焦虑回避(anxiety-avoidance)价值观,是通过控制或回避焦虑和威胁性因素以保护自我。无焦虑(即自我成长)价值观表达了成长和自我扩

[①] 原文出处: Liu, P., Wang, X., Li, D., Zhang, R., Li, H., & Han, J. (2021). The benefits of self-transcendence: Examining the role of values on mental health among adolescents across regions in China. *Frontiers in Psychology*, 12:630420.此次刊载对原文做了删改。

张,这可能会带来意义感和满足感。相反,焦虑回避(即自我保护)价值观表达的是避免或控制焦虑和威胁以及保护自我的需要,这可能导致消极情绪,如抑郁和焦虑。作为心理适应指标的抑郁和孤独是青春期常见的情绪问题(Al-Yagon, 2011; Chen et al., 2012),虽然以成年人为被试的研究发现,赞同权力价值观的人感到更担心(Heim et al., 2019),但不同年龄组之间的价值观认同存在显著差异(Gouveia et al., 2015),价值观与青少年心理健康关系有必要进行深入探讨。

以往研究通常使用传统方法(即以变量为中心的方法)来检验价值观与行为或心理适应之间的双变量关联(Sortheix & Schwartz, 2017; Benish-Weisman et al., 2019)。然而,施瓦茨(2015)指出,价值观代表了动机循环连续体,而不是一组离散的动机。目前有两项研究使用了个体中心的方法,将具有相似主导价值观的人分组,并在心理健康(Bojanowska & Piotrowski, 2018)和攻击(Ungvary et al., 2017)方面进行了比较。具体而言,有研究者(Ungvary et al., 2017)不仅发现自我增强价值观与攻击呈正相关,而且发现自我增强和保护价值观高的青少年可能具有更低的攻击性。因此,这种个体中心的方法有助于研究一种价值观对另一种价值观的潜在保护或破坏作用(Benish-Weisman, 2019)。根据施瓦茨(Schwartz)的环形模型,可以确定四种价值集群:(1)自我聚焦的价值观集群:开放和自我增强价值观;(2)他人聚焦价值观集群:自我超越和保护价值观;(3)无焦虑价值观:自我超越和开放价值观;(4)焦虑回避价值观:自我增强和保守价值观。无焦虑价值观集群不仅满足个体需求(即自主性和独立性),也满足人际需求(即积极关系)。因此,无焦虑价值观集群可能在青春期最具适应性(Bojanowska & Piotrowski, 2018)。

尽管每种价值观的含义在不同文化和背景下都是普遍的(Schwarzt & Bardi, 2001),但青少年价值观与适应之间的关系可能会受到环境因素的调节(Heim et al., 2019)。例如,重视独特性的城市青少年(而非农村青少年)拥有更好的同伴关系和学习成绩(Chen et al., 2012)。有研究发现自我价值取向在人类发展指数低的国家与生活满意度呈正相关,而在人类发展指数高的国家与生活满意度呈负相关(Sortheix & Lonnqvist, 2014);自我价值取向与主观幸福感的正相关更高,而他人取向价值观与主观幸福感的负相关更高(Sortheix & Schwartz, 2017)。因此,在研究价值观集群与心理健康之间的关系时,需要考虑环境因素的调节作用。本研究的样本来自山东青岛和上海。上海和青岛都位于中国东部沿海地区,但两者在经济和文化上存在一些差异。在人均收入方面,2019 年上海居民人均可支配收入为 69 244 元;而 2019 年青岛城镇居民人均可支配收入为 50 817 元。此外,随着经济的快速发展,传统的集体主义在上海正在衰落;而青岛地区受儒家文化影响更深,儒家强调遵守社会等级秩序和关爱他人(Chen et al., 2012)。这种不同的经济文化环境可能会对青少年的价值观和心理健康产生不同的影响。当个人价值观与主流价值环境一致时,个人会感到更高的幸福感(Sagiv & Schwartz, 2000)。因此,聚焦他人的价值观集群在青岛可能更具适应性,而聚焦自我的价值观集群在上海可能更具适应性。本研究采用变量为中心以及个体为中心的方法,考察了不同地区青少年价值观与心理健康的关系。

2 研究方法

2.1 研究对象

本研究在 2019 年 11 月对上海 750 名青少年(381 名男生)调查,在 2019 年 12 月对山东青岛 823 名青少年(374 名男生)进行调查。上海组和青岛组青少年的平均年龄分别为 17.15 岁($SD=0.75$)和 17.35 岁($SD=0.80$)。此外,家庭背景信息如表 7-1 所示。所有参与者都被告知这项研究是匿名和自愿的,并获得了一份礼物作为奖励。

表 7-1 家庭背景信息

		父母受教育水平		父母工作地		是否独生	
		初中及以下	高中及以上	本地	外地	是	否
上海	父亲	7.5%	92.5%	92.5%	7.5%	79.5%	20.5%
	母亲	10.6%	89.4%	97.9%	2.1%		
青岛	父亲	51.3%	48.7%	95.6%	4.4%	32.4%	67.6%
	母亲	57.8%	42.2%	98.1%	1.9%		

2.2 研究工具

价值观。 采用肖像价值观问卷(PVQ; Cieciuch & Schwartz, 2012)来评估青少年的价值观。该问卷包含 40 个项目,这些项目描述了一个人的理想目标,这些目标以一种隐含的方式指出了某种价值的重要性。例如,"对他/她来说,回应别人的需求是很重要的。他/她试图支持他/她认识的人"描述了一个赞同友善价值观的人。采用李克特六点计分,从 1 分(一点也不像我)到 6 分(非常像我)。PVQ 已在中国青少年中使用(Chen et al., 2010; Gu & Tse, 2018)。自我增强、自我超越、开放和保守维度的内部一致性系数分别为 0.74、0.78、0.78 和 0.73。

抑郁症状。 采用 14 项中文版《儿童抑郁量表》(Kovacs, 1992)来评估青少年的抑郁。青少年需要从三个备选回答(例如,"我每天都想哭""我大多数日子都想哭"和"我偶尔想哭")中选择一个最能描述自己过去 2 周的回答。得分越高,表明抑郁程度越高。该问卷已被证明在中国青少年中是可靠和有效的(e.g., Li et al., 2018)。该问卷在本研究中的内部一致性系数为 0.85。

孤独感。 采用自我报告的孤独感量表(Asher et al., 1984)来评估青少年的孤独感,共 16 题。采用李克特五分计分,范围从 1(完全不正确)到 5(总是正确)。分数越高,表明孤独感越强。以往在中国儿童群体中的研究,已证明该问卷是可靠和有效的(e.g., Chen et al., 2016; Coplan et al., 2017)。该问卷在本研究中的内部一致性系数为 0.93。

2.3 分析策略

所有分析均使用 SPSS Statistics23.0 软件进行。首先,为了控制反应趋势,采用了之前的调整方法(Schwartz et al., 2001; Gu & Tse, 2018),以纠正肖像价值问卷反应量表使用中的个体差异。正值表示被试较为重视该价值观,负值表示被试较不重视该价值观(Bardi et al., 2014)。其次,使用双变量相关性来测试价值观与抑郁/孤独之间的关系。第三,根据之前的一项研究,使用 K-means 聚类来识别价值聚类(Wang et al., 2015; Zhu et al., 2015; Bojanowska & Piotrowski, 2018)。根据以往研究的做法(Bojanowska & Piotrowski, 2018),本研究将价值观聚类为四种类型。最后,进行了 2(地区)×4(价值观集群)多变量方差分析(MANOVA),比较了两个地区、四种价值观集群的青少年在抑郁和孤独方面上的差异。

3 结果

3.1 共同方法偏差检验

本研究采用哈曼(Harman)单因素检验来检验共同方法偏差。结果表明,总共提取出特征根大于1的14个因子。第一个因子的解释变异量占17.08%,小于40%。可以得出结论,本研究不存在严重的共同方法偏差。

3.2 价值观与心理健康的双变量相关性

表7-2列出了价值观和心理健康的均值和标准差,以及变量之间的相关性。

表7-2 变量间相关关系

	M	SD	1	2	3	4	5	6
1 自我增强	−0.42	0.65	1					
2 自我超越	0.16	0.46	−0.55**	1				
3 开放	0.26	0.52	0.03	−0.35**	1			
4 保守	−0.16	0.40	−0.39**	−0.03	−0.67**	1		
5 抑郁	1.49	0.33	0.07**	0.05*	−0.07**	−0.06*	1	
6 孤独	2.08	0.68	0.04	−0.10**	−0.16**	0.21**	0.62**	1

注:* $p<0.05$;** $p<0.01$。

自我增强和保守价值观与抑郁呈正相关,自我超越和开放改变价值观与抑郁负相关。同样,自我保护与孤独正相关,自我超越和改变开放与孤独负相关。

3.3 价值观集群

采用 K-means 聚类对被试进行聚类,分组为具有相似价值观的子样本。K-means 聚类分组如表7-3所示。根据基本价值观理论(Schwartz, 2015),第一组为他人聚焦集群:被试更加认同自我超越和保护价值观。第二组为未分化集群:被试对四种价值观的认可水平相对一致。

第三个组为自我聚焦组：被试更加认同自我增强和开放价值观。第四组为无焦虑组：被试更加认同自我超越和开放价值观价值观。为了验证 K-means 聚类的分类结果的准确性，对上述结果进行了判别分析(见表 7-4)。结果显示，262 名参与者被准确预测为他人聚焦组(准确率为 98.5%)，565 名参与者被准确预测为未分化组(准确率为 98.4%)，347 名参与者被准确预测为自我聚焦组(准确率为 99.7%)，而 368 名参与者被准确预测为无焦虑组(准确率为 95.6%)。总体而言，1542 名参与者被正确预测，准确率为 98%。这些结果支持了 K-means 聚类的分类结果的可靠性。

表 7-3 K-means 聚类分析

	1. 他人聚焦($N=$ 266; $n_{上海}=106$)	2. 未分化($N=$ 574; $n_{上海}=271$)	3. 自我聚焦($N=$ 348; $n_{上海}=184$)	4. 无焦虑($N=$ 385; $n_{上海}=189$)
自我增强	−1.04	−0.19	0.28	−0.98
自我超越	0.58	0.09	−0.26	0.35
开放	−0.29	0.001	0.69	0.64
保守	0.25	−0.04	−0.53	−0.29

表 7-4 判别分析结果

		判别分析的预测组别				
		1	2	3	4	总计
K-means 聚类分组	1	262(98.5%)	2(0.8%)	0(0%)	2(0.8%)	266
	2	6(1%)	565(98.4%)	1(0.2%)	2(0.3%)	574
	3	0(0%)	1(0.3%)	347(99.7%)	0(0%)	348
	4	9(2.3%)	4(1%)	4(1%)	368(95.6%)	385

注：1=他人聚焦，2=未分化，3=自我聚焦，4=无焦虑。

3.4 价值观集群与心理健康：地域的调节作用

将抑郁和孤独感纳入 2(地域)×4(价值观集群)多变量方差分析(MANOVA)。描述性统计如表 7-5 所示。地域和集群的主效应显著，Wilks' $\lambda=0.96$ 和 0.97，$F(2,1564)=24.61$ 和 $F(6,3128)=6.51$，$ps<0.001$，$\eta_p^2=0.03$ 和 0.01。区域和集群之间不存在显著的相互作用，Wilks' $\lambda=0.99$，$F(6,3128)=0.96$，$p=0.45$。单变量分析显示，上海青少年抑郁得分高于青岛青少年($F(1,1565)=16.70$，$p<0.001$)，两个地区在孤独感得分上无显著差异($F(1,1565)=3.52$，$p=0.061$)。此外，聚类在抑郁上，价值观分组主效应显著，$F(3,1565)=3.23$，$p=0.02$，$\eta_p^2=0.006$。经邦弗罗尼(Bonferroni)校正的多重比较发现，他人聚焦组抑郁得分高于无焦虑组，$p=0.04$，其他组之间抑郁得分无显著差异，$p>0.05$。在孤独感上，价值观分组的主效应显著，$F(3,1565)=10.51$，$p<0.001$，$\eta_p^2=0.02$。经邦弗罗尼校正的多重比较发现，他人聚焦组的孤独感得分高于自我聚焦组($p=0.04$)和无焦虑组($p<0.001$)，未分化组的孤独感得分高于无焦虑组($p<0.001$)，其他组之间的孤独感得分无显著差异($p>0.05$)。

表 7-5　两个地区四种价值观集群青少年在抑郁和孤独感上的得分(M, SD)

	上海($n=750$)				青岛($n=823$)			
	1	2	3	4	1	2	3	4
抑郁	1.55(0.33)	1.56(0.35)	1.54(0.35)	1.48(0.34)	1.51(0.35)	1.43(0.29)	1.49(0.32)	1.41(0.27)
孤独感	2.13(0.71)	2.14(0.68)	2.00(0.69)	1.93(0.66)	2.27(0.79)	2.14(0.63)	2.10(0.66)	1.94(0.59)

注：1＝他人聚焦，2＝未分化，3＝自我聚焦，4＝无焦虑。

4　分析与讨论

本研究采用以变量为中心的方法考察价值观四个维度与心理健康之间的关系，并采用以人为中心的方法对两个地区具有相似主导价值观的青少年进行分组，并比较各组青少年的心理健康状况。研究结果发现自我增强和保守价值观与孤独、抑郁呈正相关，自我超越和开放价值观与孤独、抑郁负相关。采用采用 K-means 聚类产生他人聚焦、未分化、自我聚焦和无焦虑四个价值观集群，其中，无焦虑价值观集群的青少年抑郁和孤独得分均低于其他的价值观集群，而他人聚焦价值观集群的青少年抑郁和孤独得分均高于其他的价值观集群的青少年。此外，上海青少年的抑郁水平高于青岛青少年。

4.1　价值观与心理健康之间的联系

根据基本价值理论(Schwartz, 2015)，动机冲突的价值观会导致相反的行为和心理反应。这一观点在当前的研究中得到了支持，自我超越价值观与抑郁和孤独呈负相关。重视这一维度的青少年，一方面可能会感受到更多他人导向的情绪(例如，同理心、同情心)(Persson & Kajonius, 2016; Leersnyder et al., 2017)，这种情绪可以加强个体与他人之间的联系(Stellar et al., 2017)。另一方面，他们可能会从事有助于建立和谐关系的活动(例如，帮助他人)(Davis et al., 2018; Silke et al., 2018)，这种行为可以增强一个人的生活目标，改善人际关系(Nelson et al., 2016)，减少他们的负面情绪(Vaillant, 2002)。

相比之下，自我增强与抑郁呈正相关。认同这一价值观的青少年可能会更加关注自我，关心别人对自己的看法，因此更容易受到自我威胁，并倾向于感受到更多以自我为导向的情绪，如抑郁、焦虑和悲伤(Leary & Terry, 2012; Twenge, 2015)。这种自我导向的情绪不仅对一个人的心理健康有害，而且对有意义的人际关系也有害。更重要的是，近来有研究者(Dambrun et al., 2012)指出，重视这一维度的青少年可能受到"享乐原则"(hedonic principle)的引导，也就是说他们追求快乐，避免不快乐。然而，获得这些快乐取决于"快乐"刺激是否出现。如果他们不能体验到愉快的感觉，就会产生痛苦的感受。

此外，研究还发现开放价值观与抑郁和孤独感呈负相关。重视这一维度的青少年可能会受到好奇心的驱使，去寻找新颖的生活方式，探索新的兴趣，这些行为具有适应性(Luyckx et al., 2006)。这可能是因为青少年正在扩展他们的自我认同，并注重自我的发展。基于价值观的功能理论(Gouveia et al., 2015)，认同开放价值观会表达和满足个体的自主和独立的需求，因此青少年的抑郁和孤独感较少。相比之下,保守与抑郁和孤独呈正相关。另有研究者(Sortheix & Schwartz, 2017)也发现保守价值观可能具有不适应性。认同保守价值观可能会表达对获得自主权的焦虑和恐惧(Bojanowska & Piotrowski, 2018)。如果自主性需求不能得到满足,青少年会感到抑郁和孤独(Emery et al., 2015; Majorano et al., 2015)。

4.2 两个地区的价值观集群与心理健康

本研究确定了四个价值观集群:他人聚焦、自我聚焦、无焦虑和未分化,这一分组与之前的研究一致(Ungvary et al., 2017; Bojanowska & Piotrowski, 2018)。与假设相反,没有发现焦虑—回避价值观集群。焦虑—回避价值观集群对自我增强和保守价值观的认同程度较高。然而,根据我们的描述性统计结果,自我增强和保守价值观的平均得分分别为-0.42和-0.16。这意味着这两个观在目前的研究中并没有得到太多的认同。此外,以往研究证明(Ungvary et al., 2017),在青春期,开放和自我超越价值观比其他两种价值观更受认可。因此,很难识别出焦虑—回避价值观集群。

四个价值观集群在抑郁和孤独的上存在一定的差异。首先,本研究发现他人聚焦价值观集群组的青少年抑郁和孤独感得分高于无焦虑价值观集群组的青少年。根据价值观与焦虑的关系,保守价值观也伴随着自我保护取向。无焦虑价值观集群的青少年较多认同自我超越和开放价值观,这两个价值观都是内在动机(Deci & Ryan, 2008; Schwartz, 2015),表达了自主、关系和能力的基本心理需求。因此,无焦虑价值观集群的青少年可以在个人层面(如自主性和独立性)和人际层面(如积极关系)上受益(Bojanowska & Piotrowski, 2018)。体验到较少的抑郁和孤独。其次,他人聚焦价值观集群的青少年的孤独感得分也高于自我聚焦价值观集群的青少年。青春期的主要任务是发展和形成自我意识。自我聚焦价值观集群能,满足一个人的自主和独立需求。当这些需求得到满足时,青少年的孤独感会减少(Moore & Schultz, 1983; Deng et al., 2015)。第三,未分化价值观集群的青少年的孤独感得分高于无焦虑价值观集群中的青少年。如果一个人没有明确的价值观,就会体验到消极的感受,比如空虚和无意义(Kroger & Marcia, 2011)。

与研究假设不同的是,两个地区不同价值观集群的青少年在抑郁和孤独上并没有显著差异。虽然青岛受儒家文化的影响更人,但在过去的二十年中,随着经济和社会的发展,中国已经急剧转变为一个高度竞争的市场导向社会(Liu et al., 2018)。因此,为了适应社会环境和获得个人成功,青少年需要具备新的社交技能,如自我指导、独立和自信(Liu et al., 2018)。

5 结论

本研究发现,自我增强和保守价值观与孤独、抑郁呈正相关,自我超越和开放价值观与孤独、抑郁呈负相关;对于青少年来说,无焦虑价值观集群可能最具适应性,而他人聚焦价值观集群可能是适应性最差的集群;上海青少年抑郁水平高于青岛青少年。结果表明青少年价值观与心理健康存在密切关联,学校教育可通过指导青少年树立正确的价值观以促进他们的心理健康水平。

第二节 自我超越价值观对持久幸福感的作用及机制①

1 引言

幸福是什么？是收获名位和利禄的欣喜若狂，还是服务他人和社会的心满意足？"一千个人眼中就有一千个哈姆雷特"，每个人对幸福的理解是各不相同的。对幸福的理解和态度受到个人价值观的影响(李儒林 等,2003;周开济 等,2017)。有人追求成就,必以功成名就为快乐,有人追求权势,必以飞黄腾达为满足;而有人追求友善,必以乐善好施为福气,有人追求普世主义,必以博施济众为福报。根据施瓦茨的价值观理论(Schwartz, 1992),成就、权力属于自我增强(self-enhancement)价值观,强调通过控制他人、资源或取得社会认可的成功来追求自我利益;与之相反,友善、普世主义属于自我超越(self-transcendence)价值观,强调超越个人狭隘,将自身利益与群体利益相结合,更加重视他人的福祉和需求,为他人造福的同时让自己感受幸福。

虽然自我超越和自我增强价值观都与幸福体验有关,但以往研究表明,认同自我超越价值观似乎比自我增强价值观让人拥有更为持久的幸福感受(Bojanowska & Piotrowski, 2018a; Lee & Kawachi, 2019)。追求诸如物质财富、感官刺激和权力等外在事物在一定程度上可以给个体带来短暂的快乐体验,但在追求过程中也容易带来焦虑、恐惧等消极情绪(Twenge, 2015),由此体验到的幸福感是波动的(fluctuating happiness; Dambrun & Ricard, 2011),即快乐和痛苦交替出现,这可能是身心健康问题的根源(Watson et al., 1988; Wong, 2012, 2020)。若能超越自己眼前的利益和欲望,个体则能够与他人和社会和谐地联结在一起(Dambrun & Ricard, 2011)。以善良作为行动的出发点和目的,虽然有时可能付出一定的代价,甚至无法获得外界的认可,个体通常还是能够依靠内在力量应对所经历的一切,无论快乐还是痛苦(Wong, 2020),由此体验到更为持久的幸福感(durable happiness; Dambrun & Ricard, 2011),表现为一种持续的充实、和谐、平静的状态。因此,将注意力从自我转移到他人身上,有助于个体获得持久的幸福体验(Wong, 2016)。

以往研究考察了价值观与幸福感之间的关系及其影响因素(周开济 等,2017),但认同自我超越价值观的个体通过何种途径来收获持久的幸福感,目前尚无系统的论述。梳理自我超越价值观对持久幸福感的作用及机制研究,既可为价值观教育提供实证依据,又可为个体持久幸福感的获得途径提供借鉴。本文将首先介绍自我超越价值观对持久幸福感的作用,然后从认知—情绪—行为等不同视角对其中的潜在机制进行阐述,最后针对当前研究中存在的问题提出未来的研究方向。

---

① 原文出处:刘萍,张荣伟,李丹. (2022).自我超越价值观对持久幸福感的作用及机制.心理科学进展,30(3),660—669.此次刊载对原文做了删改。

2 自我超越价值观是持久幸福感的源泉

2.1 两种幸福取向：波动的幸福感和持久的幸福感

鉴于人们对幸福的理解和感受的不同，有研究者将其分为享乐型幸福感(hedonia; Diener, 2000)和实现型幸福感(eudaimonia; Ryff, 1989)两种取向，反映了两种截然不同的心理状态。具体来说，享乐型幸福感强调个体最大化的追求主观快乐和避免痛苦，容易受现实情境的影响而波动(罗扬眉等，2018)，也可称为波动的幸福感(Dambrun & Ricard, 2011)；实现型幸福感不同于表面的快乐体验，强调个人成长、人生意义等更深刻的内涵，也包括社会性和道德的完善(即个体致力于自我、他人或社会的共同幸福)(Law & Staudinger, 2016)，不易受外界环境的影响，可以维持较长时间(罗扬眉 等，2018)，也可称作持久的幸福感(Dambrun & Ricard, 2011)。

为了解释两种幸福取向的来源，有研究者(Dambrun & Ricard, 2011)以独立自我及互依自我为基础，从自我结构的角度出发，提出了自私/无私幸福感模型(the Self-Centeredness/Selflessness Happiness Model, SSHM；详见图7-1)。该模型假设，自私和无私是两种类型的心理功能，二者构成一个单一连续体，并在连续体上呈现动机、情绪和行为的不同特点。就幸福感而言，自私与波动幸福感有关，而无私与持久幸福感更为密切。

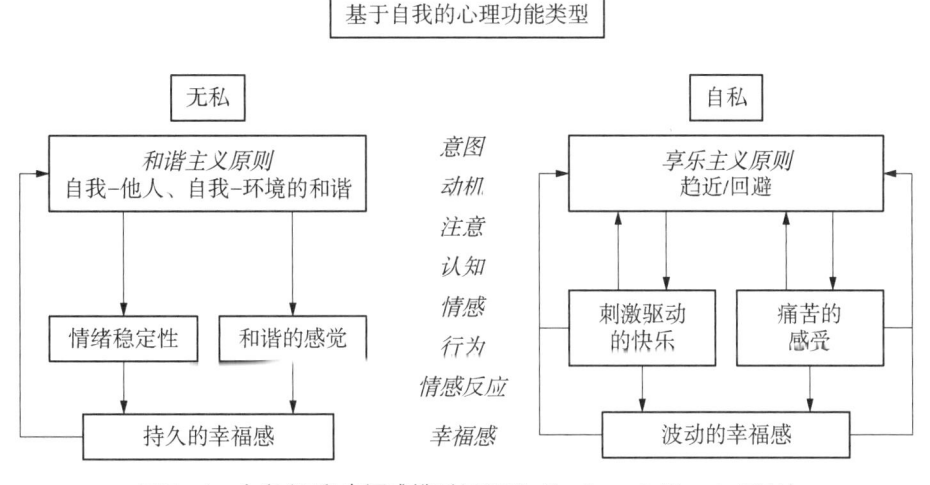

图7-1 自私/无私幸福感模型(SSHM; Dambrun & Ricard, 2011)

自私的主要特点是以自我为中心、夸大自我的重要性，并且自我与他人、环境之间存在鲜明的界限。每一个以保护自身为目标的个体，往往偏好那些对自身满足感具有正强化作用的刺激(如积极的、令人愉快的东西)，并避免消极的、令人不快的、具有威胁性的事情，也就是坚持享乐主义原则。由此，自私通常会产生两种情绪反应：一是短暂的快乐，也就是由感官刺激所驱动的快乐。这种快感最初处于较高水平，但随着时间推移，它很快发生习惯化，快速回到最初状态。二是痛苦的感受，由于无法达到预期目标而引起的消极情绪，如沮丧、愤怒、敌意、嫉妒和恐惧等。像旋转的水车一样，积极和消极两个阶段交替循环出现，从而诱发了波动的幸福感。

与之相反，无私的主要特点是去自我中心，不夸大自我的重要性，自我和他人之间具有强烈的联结感。同时，无私与实现型幸福感具有共同的核心假设：个体与整个环境中的要素（包括与自己、他人以及所有生命形式）和谐地联系在一起，即坚持和谐主义原则。这种和谐的联结感以友善为出发点和目的，较少依赖环境中的积极或消极反馈，更多依靠个体的内在资源（如心理弹性）来面对所有的快乐和痛苦体验，因此情绪平和、稳定。由此可见，无私与持久的幸福感密切相关，这种幸福感就像阶梯一样，螺旋式上升，能维持较长的时间，呈现出一种持久的充实、平和、宁静的状态。

2.2 自我超越价值观的功能

价值观是人们关于事物重要性的观念，是抽象的、超越具体情境的、值得追寻的目标，在一个人的生活或其他社会存在中起指导作用（Schwartz & Bilsky, 1987）。施瓦茨（Schwartz, 1992）提出的人类基本价值观理论具有普适性，成为价值观研究领域被广泛接受的理论。前文已详细介绍该理论，在此不再赘述。本研究主要聚焦自我超越和自我增强这两个相对对立的价值观。

施瓦茨（2015）指出，自我增强是外在和自我保护价值观，通过避免或控制焦虑和威胁性刺激来保护自己；而自我超越是内在和自我成长价值观，强调个人的成长和自我扩展。自我决定理论（Deci & Ryan, 2000）认为，内在动机表达了个体的自主性和社交性的基本心理需求，可以使个体获得一种充实感和满足感。因此，追求自我成长和人际联结的价值观会促进持久幸福感；相反，如果个体重视如何获得他人的认可、钦佩和赞扬，以及避免社会责难和惩罚等，则可能会削弱持久幸福感，因为追求这些目标可能涉及较高压力的活动和过多的社会比较（Sagiv et al., 2015）。

此外，根据SSHM模型，有研究者（Dambrun et al., 2012）编制了波动幸福感和持久幸福感量表，分别以自我增强和自我超越价值观作为自私和无私的测量指标，考察了两种类型的幸福感与价值观的关系。结果发现，个体越认同自我增强价值观，其波动幸福感得分越高；而个体越认同自我超越价值观，其持久幸福感得分越高。这证实了认同自我超越价值观有助于获得持久幸福感。

3 自我超越价值观与持久幸福感的关系

根据前文所述，心理健康和关系和谐是持久幸福感的两个重要表现，下文主要从个体和人际两个层面来阐明自我超越价值观与持久幸福感之间的关联。

自我超越价值观有益心理健康，从而使个体获得持久的幸福感。研究指出，关注他人幸福或集体利益对个体的心理健康有诸多好处（Crocker et al., 2016）。有研究者要求被试记录自己每天的情绪体验，结果发现，具有自我超越取向的个体报告了更高的自尊水平，以及更多的诸如爱和人际联结的积极情感体验（Le et al., 2013; Morelli et al., 2015;

Canevello & Crocker, 2015),甚至当生命健康受到威胁时也较少死亡焦虑(Abdollahi et al., 2019; Iosifyan et al., 2019)。自我超越价值取向可以显著预测焦虑、抑郁、孤独感的减少(Crocker et al., 2010; Crocker & Canevello, 2008; Liu et al., 2021)与平和心态的提升(Canevello & Crocker, 2011, 2015)。这可能因为重视他人及社群的福祉让个体较少关注诸如金钱、社会地位及个人形象等方面,进而较少体验到在实现这些目标过程中所出现的消极情绪(Twenge, 2015)。

自我超越价值观也有助于形成和谐的人际关系(Crocker et al., 2016),给个体带来更多的联结和满足,获得持久的幸福感。有研究发现,对伴侣的关心和照料可以增加新婚夫妇的婚姻满意度并提高夫妻关系的质量及稳定性(Reis et al., 2014; Fehr et al., 2014)。具有自我超越取向的个体对伴侣的个人成长、伴侣对环境的探索和目标的追求更为敏感,可为伴侣提供更多的鼓励和支持(Feeney et al., 2013),对自己的伴侣真诚相待,表现出与自己内心感受、态度和信仰相一致的行为,有助于个体形成亲密的人际关系(Impett et al., 2013)。另有研究发现,善于关心他人的大学生会感知到更多来自家人、朋友、同伴及室友的社会支持(Jiang et al., 2017)。认同自我超越价值观的青少年可以与同伴形成积极的人际关系(Bojanowska & Piotrowski, 2018a, 2018b)。事实上,个体对他人的关怀不仅增加彼此之间的亲密感、支持感和信任感(Hadden et al., 2014),也会使其在人际关系中体验到更多安全感、较少的焦虑和社交回避(Canevello & Crocker, 2017)。哈佛大学一项长达75年的追踪研究也发现,良好的人际关系比财富、名望或努力工作让人更加快乐和健康(Vaillant, 2002)。这是因为人类的社会生活是相互依存的,人类的繁荣在很大程度上取决于创造、维持和加强社会联结。相比自我增强价值观,自我超越价值观可以形成积极的人际关系并增加社会支持,有助于获得持久的幸福感(Crocker et al., 2016)。

4 自我超越价值观对持久幸福感的作用机制

既然自我超越价值观与持久幸福感密切相关,那么,两者之间可能存在哪些潜在的作用机制?以往研究发现,认同自我超越价值观的个体对自我有较少的防御性关注,对他人有更多的积极关注,从而使个体体验到幸福感(Kang, 2018)。为了对他人有更多的积极关注,一方面,社会关系导向的情绪(socially engaging emotions)可以实现人际间的情感联结(Tamir et al., 2016);另一方面,亲社会行为也能增进人际融合(Aknin & Human, 2015)。下文将分别论述自我超越价值观如何通过上述三个心理过程来影响持久幸福感。

4.1 自我超越价值观与持久幸福感:防御性自我关注的中介作用

研究者(Leary & Terry, 2012)从自我意识及自我反思角度出发,提出了亚自我主义心态模型(The Hypo-Egoic Mindset Model)。该模型认为,持有自我主义心态的个体往往关注他人对自己的评价,强烈希望别人看到他们的积极品质。认同自我增强价值观的个体凸显自我心态,关注个人问题,重视自己在所处群体中的地位,追求社会威望、成就及对他人的支配(Rudnev et al., 2018)。这种目标追求使个体对自我威胁信息特别敏感,当遇到对积极自我形象具有潜在威胁的信息时,个体倾向于做出防御性反应,如表现出敌意、愤怒情绪(Tamir et al., 2016),甚至做出危害他人的攻击行为(Ungvary et al., 2017)。这种防御性反应不仅损害个人身心健康,也会破坏人际关系(Vishkin et al., 2020)。

与之相反,持有亚自我主义心态的个体对自我的关注度降低,往往不太在意他人如何看待自己。认同自我超越价值观的个体具有强烈的亚自我主义心态特征(Kao et al., 2017),他们将注意力从自我转移到他人身上,切实关心他人的幸福。以往研究表明,认同自我超越价值观可以有效减少个体对生理威胁(如身体健康、死亡)和心理威胁(如社会排斥、性别刻板印象)的防御性自我关注。

有研究(Kang et al., 2017; Kang et al., 2018)发现,与启动自我增强价值观条件相比,启动自我超越价值观(即回想自己和家人、朋友在一起的时光)条件下,久坐不动的成年人在阅读有关久坐危害健康的文字(如久坐增加了患慢性病的风险)时,双侧杏仁核和左脑岛的神经反应显著减弱(该脑区与厌恶、恐惧反应有关),腹内侧前额叶皮层(该区域与积极评估和奖赏有关)显著激活,而且这些被试在接下来的一个月内参加了更多的体育活动。这表明自我超越有助于久坐个体克服防御性反应,并提高对健康行为的接受度。另有研究(Yang et al., 2020)启动自我超越(即想家的感觉)条件和控制条件(即想象广场),然后让被试想象自己死亡的场景,最后观看一则彰显身份地位的产品广告。结果发现,自我超越条件下的被试对广告中的产品表现出较低水平的偏好,更不愿意购买此产品,说明自我超越可以缓解死亡威胁带来的焦虑,降低物质主义的消费倾向。此外,在自我超越(vs. 自我增强)启动条件下,经历社会排斥的被试表现出较少的冲动行为(Burson et al., 2012)。另外,与控制组被试相比,启动想家的感觉不仅让实验组女性对性别刻板印象威胁信息(即"女性领导力不如男性")表现出更多的包容,即这类信息对她们的威胁有所降低,而且在空间能力测试(即心理旋转任务)上的得分显著高于控制组被试,说明想家的感觉缓冲了性别刻板印象威胁对相应任务的影响(Yang et al., 2020)。

综上,自我超越价值观增加了个体对他人的聚焦,有助于减少个体对自我缺陷的担忧,从而降低防御能力,并缓解威胁对人们造成的负面影响(如消极情绪体验、敌对人际关系等),增加持久的幸福体验。

4.2 自我超越价值观与持久幸福感:社会关系导向情绪的中介作用

由前文可知,自我超越减少了个体对自我威胁信息的防御性反应,这有助于消解自我和他人的界限,从而达到整体合一的状态,增加对他人的共情与关怀(Kang, 2018)。

具有自我超越价值取向的个体主要关注世界和他人的福祉,而不过度关注自我的需求(Rudnev et al., 2018)。关注自我以外的事情(如他人的福利)可以减少人们对外在评价的担忧以及因人际冲突而带来的关系焦虑(Klimecki, 2019)。同时,认同自我超越价值观的个体以和谐为原则,需要协调人与自身、他人、环境之间的关系(Dambrun & Ricard, 2011),从而更好地适应环境,体验到更多的社会关系导向的情绪,诸如共情、同情、关爱等(Persson & Kajonius, 2016; de Leersnyder et al., 2017),且他们的这种情绪体验不易受到内外群体因素的影响(Zibenberg & Kupermintz, 2016)。

与其他积极情绪(如高兴、愉悦)相比,这些关系取向的情感体验更有利于个体获得持久幸福感。首先,共情、同情、关爱等情绪的主要功能是加强个体与他人的联结(Tamir et al., 2016),促进与他人的亲密关系(Reis et al., 2014; Fehr et al., 2014)。如前所述,拥有亲密关系是人类的基本需求,当这种需求得到满足时,个体不仅可以缓解自身的心理压力,也会感到更加幸福(Canevello & Crocker, 2017; Stellar et al., 2017)。其次,社会关系导向的情绪能增强情绪的稳定性(Dambrun, 2017)。研究表明情绪稳定和幸福感之间存在积极的联系(Bajaj et al., 2018)。与自我中心的情绪相反,当个体表达真诚的同情或无条件的关爱时通常不期望得到任何回报,这些情感并不依赖他人对待我们的方式(Ricard, 2010)。对他人的同情和关爱是无条件的,因此独立于环境的反馈。这种情感活动对环境变化并不敏感,相对稳定,有助于持久幸福感的获得(Dambrun, 2017)。最后,社会关系导向的情绪也会使个体产生一种和谐感,包括与自己、与他人或社会以及与世界的和谐(Dambrun, 2017)。与自我和谐不仅是健康快乐的本质特征,也是和谐社会的本质特征(Yang, 2016; Wang et al., 2016)。已有研究证明了无私(即自我超越价值观)可以通过情绪稳定性及和谐感来影响持久的幸福(Dambrun, 2017)。因此,与他人建立联系,体验社会关系导向的情绪,可以促进与他人和谐相处的感受,进而增加持久的幸福体验。

4.3 自我超越价值观与持久幸福感:亲社会行为的中介作用

认同自我超越价值观的个体体验到更多的诸如共情和同情的社会关系导向情绪,而这类情绪可以激发更多的亲社会行为(何宁,朱云莉,2016; Lim & Desteno, 2016; Runyan et al., 2018)。因此,自我超越价值观有助于激发个体的亲社会行为。一般来说,那些重视并关心他人幸福的个体往往表现出更多的亲社会行为,而那些关注个人利益、追逐个人成就者表现出较多的攻击行为(Benish-Weisman, 2019; Benish-Weisman et al., 2019)。

有研究进一步区分了不同类型的亲社会行为与价值观之间的关联。例如,一项研究(Abramson et al., 2018)采用资源分配任务(让被试给一个匿名的儿童分巧克力币),并操纵有代价的分享(即,分享会使自己失去一部分巧克力币)和无代价的分享(即,分享不会影响自己的巧克力币个数)两种分配情境。结果发现,认同自我超越价值观(vs. 自我增强价值观)的被试会做出更多有代价的分享,而与无代价分享的关系较弱。另有研究(Knight et al., 2016)发现,认同成就价值观的被试可以做出公开帮助,却很少做出利他帮助。这是因为公开帮助可以获得他人认可并提高社会地位,而利他帮助则可能阻碍物质财富的获得和个人成就的实现。因此,认同自我增强价值观的个体可以做出一定的亲社会行为,但他们的根本动机是关注个体利益,而不是真正关心他人的需求和幸福。

此外,有研究通过实验操纵来揭示自我超越价值观和亲社会行为之间的因果关联。研究者(Maio et al., 2009)给被试呈现一系列配对的价值观词汇和积极形容词(例如,自我增强条件:权力—高兴;自我超越条件:关爱—优秀;中性条件:靴子—平常),要求被试记忆并回想这些配对词语,然后询问被试是否愿意(无偿)参加未来的一些研究。结果发现,与启动自我增强价值观的被试相比,启动自我超越价值观的被试表达更多的亲社会意愿。有研究让被试书写一篇有说服力的文章来阐明自我超越价值观的重要性,结果发现,被试写完之后更加认同自我超越价值观,同时也增加了自愿帮助他人的意愿,这种效应可以持续至少 4 周(Arieli et al., 2014)。

大量研究表明,亲社会行为有利于心理健康,而且这种益处贯穿整个生命周期(Sarid et al., 2010)。这是因为亲社会行为可能会分散人们对自身问题的关注,增强生活的意义,提高自我效能感和能力感(Nelson et al., 2016)。更为重要的是,亲社会行为增进了社会融合和联结,有助于人际关系的建立和维持(Martela & Ryan, 2016),从而增加个体持久的幸福体验。

5 总结

回顾以往文献发现,认同自我超越价值观的个体较少关注自身利益问题,因此,他们对自我威胁信息表现出较少的防御性反应,体验到更多的社会关系导向的情绪,并做出更多的亲社会行为,从而获得持久的幸福体验。这些研究为考察自我超越价值观与持久幸福感的潜在机制作出了巨大贡献。未来研究可关注以下方面:首先,采用多种研究方法和手段来考察自我超越价值观对持久幸福感的影响,如追踪研究(姜永志,白晓丽,2015)和认知神经实验(Jo et al., 2019)。其次,系统探讨自我超越价值观与持久幸福感之间的过程机制,如情绪调节。最后,进行自我超越价值观教育以培育良好的社会心态。

参考文献

何宁,朱云莉. (2016). 自爱与他爱: 自恋、共情与内隐利他的关系. 心理学报, 48(2), 199-210.

姜永志, 白晓丽. (2015). 文化变迁中的价值观发展: 概念、结构与方法. 心理科学进展, 23(5), 888-896.

李红, 杨小光, 郑文瑜, 王超. (2019). 抑郁倾向对个体情绪调节目标的影响——来自事件相关电位的证据. 心理学报, 51(6), 637-647.

李儒林, 张进辅, 梁新刚. (2003). 影响主观幸福感的相关因素理论. 中国心理卫生杂志, 17(11), 783-785.

罗扬眉, 莫凡, 陈煦海, 蒋宏达, 游旭群. (2018). 快乐型和实现型情感的习惯化. 心理学报, 50(9), 985-996.

周开济, 鲁林, 王映朝, 兰春梅, 何樱. (2017). 个体价值观与幸福感的关系及其影响因素. 心理技术与应用, 5(8), 500-509.

Abdollahi, A., Panahipour, H., Allen, A., K., & Hosseinian, S. (2019). Effects of death anxiety on perceived stress in individuals with multiple sclerosis and the role of selftranscendence. *Journal of Death and Dying*, 84(1), 91-102.

Abramson, L., Daniel, E., & Knafo-Noam, A. (2018). The role of personal values in children's costly sharing and noncostly giving. *Journal of Experimental Child Psychology*, 165, 117-134.

Al-Yagon, M. (2011). Adolescents' subtypes of attachment security with fathers and mothers and self-perceptions of socioemotional adjustment. *Psychology*, 2, 291-299.

Asher, S.R., Hymel, S., and Renshaw, P.D. (1984). Loneliness in children. *Child Development*, 55, 1456-1464.

Aknin, L.B., & Human, L.J. (2015). Give a piece of you: Gifts that reflect givers promote closeness. *Journal of Experimental Social Psychology*, 60, 8-16.

Arieli, S., Grant, A.M., & Sagiv, L. (2014). Convincing yourself to care about others: An intervention for enhancing benevolence values. *Journal of Personality*, 82(1), 15-24.

Bardi, A., Buchanan, K. E., Goodwin, R., & Slabu, L. (2014). Value stability and change during self-chosen life transitions: self-selection versus socialization effects. *Journal of Personality and Social Psychology*, 106, 131-147.

Bajaj, B., Gupta, R., & Sengupta, S. (2018). Emotional stability and self-esteem as mediators between mindfulness and happiness. *Journal of Happiness Studies*, 20, 2211-2226.

Benish-Weisman, M. (2019). What can we learn about aggression from what adolescents consider important in life? The contribution of values theory to aggression research. *Child Development Perspectives*, 13(4), 260-266.

Benish-Weisman, M., Daniel, E., Sneddon, J., & Lee, J. (2019). The relations between values and prosocial behavior among children: The moderating role of age. *Personality and Individual Differences*, 141, 241-247.

Bojanowska, A., & Piotrowski, K. (2018a). Values and psychological well-being among adolescents-Are some values 'healthier' than others? *European Journal of Developmental Psychology*, 16(4), 402-416.

Bojanowska, A., & Piotrowski, K. (2018b). Two levels of personality: Temperament and values and their effects on hedonic and eudaimonic well-being. *Current Psychology*, 40(3), 1185-1193.

Burson, A., Crocker, J., & Mischkowski, D. (2012). Two types of value-affirmation: Implications for self-control following social exclusion. *Social Psychological and Personality Science*, 3(4), 510-516.

Canevello, A., & Crocker, J. (2011). Interpersonal goals and close relationship processes: Potential links to health. *Social and Personality Psychology Compass*, 5(6), 346-358.

Canevello, A., & Crocker, J. (2015). How self-image and compassionate goals shape intrapsychic experiences. *Social and Personality Psychology Compass*, 9(11), 620-629.

Canevello, A., & Crocker, J. (2017). Compassionate goals and affect in social situations. *Motivation and Emotion*, 41(2), 158-179.

Chen, G. P., Huang, L. L., Yao, Y. L., & Schoenpflug, U. (2010). A study on the similarities and dissimilarities of values between middle school students and their parents. *Journal of Psychological Science*, 33, 74-77.

Chen, X., Liu, J., Ellis, W., & Zarbatany, L. (2016). Social sensitivity and adjustment in Chinese and Canadian children. *Child Development*, 87, 1115-1129.

Cieciuch, J., & Schwartz, S. H. (2012). The number of distinct basic values and their structure assessed by PVQ-40. *Journal of Personality Assessment*, 94, 321-328.

Coplan, R. J., Liu, J., Cao, J., Chen, X., & Li, D. (2017). Shyness and school adjustment in Chinese children: the roles of teachers and peers. *School Psychology Quarterly*, 32, 131-142.

Crocker, J., & Canevello, A. (2008). Creating and undermining social support in communal relationships: The role of compassionate and self-image goals. *Journal of Personality and Social Psychology*, 95(3), 555-575.

Crocker, J., Canevello, A., Breines, J. G., & Flynn, H. (2010). Interpersonal goals and change in anxiety and dysphoria in first-semester college students. *Journal of Personality and Social Psychology*, 98(6), 1009-1024.

Crocker, J., Canevello, A., & Brown, A. A. (2016). Social motivation: Costs and benefits of selfishness and otherishness. *Annual Review of Psychology*, 68(1), 299-325.

Dambrun, M. (2017). Self-centeredness and selflessness: Happiness correlates and mediating psychological processes. *PeerJ*, 5, e3306.

Dambrun, M., & Ricard, M. (2011). Self-centeredness and selflessness: A theory of self-based psychological functioning and its consequences for happiness. *Review of General Psychology, 15*(2), 138–157.

Dambrun, M., Ricard, M., Després, G., Drelon, E., Gibelin, E., Gibelin, M., ... & Michaux, O. (2012). Measuring happiness: From fluctuating happiness to authentic-durable happiness. *Frontiers in Psychology, 3*(16), 16.

Deng, M., Pan, Y., and Fan, J. (2015). The relationship between self-consciousness and the feeling of loneliness, social anxiety for rural street children. *Journal of Dali University, 14*, 85–88.

Deci, E. L., & Ryan, R. M. (2000). The 'what' and 'why' of goal pursuits: Human needs and the self-determination of behavior. *Psychological Inquiry, 11*(4), 227–268.

Diener, E. (2000). Subjective well-being: The science of happiness and a proposal for a national index. *American Psychologist, 55*(1), 34–43.

Feeney, B. C., Collins, N. L., van Vleet, M., & Tomlinson, J. M. (2013). Motivations for providing a secure base: Links with attachment orientation and secure base support behavior. *Attachment and Human Development, 15*(3), 261–280.

Fehr, B., Harasymchuk, C., & Sprecher, S. (2014). Compassionate love in romantic relationships: A review and some new findings (Review). *Journal of Social and Personal Relationships, 31*(5), 575–600.

Gouveia, V. V., Vione, K. C., Milfont, T. L., & Fischer, R. (2015). Patterns of value change during the life span: Some evidence from a functional approach to values. *Personality and Social Psychology Bulletin, 41*, 1276–1290.

Gu, X., & Tse, C.-H. (2018). Abstractness and desirableness in the human values system: Self-transcendence values are construed more abstractly, but felt more closely than are self-enhancement values. *Asian Journal of Social Psychology, 21*, 282–294.

Hadden, B. W., Smith, C. V., & Knee, C. R. (2014). The way I make you feel: how relatedness and compassionate goals promote partner's relationship satisfaction. *Journal of Positive Psychology, 9*(2), 155–162.

Han, K. J., & Kim, S. (2019). Toward more persuasive diabetes messages: Effects of personal value orientation and freedom threat on psychological reactance and behavioral intention. *Journal of Health Communication, 24*(2), 95–110.

Heim, E., Maercker, A., & Boer, D. (2019). Value orientations and mental health: A theoretical review. *Transcultural Psychiatry, 56*, 449–470.

Impett, E. A., Javam, L., Le, B. M., Asyabi-Eshghi, B., & Kogan, A. (2013). The joys of genuine giving: Approach and avoidance sacrifice motivation and authenticity. *Personal Relationships, 20*(4), 740–754.

Iosifyan, M. A., Arina, G. A., & Nikolaeva, V. V. (2019). Values and fears: Value priorities and fear of health impairments. *Clinical Psychology and Special Education, 8*(1), 103–117.

Jiang, T., Canevello, A., Gore, J. S., Hahn, J. H., & Crocker, J. (2017). The association between compassionate goals and relational-interdependent self-construal. *Journal of the International Society for Self and Identity, 16*(2), 143–170.

Jo, H. S., Ou, Y-Y., & Kung, C-C. (2019). The neural substrate of self- and other-concerned wellbeing: An fMRI study. *PLoS ONE, 14*(10), e0203974.

Kang, Y. (2018). Examining interpersonal self-transcendence as a potential mechanism linking meditation and social outcomes. *Current Opinion in Psychology, 28*, 115–119.

Kang, Y., Cooper, N., Pandey, P., Scholz, C., O'Donnell, M. B., Lieberman, M. D., ... Falk, E.

B. (2018). Effects of self-transcendence on neural responses to persuasive messages and health behavior change. *Proceedings of the National Academy of Sciences of the United States of America*, 115(40), 9974–9979.

Kang, Y., O'Donnell, M. B., Strecher, V. J., Taylor, S. E., Lieberman, M. D., & Falk, E. B. (2017). Self-transcendent values and neural responses to threatening health messages. *Psychosomatic Medicine*, 79(4), 379–387.

Kao, C. H., Su, J. C., Crocker, J., & Chang, J. H. (2017). The benefits of transcending self-interest: Examining the role of self-transcendence on expressive suppression and wellbeing. *Journal of Happiness Studies*, 18(4), 959–975.

Kovacs, M. (1992). *The Children's Depression Inventory (CDI) Manual*. Toronto, ON: MultiHealth Systems.

Klimecki, O. M. (2019). The role of empathy and compassion in conflict resolution. *Emotion Review*, 11(4), 310–325.

Knight, G. P., Carlo, G., Mahrer, N. E., & Davis, A. N. (2016). The socialization of culturally related values and prosocial tendencies among mexican-american adolescents. *Child Development*, 87(6), 1758–1771.

Kroger, J., and Marcia, J. E. (2011). "The identity statuses: origins, meanings, and interpretations," in *Handbook of Identity Theory and Research*, eds S. Schwartz, K. Luyckx, and V. Vignoles (New York, NY: Springer).

Law, A., & Staudinger, U. M. (2016). Eudaimonia and Wisdom. In J. Vittersø (ed.), Handbook of eudaimonic well-being (pp. 135–146), *International Handbooks of Quality-of-Life*.

Leary, M. R., and Terry, M. L. (2012). "Hypo-egoic mindsets: antecedents and implications of quieting the self," in *Handbook of Self and Identity*, 2nd Edn. eds M. R. Leary, and J. P. Tangney (New York, NY: Guilford). 268–288.

Leary & J. P. Tangney (Eds.), *Handbook of self and identity* (2nd ed.). New York: Guilford.

Leersnyder, J., Koval, P., Kuppens, P., & Mesquita, B. (2017). Emotions and concerns: Situational evidence for their systematic co-occurrence. *Emotion*, 18(4), 597–614.

Le, B. M., Impett, E. A., Kogan, A., Webster, G. D., & Cheng, C. (2013). The personal and interpersonal rewards of communal orientation. *Journal of Social and Personal Relationships*, 30(6), 694–710.

Lederbogen, F., Kirsch, P., Haddad, L., Streit, F., Tost, H., & Schuch, P., et al. (2011). City living and urban upbringing affect neural social stress processing in humans. *Nature*, 474: 498.

Lee, M. A., & Kawachi, I. (2019). The keys to happiness: Associations between personal values regarding core life domains and happiness in south Korea. *Plos One*, 14(1), e0209821.

Lim, D., & Desteno, D. (2016). Suffering and compassion: The links among adverse life experiences, empathy, compassion, and prosocial behavior. *Emotion*, 16(2), 175–182.

Liu, P., Wang, X., Li, D., Zhang, R., Li, H., & Han, J. (2021). The benefits of self-transcendence: Examining the role of values on mental health among adolescents across regions in China. *Frontiers in Psychology*, 12, 630420.

Li, D., Zhou, T., Liu, J. S., Dai, Y., Chen, M. X., & Chen, X. Y. (2018). Values of adolescent across regions in China: Relations with social, school, and psychological adjustment. *Journal of Psychological Science*, 41, 1292–1301.

Liu, X., Fu, R., Li, D., Liu, J., & Chen, X. (2018). Self- and group-orientations and adjustment in urban and rural chinese children. *Journal of Cross-Cultural Psychology*, 49, 1440–1456.

Luyckx, K., Soenens, B., & Goossens, L. (2006). The personality-identity interplay in emerging adult women: convergent fndings from complementary analysis. *European Journal of Personality, 20*, 195-215.

Maio, G. R., Pakizeh, A., Cheung, W., & Rees, K. (2009). Changing, priming, and acting on values: Effects via motivational relations in a circular model. *Journal of Personality and Social Psychology, 97* (4), 699-715.

Martela, F., & Ryan, R. M. (2016). Prosocial behavior increases well-being and vitality even without contact with the beneficiary: Causal and behavioral evidence. *Motivation and Emotion, 40* (3), 351-357.

Morelli, S. A., Lee, I. A., Arnn, M. E., & Zaki, J. (2015). Emotional and instrumental support provision interact to predict well-being. *Emotion, 15*(4), 484-493.

Moore, D. W., & Schultz, N. R. (1983). Loneliness at adolescence: Correlates, attributions, and coping. *Journal of Youth and Adolescence. 12*, 95-100.

Nelson, S. K., Layous, K., Cole, S. W., & Lyubomirsky, S. (2016). Do unto others or treat yourself? The effects of prosocial and self-focused behavior on psychological flourishing. *Emotion, 16*, 850-861.

Persson, B. N., & Kajonius, P. J. (2016). Empathy and universal values explicated by the empathy-altruism hypothesis. *The Journal of Social Psychology, 156*, 610-619.

Reis, H. T., Maniaci, M. R., & Rogge, R. D. (2014). The expression of compassionate love in everyday compassionate acts. *Journal of Social and Personal Relationships, 31*(5), 651-676.

Ricard, M. (2010). Why meditate? Working with thoughts and emotions. New York: Hay House.

Rudnev, M., Magun, V., & Schwartz, S. H. (2018). Relations among higher order values around the world. *Journal of Cross-Cultural Psychology, 49*(8), 1165-1182.

Runyan, J. D., Fry, B. N., Steenbergh, T. A., Arbuckle, N. L., Dunbar, K., & Devers, E. E. (2018). Using experience sampling to examine links between compassion, eudaimonia, and pro-social behavior. *Journal of Personality, 87*(3), 690-701.

Ryff, C. D. (1989). Happiness is everything, or is it? Explorations on the meaning of psychological well-being. *Journal of Personality and Social Psychology, 57*(6), 1069-1081.

Sagiv, L., & Schwartz, S. H. (2000). Value priorities and subjective wellbeing: direct relations and congruity effects. *European Journal of Social Psychology, 30*, 177-198.

Sagiv, L., Roccas, S., & Oppenheim-Weller, S. (2015). Values and well-being. *Positive psychology in practice: Promoting human flourishing in work, health, education, and everyday life* (2nd ed.). John Wiley & Sons, Inc.

Sarid, O., Melzer, I., Kurz, I., Shahar, D. R., & Ruch, W. (2010). The effect of helping behavior and physical activity on mood states and depressive symptoms of elderly people. *Clinical Gerontologist, 33*(4), 270-282.

Schwartz, S. H., & Bardi, A. (2001). Value hierarchies across cultures: taking a similarities perspective. *Journal of Cross-Cultural Psychology, 32*, 268-290.

Schwartz, S. H., Melech, G., Lehmann, A., Burgess, S., Harris, M., & Owens, V. (2001). Extending the cross-cultural validity of the theory of basic human values with a different method of measurement. *Journal of Cross Cross-Cultural Psychology, 32*, 519-542.

Schwartz, S. H. (1992). Universals in the content and structure of values: Theory advances and empirical tests in 20 countries. In M. P. Zanna (Ed.), *Advances in experimental social psychology* (pp. 1-65). New York: Academic Press.

Schwartz, S. H. (2015). Basic individual values: Sources and consequences. In D. Sander and T. Brosch

(Eds.), Handbook of value. Oxford: UK, Oxford University Press.

Schwartz, S. H., & Bilsky, W. (1987). Toward a universal psychological structure of human values. *Journal of Personality and Social Psychology*, 53(3), 550-562.

Silke, C., Brady, B., Boylan, C., & Dolan, P. (2018). Factors influencing the development of empathy and pro-social behaviour among adolescents: a systematic review. *Children and Youth Services Review*, 94, 421-436.

Sortheix, F. M., & Lonnqvist, J. E. (2014). Personal value priorities and life satisfaction in europe: the moderating role of socioeconomic development. *Journal of Cross Cross-Cultural Psychology*, 45, 282-299.

Stellar, J. E., Gordon, A. M., Piff, P. K., Cordaro, D., Anderson, C. L., Bai, Y., et al. (2017). Self-transcendent emotions and their social functions: compassion, gratitude, and awe bind us to others through prosociality. *Emotion Review*, 9, 1-8.

Tamir, M., Schwartz, S. H., Cieciuch, J., Riediger, M., Torres, C., & Scollon, C., et al. (2015). Desired emotions across cultures: A value-based account. *Journal of Personality and Social Psychology*, 111, 67-82.

Twenge, J. M. (2015). Time period and birth cohort differences in depressive symptoms in the U.S., 1982-2013. *Social Indicators Research*, 121(2), 437-454.

Ungvary, S., Mcdonald, K. L., & Benish-Weisman, M. (2017). Identifying and distinguishing value profiles in american and israeli adolescents. *Journal of Research on Adolescence*, 28(2), 294-309.

Vaillant, G. (2002). *Ageing well: Surprising guideposts to a happier life*. Landmark Harvard Study of Adult Development. Little, Brown, NY

Vishkin, A., Schwartz, S. H., Bloom, P. B., Solak, N., & Tamir, M. (2020). Religiosity and desired emotions: Belief maintenance or prosocial facilitation? *Personality and Social Psychology Bulletin*, 46(7), 1090-1106.

Wang, S.-Y., Wong, Y. J., & Yeh, K.-H. (2016). Relationship harmony, dialectical coping, and nonattachment: Chinese indigenous well-being and mental health. *Counseling Psychologist*, 44(1), 78-108.

Watson, D., Clark, L. A., & Carey, G. (1988). Positive and negative affectivity and their relation to anxiety and depressive disorders. *Journal of Abnormal Psychology*, 97(3), 346-353.

Wang, D., Yang, X., Wang, Y., & Richard, B. M. (2015). The assessment of marital attachment and its relationship with general attachment among older adults. *Acta Psychologica Sinica*, 47, 1133-1142.

Wong, P. T. P. (2012). The meaning mindset: Measurement and implications. *International Journal of Existential Psychology and Psychotherapy*, 4(1), 1-3.

Wong, P. T. P. (2016). Meaning-seeking, self-transcendence, and well-being. In A. Batthyany (Ed.), *Logotherapy and existential analysis: Proceedings of the Viktor Frankl Institute* (Vol. 1; pp. 311-322). Cham, CH: Springer.

Wong, P. T. P. (2020). *Made for Resilience and Happiness: Effective Coping with COVID-19 According to Viktor E. Frankland Paul T. P. Wong*. Publisher: INPM Press.

Yang, X. (2016). Self-compassion, relationship harmony, versus self-enhancement: Different ways of relating to well-being in Hong Kong Chinese. *Personality and Individual Differences*, 89, 24-27.

Yang, Z. Y., Sedikides, C., Yue, X. T., & Cai, H. J. (2020). Sense of home buffers threats to the self. *Asian Journal of Social Psychology*, 23(3), 313-318.

Zibenberg, A., & Kupermintz, H. (2016). Personal values and intergroup empathy. *Journal of Human Values*, 22(3), 180-193.

Zhou, H., & Long, L. (2004). Statistical remedies for common method biases. *Advances in Psychological Science, 12,* 942–950.

Zhu, X., Hu, X., & Jiang, G. (2015). The developmental patterns of working alliance in counseling: Relationships to therapeutic outcomes. *Acta Psychological Sinica, 47,* 1279–1287.

第八章

青少年价值观与情绪适应的关系

本章概要：根据一般攻击模型及自私/无私幸福感模型，青少年价值观可能与情绪调节密切关联，但目前较少有研究对二者之间的关系进行系统探讨。基于情绪调节的扩展过程模型及驱动模型，本章主要从外显和内隐两个层面，通过问卷调查和实验研究，系统考察青少年自我超越(vs.自我增强)价值观与情绪调节各要素(即情绪目标、情绪识别、调节策略、调节效果)之间的关系。研究结果显示青少年越认同自我超越价值观，越倾向体验到社会参与情绪，自我增强价值观则与相应情绪目标之间的关联程度较弱；自我超越组青少年相比自我增强组对消极人际信息存在注意偏向，倾向采用控制型调节方式；自我超越组青少年相比自我增强组搜索愤怒背景下高兴面孔的速度更快，情绪调节在自我超越与孤独感之间起完全中介作用。以上结果表明，自我超越价值观与情绪调节及其要素密切相关。与自我增强价值观相比，自我超越价值观可以优化青少年的情绪调节。

第一节 青少年自我超越价值观与情绪目标[①]

1 引言

情绪是个体对外部和内部事物产生的主观体验，是一种可以被调节的反应倾向(李红 等，2019)。情绪调节则是个体尝试使用情绪调节策略将现有情绪状态转变为期望的情绪状态的过程(Gross, 2015)。因此，情绪调节的结果取决于人们所渴望的情绪状态，以及实现情绪状态所使用的策略(Tamir, 2016)。以往大多数关于情绪调节的研究集中于个体如何进行情绪调节，也就是考察不同情绪调节策略的效用(Webb et al., 2012)，很少有研究关注个体为什么这样进行情绪调节，即人们所渴望的情绪状态(即情绪目标)，而情绪目标会激发相应的情绪调节。因此，塔米尔(Tamir, 2016)提出了情绪调节的驱动模型，不仅强调人们如何调节自己的

[①] 原文出处：Liu, P., Zhou, S., Cui, L., Cai, D., Li, D. (2022). Why does one want to feel socially engaging emotions? The role of self-transcendence values on desired emotions among adolescents. *Personality and Individual Differences*, 185, 111257. 此次刊载有所删减。

情绪,同时更重视人们在进行情绪调节时希望感受到何种情绪。

情绪目标是指个体想要达到的情绪状态(Tamir, 2016),决定了人们情绪调节的方向、所采用的情绪调节策略以及最终的情绪体验。情绪期望的价值观解释模型(the value-based account of desired emotions; Tamir et al., 2016)指出,人们渴望体验到与他们所认同价值观相一致的情绪。具体来说,个体越认同自我超越价值观,越倾向体验到社会参与情绪(socially engaging emotions),如共情、同情等;个体越认同自我增强价值观,越倾向体验到社会脱离情绪(socially disengaging emotions),如敌意、嫉妒等。有研究考察了8种不同文化背景下成年人的价值观和情绪目标的关系(Tamir et al., 2016),研究结果验证了上述理论假设。

然而,价值观和情绪目标之间的关系在青少年群体中是否与成人一致,尚不清楚。价值观认同存在年龄差异(Schwartz, 2005),虽然个体在青少年时期对自我增强价值观的认同程度有所上升,但依然更认同自我超越价值观(Liu et al., 2021; Ungvary et al., 2017)。因此,青少年自我超越价值观与相应的情绪目标密切相关的可能性较大,而自我增强价值观与相应的情绪目标可能关联度较少。此外,以往研究主要采用自我报告方式来测查被试的情绪目标,情境选择任务让被试选择能够诱发情绪目标的刺激,所选择的刺激类型可以反映人们希望体验到的情绪(Millgram et al., 2015),该任务可以弥补自我报告的主观偏差。以往有研究采用了情境选择任务,结果发现与正常被试相比,抑郁个体选择观看更多悲伤的图片,听更多悲伤的音乐(李红 等,2019; Millgram et al., 2015)。为了与自我报告中所使用的情绪条目相对应,本研究根据人际和谐程度来筛选两种类型的图片(陈念劬,2017)。其中一种类型的图片,如家庭、亲子和友谊,用于诱发被试的社会参与情绪;另一种类型的图片,如竞争和攻击,用来诱发被试的社会脱离情绪。

综上,为了扩展和检验情绪期望的价值观解释模型,本研究主要探讨青少年自我超越、自我增强价值观与特定情绪目标之间的关系。

2 青少年自我超越、自我增强价值观与特定情绪目标之间的关系

2.1 方法

2.1.1 被试

使用 G*Power 3.1(Faul et al., 2007)计算本研究所需样本量。选择"F test, Linear multiple regression: Fixed model, R^2 increase",效应量设置为 0.15(Cohen, 1988),α 设置为 0.05,要检验的预测变量设置为 1(即,价值观),预测变量的总数设置为 4(即,地域、性别、情绪体验、价值观),计算结果表明,为了达到 0.95 的统计检验力,本研究共需要 89 名被试。

从上海、山东青岛两地选取两所高中,采取方便抽样法测查 456 名高二学生,回收有效问卷 423 份(上海共 308 人,山东共 115 人),回收率 92.76%。其中,男生有 226 人,女生有 197 人。被试的平均年龄为 17.26 岁($SD=0.47$)。通过学校获得所有被试及其家长的书面同意,并告知所有被试该研究是匿名和自愿的。测查结束后,赠送被试一份精美礼物表示感谢。

2.1.2 测量工具

价值观。采用肖像价值观问卷(PVQ; Cieciuch & Schwartz, 2012)来评估青少年的价值观。在本研究中,自我超越价值观和自我增强价值观的内部一致性系数分别为0.81和0.72。

情绪目标。本研究测查了与自我超越和自我增强价值观相对应的情绪条目,这些情绪条目不考虑其效价和唤醒度,以往研究已有涉及(Tamir et al., 2016; Tamir et al., 2017; Vishkin et al., 2020)。具体来说,社会参与情绪包括共情、同情、信任、疼爱、关怀;社会脱离情绪包括愤怒、蔑视、敌意、憎恨、嫉妒。要求被试评定他们希望在日常生活中体验到这些情绪条目的程度,采用5点计分(1=从不,5=大部分时间)。所用情绪条目以预定的固定随机顺序呈现(Tamir et al., 2016)。分别将两个价值观对应的条目进行平均,形成两个情绪目标量表。在本研究中,社会参与情绪和社会脱离情绪的内部一致性系数分别为0.74和0.85。

情绪体验。基于以往研究(Tamir et al., 2016),本研究将情绪体验作为控制变量,以确保价值观和情绪目标之间的关联不受价值观和情绪体验关系的影响。所评定的情绪条目与情绪目标条目一致,要求被试评定他们在日常生活中体验到这些情绪条目的程度,采用5点计分(1=从不,5=大部分时间)。这些情绪条目以预定和固定的随机顺序呈现,并与情绪目标问卷中的情绪条目的呈现顺序不同(Tamir et al., 2016)。分别将两个价值观对应的条目进行平均,形成两个情绪体验量表。在本研究中,社会参与情绪和社会脱离情绪的内部一致性系数分别为0.78和0.87。

2.1.3 统计分析

本研究采用SPSS 23.0对数据进行整理与分析。首先,采用Harmen单因素法以进行共同方法偏差检验。其次,采用相关分析以考察各变量之间的相关关系。最后,采用回归分析以考察价值观对相应的情绪目标的预测作用。

2.2 结果

2.2.1 共同方法偏差检验

为了进行共同方法偏差检验,进行Harman单因素检验,结果表明,共提取9个特征根大于1的因素,第一个因素解释变异量为19.35%,小于40%。因此,本研究中不存在严重的共同方法偏差。

2.2.2 相关分析

相关分析结果表明(见表8-1),自我超越价值观与期望的社会参与情绪呈显著正相关,自我增强价值观与期望的社会脱离情绪呈显著正相关。

表8-1 描述性统计结果和各变量之间的相关分析($N=423$)

		M	SD	1	2	3	4	5	6
价值观	1. 自我超越	0.13	0.43	1					
	2. 自我增强	−0.34	0.60	−0.50**	1				

续表

		M	SD	1	2	3	4	5	6
情绪目标	3. 社会参与	3.83	0.71	0.28**	−0.07	1			
	4. 社会脱离	1.88	0.68	−0.14**	0.12*	−0.09*	1		
情绪体验	5. 社会参与	3.46	0.74	0.25**	−0.16**	0.55**	0.05	1	
	6. 社会脱离	2.10	0.72	−0.20**	0.31**	0.10*	0.52**	−0.04	1

注：* $p<0.05$，** $p<0.01$．

2.2.3 回归分析

根据以往研究(Tamir et al., 2016)，对性别、地域和情绪体验进行控制。回归分析结果表明(见表8-2)，在控制性别、地域和情绪体验的影响之后，自我超越价值观可以显著正向预测期望的社会参与情绪，但是自我增强价值观不能显著正向预测期望的社会脱离情绪。

表8-2 回归分析结果

结果变量	预测变量	R	R^2	F	β	t	Boot CI 下限	Boot CI 上限
期望的社会参与情绪		0.58	0.34	54.89***				
	地域				0.12	3.10**	0.07	0.32
	性别				0.02	0.53	−0.08	0.14
	体验的社会参与情绪				0.52	12.61***	0.42	0.57
	自我超越价值观				0.14	3.49**	0.10	0.37
期望的社会脱离情绪		0.63	0.39	67.33***				
	地域				−0.33	−8.67***	−0.63	−0.40
	性别				−0.09	−2.43*	−0.23	−0.03
	体验的社会脱离情绪				0.51	12.61***	0.41	0.56
	自我增强价值观				−0.06	−1.54	−0.16	0.02

注：* $p<0.05$，** $p<0.01$，*** $p<0.001$．

2.3 小结

本研究发现，在控制地域、性别、情绪体验的影响之后，越认同自我超越价值观的被试，越希望体验到社会参与情绪，而自我增强价值观和相应的情绪目标之间的关联程度较弱。这一结果与以往以成年人为被试的研究结果并不完全一致。这可能是因为价值观认同存在年龄差异，青少年时期的个体更加认同自我超越价值观，以满足自己的社交性需求。而自我增强价值观更多强调对于权力、财富等的追求，青少年对此没有清晰的理解和认识，对该价值观的认同度较低。因此,青少年自我超越价值观与相应的情绪目标存在密切关联,青少年自我增强价值观与相应的情绪目标关联较弱。

3 青少年自我超越(vs.自我增强)价值观对情绪目标的作用

3.1 方法

3.1.1 被试

首先,使用 G*power 3.1 软件(Faul et al., 2007)将效应量设置为 0.25,α 设置为 0.05,$1-\beta$ 设置为 0.95。结果表明,本实验共需要 44 名被试。

随机选取山东高二的两个班级的学生(共 81 人)来参加本次实验,其中男生 23 人,女生 58 人。被试平均年龄为 17.85 岁($SD=0.45$)。所有被试都在自愿的情况下参加本实验,实验结束后赠送被试一份精美小礼物以表示感谢。

为了比较不同价值观认同度的被试在完成情境选择任务中的差异,根据以往研究的做法(Bojanowska & Piotrowski, 2018; Liu et al., 2021),基于被试在两个价值观上的得分,采用 K-means 聚类分析法将被试分成两组(见表 8-3)。两组被试在自我超越价值观($t(79)=5.43$,$p<0.001$,Cohen'$d=1.21$)和自我增强价值观($t(79)=12.29$,$p<0.001$,Cohen'$d=-2.73$)得分上存在显著差异。其中,自我超越组有 11 名男生(30 名女生),自我增强组有 12 名男生(28 名女生)。两组被试在性别上不存在显著差异,$\chi^2=0.10$,$p=0.75$。进一步采用判别分析法以确认 K-means 聚类分组的有效性(见表 8-4)。判别分析结果表明,100% 的被试被准确分到两组,验证了 K-means 聚类分组具有可靠性,而且该分组也符合人类基本价值观的理论假设,即自我超越和自我增强所表达的动机相互冲突,个体不能同时追求这两个价值观(Cieciuch et al., 2015)。

表 8-3　K-means 聚类分组结果

	自我超越组($n=41$)	自我增强组($n=40$)
自我超越价值观得分	0.36	−0.11
自我增强价值观得分	−0.94	0.10

注:自我超越组:与自我增强价值观相比,被试更加认可自我超越价值观;
　自我增强组:与自我超越价值观相比,被试更加认同自我增强价值观。

表 8-4　判别分析结果

		判别分析的预测组别		
		自我超越组	自我增强组	总计
K-means 聚类分组	自我超越组	41(100%)	0(0%)	41
	自我增强组	0(0%)	40(100%)	40

注:41 名被试被准确分到自我超越组(准确率为 100%),40 名被试被准确分到自我增强组(准确率为 100%)。总体上共有 81 名被试被正确预测,预测准确率为 100%。

3.1.2 实验设计

本实验是2(组别:自我超越/自我增强)×3(图片类型:社会参与/社会脱离/中性)的混合实验设计。其中,组别为被试间变量,图片类型为被试内变量。因变量为被试选择看每类图片的次数。

3.1.3 实验材料

为了与调查2所使用的情绪条目相对应,从中国情绪图片系统(Chinese affective picture system, CAPS)(白露 等,2005)中选择社会参与、社会脱离和中性图片各22张。社会参与图片用于诱发社会参与情绪,例如与亲朋好友聚会;社会脱离图片用于诱发社会脱离情绪,例如竞争;中性图片作为控制条件,例如自然景观。

然后,邀请21名研究生对这些图片的效价、唤醒度、人际和谐程度(即,这个场景是亲社会还是反社会;陈念劬,2017)及其诱发的社会参与情绪和社会脱离情绪的程度以9点量表进行评定。

最终,选择符合实验要求的社会参与、社会脱离和中性图片各10张,总计30张图片作为正式实验的材料。三类图片在效价上存在显著差异,$F(2,27)=292.46, p<0.001, \eta_p^2=0.95$,社会参与图片($M=7.63, SD=0.29$)的效价高于社会脱离图片($M=3.00, SD=0.58$)和中性图片($M=5.06, SD=0.35$),且中性图片的效价高于社会脱离图片,$ps<0.001$。三类图片在唤醒度上存在显著差异,$F(2,27)=60.01, p<0.001, \eta_p^2=0.82$,社会参与图片($M=6.57, SD=0.36$)和社会脱离图片($M=6.27, SD=0.51$)的唤醒度高于中性图片($M=4.42, SD=0.53$),$ps<0.001$,社会参与图片和社会脱离图片的唤醒度不存在显著差异,$p=0.16$。三类图片在人际和谐度上存在显著差异,$F(2,27)=577.04, p<0.001, \eta_p^2=0.09$,社会参与图片($M=7.74, SD=0.19$)的人际和谐度高于社会脱离图片($M=3.35, SD=0.46$)和中性图片($M=4.90, SD=0.05$),中性图片的人际和谐度高于社会脱离图片,$ps<0.001$。所选择的社会参与图片能有效诱发社会参与情绪($M=7.32, SD=0.26$);而社会脱离图片能够有效诱发社会脱离情绪($M=5.23, SD=0.67$)。

3.1.4 实验程序

本实验采用图片选择任务(image-selection task)(李红 等,2019;Millgram et al., 2015),采用E-prime2.0编制实验程序,并记录被试的按键反应。首先,屏幕中央会出现注视点"+"1 000 ms。然后,三种类型的图片随机呈现,每张图片呈现时间为1 500 ms。被试的任务是观看图片后判断是否喜欢所呈现的图片。如果被试喜欢该图片,则按"F"键,图片再呈现2 000 ms;如果被试不喜欢该图片,则按"J"键,出现黑色屏幕2 000 ms。流程见图8-1。为了平衡按键顺序对实验结果的影响,一半被试的按键设置为:按"F"键,看黑色屏幕2 000 ms,按"J"键,则重新看该图片2 000 ms;另一半被试的按键设置为:按"J"键,看黑色屏幕2 000 ms,按"F"键,则重新看该图片2 000 ms。

被试在完成以上任务后,每张图片再呈现2 000 ms,要求被试按键评估该图片让他们感受到的社会参与和社会脱离情绪的程度,从1(非常微弱)到9(非常强烈)进行9点等级评定,分数越高则表明被试的情绪体验越强。

图 8-1 图片选择流程图

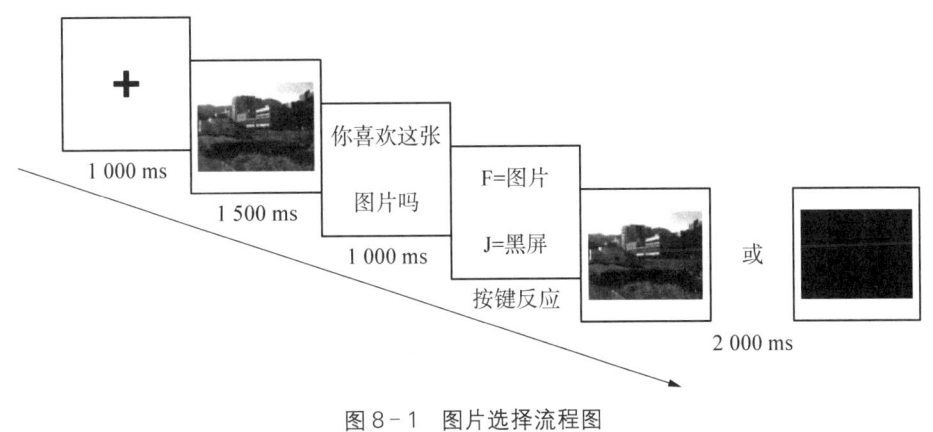

3.1.5 统计分析

采用 SPSS23.0 对数据进行整理和分析。首先,根据以往研究(李红 等,2019; Millgram et al.,2015),采用 2(组别)×3(图片类型)×3(情绪反应)的重复测量方差分析,以检验三类图片是否能够诱发被试的具体情绪以及这种效应对于两组被试来说是否同等有效。其次,采用 2(组别)×3(图片类型)的重复测量方差分析,以比较两组被试在观看三类图片次数上的差异。

3.2 结果

3.2.1 操纵检验

对三类图片的情绪评定进行 2(组别:自我超越、自我增强)×3(图片类型:社会参与、社会脱离、中性)×3(情绪反应:社会参与情绪、社会脱离情绪、中性情绪)的重复测量方差分析。描述性统计结果见表 8-5。方差分析结果表明,图片类型与情绪反应的交互作用显著,$F(2,158)=180.54, p<0.001, \eta_p^2=0.70$。简单效应分析结果表明,社会参与图片比社会图片和中性图片可以诱发更多的社会参与情绪,$ps<0.001$;社会脱离图片比社会参与图片和中性图片可以诱发更多的社会脱离情绪,$ps<0.001$。组别×图片类型×情绪反应的交互作用不显著,$F(2,158)=2.66, p=0.07, \eta_p^2=0.03$,这表明两组被试在对于两类图片的情绪反应上不存在显著差异。

表 8-5 两组被试对三类图片的情绪反应($M \pm SD$)

组别与情绪评定	图片类型		
	社会脱离	社会参与	中性
自我超越组($n=41$)			
社会脱离情绪	5.91±1.13	1.98±0.85	3.58±1.31
社会参与情绪	3.84±1.21	7.31±1.01	5.32±0.95
自我增强组($n=40$)			
社会脱离情绪	5.31±1.99	2.41±1.48	4.06±1.55
社会参与情绪	3.57±1.37	6.67±1.44	4.72±1.25

此外,图片类型主效应显著,$F(2,158)=3.51$,$p=0.03$,$\eta_p^2=0.04$,中性图片比社会参与图片和社会脱离图片诱发出较弱的情绪反应,$ps<0.05$;社会参与图片和社会脱离图片所诱发的情绪反应不存在显著差异,$p=0.56$。情绪反应主效应显著,$F(1,79)=103.28$,$p<0.001$,$\eta_p^2=0.57$,被试的社会参与情绪反应高于社会脱离情绪。最后,组别与情绪反应的交互作用显著,$F(1,79)=5.17$,$p=0.026$,$\eta_p^2=0.06$。简单效应分析结果表明,与自我增强组被试相比,自我超越组被试对于三类图片有更多的社会参与情绪反应,$p=0.008$;但是两组被试对于三类图片的社会脱离情绪反应上不存在显著差异,$p=0.58$。组别与图片类型的交互作用不显著,$F(2,158)=2.44$,$p=0.09$,组别的主效应不显著,$F(1,79)=2.50$,$p=0.12$。

3.2.2 图片选择

对被试选择观看图片的次数进行2(组别:自我超越组、自我增强组)×3(图片类型:社会脱离图片、社会参与图片、中性图片)的重复测量方差分析。描述性统计结果见表8-6。方差分析结果表明,图片类型的主效应显著,$F(2,158)=222.21$,$p<0.001$,$\eta_p^2=0.74$,被试选择观看社会参与图片的次数多于社会脱离图片($p<0.001$)和中性图片($p<0.001$),被试选择观看中性图片的次数多于社会脱离图片($p<0.001$)。组别主效应显著,$F(1,79)=13.89$,$p<0.001$,$\eta_p^2=0.15$,自我超越组被试选择观看的次数多于自我增强组。组别与图片类型的交互作用显著(见图8-2),$F(2,158)=3.47$,$p=0.03$,$\eta_p^2=0.04$。简单效应分析结果表明,与自我增强组被试相比,自我超越组被试选择看更多的社会参与图片($p=0.04$)和中性图片($p=0.001$),两组被试在社会脱离图片的选择次数上不存在显著差异,$p=0.92$。

表8-6 两组被试选择观看三类图片的次数($M \pm SD$)

图片类型	自我超越组($n=41$)	自我增强组($n=40$)
社会参与	8.63±1.19	7.70±2.60
社会脱离	1.49±1.79	1.45±1.96
中性	7.49±1.96	5.70±2.50

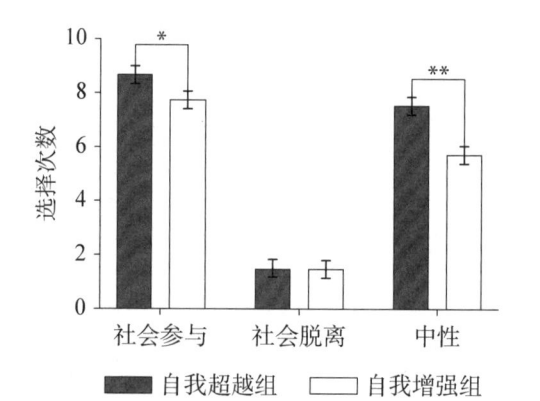

图8-2 两组被试对三类图片的选择次数

注:误差线为标准误;* $p<0.05$,** $p<0.01$

3.2.3 小结

与研究1结果相似,研究2仅发现自我超越组被试和自我增强组被试在社会参与及中性情境图片上存在显著差异,也就是说,与自我增强组被试相比,自我超越组被试会选择再次观看社会参与及中性情境图片。然而,两组被试在社会脱离情境图片的选择次数上不存在显著差异。

3.3 讨论

本研究探讨了青少年自我超越、自我增强价值观和相应情绪目标之间的关系,结果发现,在控制性别和情绪体验的影响之后,自我超越价值观可以正向预测期望的社会参与情绪,而自我增强价值观不能预测期望的社会脱离情绪。与问卷结果相一致,本研究还发现,与自我增强组被试相比,自我超越组被试选择观看更多的社会参与图片和中性图片。

3.3.1 价值观和情绪目标的关系

以往研究以成年人为被试,考察了价值观和情绪目标之间的关系,结果发现,越认同自我超越价值观的个体,越希望体验到更多的同情和共情;而越认同自我增强价值观的个体,越倾向体验到更多的愤怒和敌意(Tamir et al., 2016)。然而,本研究仅发现,只有自我超越价值观可以正向预测相应的情绪目标,而自我增强价值观不能预测相应的情绪目标。这些结果表明,价值观和情绪目标之间的关系可能受到年龄的调节影响。

价值观是动机性的目标,并具有独特的适应功能,不同年龄阶段的个体对于同一价值观的认同程度存在显著差异(Gouveia et al., 2015)。戈维亚等人(Gouveia et al., 2014)提出的价值观功能理论侧重于两种价值观功能,即引导行动和表达需求,并基于该理论研究了价值观在不同生命阶段的变化(Gouveia et al., 2015)。例如,自我超越价值观表达了社会目标,强调情感和归属感,这可能是所有年龄阶段的个体都关心的问题;而自我增强价值观表达了个人目标,并强调物质上的成就,个体在成年早期对这些目标的重视程度增加,然后随着年龄的增长而减少。本研究结果也表明,青少年对自我超越价值观的认同度较高,对自我增强价值观的认同度较低,这与上述理论和以往的实证研究结果相一致(Bojanowska & Piotrowski, 2018; Liu et al., 2021)。

青少年的关键任务之一是发展亲密的同伴关系和友谊(Gouveia et al., 2015)。自我超越价值观与更多亲社会行为相关(Benish-Weisman et al., 2019),认同自我超越价值观可以满足他们的人际需求。然而,自我增强价值观反映了对自身利益的关心,甚至以牺牲他人福祉为代价,认同自我增强价值观的青少年则可能会有较多攻击行为,这可能会破坏和谐的人际关系(Benish-Weisman, 2019)。此外,自我增强价值观也强调对于权力的重视,处于青少年时期的个体可能对这种目标追求没有清晰的理解。总体而言,本研究中的青少年更加认同自我超越价值观,希望感受到更多的社会参与情绪。具体来说,认同自我超越价值观的青少年希望体验到更多的共情和关爱(调查2),并选择观看更多的社会参与图片(实验1)。在本研究中,由于青少年较少认同自我增强价值观,因此可能也不想感受到社会脱离情绪。具体表现为认同自我增强价值观的青少年不希望体验到更多的愤怒和敌意(调查2),也不愿意选择观看更多的社会脱离图片(实验1)。

此外,本研究还发现了一个意外且有趣的结果,与自我增强组青少年相比,自我超越组青少年也会选择观看更多的中性图片。相关研究提供了一个可能的解释。有研究(Conte et al., 2019)探讨了被试在观看相关情绪刺激时的皮肤电阻反应(skin conductance responses, SCRs)与他们所认同的价值观之间的关系。研究发现,被试越认同生物价值观(即环境价值观),他们在观看环保图片时的SCRs值越高。这表明,当个体在面对那些与自身所认同的价值观相一致的刺激时,可能会诱发更多的情绪反应。自我超越价值观也强调对自然的关注(Schwartz, 2015),而且本研究中的中性图片是自然场景(如草地,风景等)。因此,认同自我超越价值观的青少年也更喜欢看中性图片。

3.3.2 情绪目标服务于更高层次的情绪动机

为什么认同自我超越价值观的青少年会希望体验到更多的社会参与情绪,可能有几个方面的原因。首先,情绪目标可以为更高阶的目标服务,也就是情绪调节中的情绪动机(Tamir & Millgram, 2017)。作为工具性动机之一,社会性动机意味着人们希望发展和维持积极的社会关系,具有社会性动机的个体可能希望体验到社会参与情绪,从而加强亲密的人际关系(Tamir, 2016)。其次,认同自我超越价值观的个体是无私的,他们并不夸大自我的重要性,而且自我和他人之间具有强烈的联结感(Dambrun & Ricard, 2011)。更重要的是,认同自我超越价值观的个体坚持"和谐原则",他们与整个环境要素,不仅包括自己、他人,也包括所有的生命形式和自然环境,和谐地联系在一起(Dambrun & Ricard, 2011)。因此,认同自我超越价值观的青少年希望体验到社会参与情绪来实现他们的社会动机与和谐原则。

综上,青少年自我超越价值观与相应的情绪目标密切关联,青少年越认同自我超越价值观,越希望体验到社会参与情绪。

第二节 青少年自我超越价值观与内隐情绪调节的关系[①]

1 引言

以往研究者对外显情绪调节进行了大量考察。然而,格罗斯(Gross, 2011)指出情绪调节过程可以是有意识的,也可以是无意识的。作为一种目标导向过程,内隐情绪调节可以在不需要意志努力的情况下自动进行;但为了实现预期的情绪目标,内隐情绪调节也需要遵循特定的加工顺序(孙俊才 等, 2019)。

根据情绪调节的扩展过程模型(Sheppes et al., 2015),情绪调节包括识别、选择和实施三个阶段。因此,价值观对情绪调节的影响可分成三个部分:对情绪识别、策略选择、调节效果的影响(黄于飞 等, 2022)。这三个阶段相互关联,只有个体充分完成前两个部分才能获得较好的情绪调节效果。

情绪调节是目标驱动的过程,个体所追求的情绪目标会影响之后的情绪调节(Tamir,

[①] 原文出自:刘萍. (2022). 青少年自我超越、自我增强价值观与情绪调节的关系:外显和内隐的视角. (博士学位论文,上海师范大学). 此处为其中一部分内容,并略有删改.

2016)。如前所述,认同自我超越价值观的青少年希望体验到诸如共情、同情、关爱等社会参与情绪,这些情绪的主要功能在于维持和谐的人际联结。敌对、冲突等消极因素对人际和谐具有严重的破坏性作用,在这种情绪目标的引导下,认同自我超越价值观的青少年可能优先注意消极人际信息,并积极主动控制自己的情绪,避免不恰当的情绪表达对人际关系造成负面影响。与之相反,认同自我增强价值观的青少年以个人为中心,可能对人际情绪信息并不敏感,而且也可能会毫无修饰地表达自己的情绪。因此,与自我增强价值观相比,认同自我超越价值观的青少年有较好的内隐情绪调节效果。

从测量工具上看,情绪 Stroop 任务是考察内隐情绪调节的有效范式之一,特别是对于情绪信息的内隐识别(孙俊才 等,2019;Hafeman et al.,2014)。此外,基于内隐联想测验,有研究者(Mauss et al.,2006)开发了情绪调节版内隐联想测验,以考察被试对情绪控制与情绪表达的内隐评价,即被试对于控制型或表达型策略的偏好。在视觉搜索任务中,被试将高兴面孔从愤怒面孔矩阵中搜索出来的反应时可以衡量内隐情绪调节能力的高低(Jostmann et al.,2005)。也就是说,如果被试快速搜索到高兴面孔,他们需要将注意从愤怒面孔中解离出来,解离速度越快,说明内隐调节效果越好(Quirin et al.,2011)。这种测量方法可以弥补自我报告的主观偏差,因此越来越受到研究者的重视(孙俊才 等,2019)。

综上,本研究采用三个实验来分别考察青少年自我超越(vs. 自我增强)价值观对内隐情绪调节中的情绪识别、策略选择、调节效果的影响。

2 实验 1 青少年自我超越(vs.自我增强)价值观与情绪信息内隐识别的关系

本研究采用情绪 Stroop 任务,以考察自我超越(vs. 自我增强)价值观与情绪信息内隐识别的关系。本研究假设:与自我增强组相比,自我超越组被试对消极人际信息存在注意偏向,即被试判断消极人际关系词颜色的反应时更长。

2.1 方法

2.1.1 研究对象

使用 G* power 3.1 软件(Faul et al.,2007)将效应量设置为 0.25,α 设置为 0.05,$1-\beta$ 设置为 0.95。结果表明,本实验共需要 54 名被试。

从山东高二学生中随机选取两个班共 78 名被试参加本实验,平均年龄为 17.19 岁($SD=0.42$)。所有被试都在自愿的情况下参加本实验,实验结束后赠送被试一份精美小礼物以表示感谢。

为了比较不同价值观认同度的被试在完成情绪 Stroop 任务中的差异,根据以往研究的做法(Bojanowska & Piotrowski,2018;Liu et al.,2021),基于被试在两个价值观上的得分,采用 K-means 聚类分析法将被试分成两组(见表 8-7)。两组被试在自我超越价值观($t(76)=-4.95, p<0.001$, Cohen'$d=-1.12$)和自我增强价值观($t(76)=10.74, p<0.001$, Cohen'$d=2.43$)得分上存在显著差异。其中,自我超越组有 37 名(男生 12 名),自我增强组有 41 名(男生 9 名)。两组被试在性别上不存在显著差异,$\chi^2=1.08, p=0.30$。进一步采用判别分析法以确认

K-means 聚类分组的有效性(见表8-8)。判别分析结果表明,100%的被试被准确分到两组,验证了 K-means 聚类分组具有可靠性,而且该分组也符合人类基本价值观的理论假设,即自我超越和自我增强所表达的动机相互冲突,个体不能同时追求这两个价值观(Cieciuch et al., 2015)。

表8-7 K-means 聚类分组结果

	自我超越组($n=37$)	自我增强组($n=41$)
自我超越价值观得分	0.43	−0.03
自我增强价值观得分	−0.95	0.02

注:自我超越组被试更认可自我超越价值观;自我增强组被试更认同自我增强价值观。

表8-8 判别分析结果

		判别分析的预测组别		
		自我超越组	自我增强组	总计
K-means 聚类分组	自我超越组	37(100%)	0(0%)	37
	自我增强组	0(0%)	41(100%)	41

注:37名被试被准确分到自我超越组(准确率为100%),41名被试被准确分到自我增强组(准确率为100%)。总体上共有78名被试被正确预测,预测准确率为100%。

2.1.2 实验设计

本实验为2(组别:自我超越/自我增强)×2(实验条件:积极词/消极词)的混合实验设计,其中组别为被试间变量,实验条件为被试内变量,因变量为被试判断词语颜色的反应时。

2.1.3 实验材料

实验材料选自孙俊才等人(2019)所使用的人际关系情绪词。其中,人际关系积极词:友好、热情、真诚、宽容、信任、理解、陪伴、忠诚、关怀、和睦;人际关系消极词:敌对、冷漠、虚伪、刻薄、怀疑、刁难、抛弃、背叛、排斥、虚假。

2.1.4 实验程序

采用 E-prime 2.0 编制实验程序,采用情绪 Stroop 实验范式。首先,屏幕中央出现注视点"+"250 ms,然后出现带有颜色的词语,被试的任务是又快又准地判断词语的颜色并做出相应的按键反应。如果判断词语颜色为红色,则按"D"键;如果判断词语颜色是黄色,则按"F"键;如果判断词语颜色为蓝色,则按"J"键;如果判断词语为绿色,则按"K"键。实验流程见图8-3。

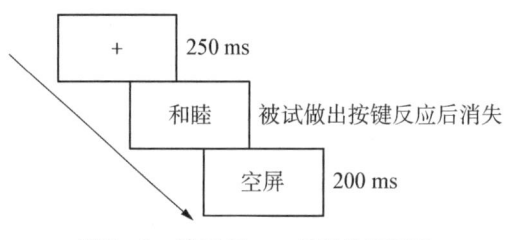

图8-3 情绪 Stroop 任务的流程图

本实验包括积极词和消极词两个 block,随机呈现每个 block 内的词语颜色。为了平衡实验顺序,一半的被试先完成积极词 block,再完成消极词 block;另一半的被试的实验顺序则相反。此外,对被试的按键顺序也进行平衡,一半被试的按键设置为:红色词-"D"键,黄色词-"F"键,蓝色词-"J"键,绿色词-"K"键,另一半被试的按键设置为:红色词-"K"键,黄色词-"J"键,蓝色词-"F"键,绿色词-"D"键。

2.2 结果

首先,保留正确反应试次的数据,剔除反应时小于 200 ms 和大于 1 000 ms 以及正负三个标准差之外的极端数据,并剔除错误率超过 10%的被试数据(Lamers & Roelofs, 2011)。有 10 名被试的反应时错误率超过 10%而被剔除,另有 5 名被试因电脑故障没有记录到完整数据而被剔除。最终有效被试人数 63 名,其中,自我超越组 29 人,自我增强组 34 人。

对被试判断词语颜色的反应时进行 2(组别)×2(实验条件)的重复测量方差分析,结果表明,组别主效应不显著,$F(1,61)=2.91, p=0.093$。实验条件主效应显著,$F(1,61)=5.71, p=0.02, \eta_p^2=0.086, 95\%CI=[2.13, 24.06]$,即消极条件反应时长于积极条件反应时。组别与实验条件的交互作用显著(见图 8-4),$F(1,61)=5.74, p=0.02, \eta_p^2=0.086$;简单效应分析表明,两组被试在积极条件上的反应时无显著性差异,$p=0.68, 95\%CI=[-24.76, 16.25]$,而在消极条件上,自我超越组的反应时长于自我增强组的反应时,$p=0.02, 95\%CI=[5.02, 56.06]$;自我增强组在两种条件上的反应时无显著性差异,$p=0.995, 95\%CI=[-14.83, 14.92]$,而自我超越组在消极条件上的反应时长于积极条件上的反应时,$p=0.002, 95\%CI=[10.13, 42.35]$。描述性统计结果见表 8-9。

表 8-9 两组被试在两类人际关系词上的反应时(ms)

人际关系词	自我超越组($n=29$)		自我增强组($n=34$)	
	M	SD	M	SD
人际关系积极词	615.62	41.59	611.36	39.69
人际关系消极词	641.86	50.59	611.31	50.41

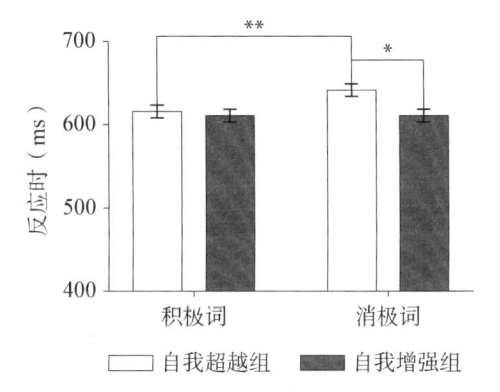

图 8-4 两组被试在两类词语上的反应时

注:误差线为标准误;* $p<0.05$,** $p<0.01$

2.3 小结

本研究采用情绪 Stroop 范式,考察了自我超越组和自我增强组被试对人际关系情绪信息的内隐识别。结果发现,与自我增强组相比,自我超越组被试判断人际关系消极词的反应时较长,两组被试对于人际关系积极词的反应时不存在显著差异。也就是说,只有自我超越组被试的颜色判断任务受到人际关系词的情绪效价的影响,特别是在人际关系消极词上。这可能是因为,认知加工速度的减缓可能是因为个体对情绪信息的内隐敏感所导致的(Algom et al., 2004),因此出现了情绪 Stroop 效应。本研究结果表明,自我超越组和自我增强组被试在人际情绪信息的内隐识别上存在显著差异,特别是自我超越组可以自动加工人际关系消极词。自我超越组对人际关系消极词表现出自动加工倾向,他们在面对消极人际关系时持有何种情绪调节态度,是直接表达自我情绪(即表达型)还是对自我情绪加以控制(即控制型)。因此,实验 2 将进一步考察自我超越和自我增强两组被试在调节策略内隐选择上是否存在差异。

3 青少年自我超越(vs.自我增强)价值观与调节策略内隐选择的关系

本研究采用情绪调节版内隐联想测验,以考察青少年自我超越(vs. 自我增强)价值观与情绪调节策略内隐选择的关系。本研究假设:自我超越组被试有更高的控制型调节倾向,自我增强组被试有更高的表达型调节倾向。

3.1 方法

3.1.1 被试

使用 G* power 3.1 软件(Faul et al., 2007)将效应量设置为 0.25,α 设置为 0.05,1−β 设置为 0.95。结果表明,本实验共需要 54 名被试。

从山东高二学生中随机另选两个班级共 78 名被试参加本实验,平均年龄为 17.17 岁($SD=0.41$)。所有被试都在自愿的情况下参加本实验,实验结束后赠送被试一份精美小礼物以表示感谢。

为了比较不同价值观认同度的被试在完成情绪调节版内隐联想测验任务中的差异,根据以往研究的做法(Bojanowska & Piotrowski, 2018; Liu et al., 2021),基于被试在两个价值观上的得分,采用 K-means 聚类分析法将被试分成两组(见表 8-10)。两组被试在自我超越价值观($t(76)=5.48, p<0.001$, Cohen'$d=1.24$)和自我增强价值观($t(76)=-10.35, p<0.001$, Cohen'$d=-2.35$)得分上存在显著差异。其中,自我超越组有 7 名男生,自我增强组有 10 名男生。两组被试在性别上不存在显著差异,$\chi^2=1.13, p=0.29$。进一步采用判别分析法以确认 K-means 聚类分组的有效性(见表 8-11)。判别分析结果表明,总体上有 97.4% 的被试被准确分到两组,验证了 K-means 聚类分组具有可靠性,而且该分组也符合人类基本价值观的理论假设,即自我超越和自我增强所表达的动机相互冲突,个体不能同时追求这两个价值观(Cieciuch et al., 2015)。

表 8-10 K-means 聚类分组结果

	自我超越组($n=37$)	自我增强组($n=41$)
自我超越价值观得分	0.48	−0.03
自我增强价值观得分	−0.90	0.04

注：自我超越组被试更认可自我超越价值观；自我增强组被试更认同自我增强价值观。

表 8-11 判别分析结果

		判别分析的预测分组		
		自我超越组	自我增强组	总计
K-means 聚类分组	自我超越组	37(100%)	0(0%)	37
	自我增强组	2(4.90%)	39(95.1%)	41

注：37 名被试被准确分到自我超越组（准确率为 100%），39 名被试被准确分到自我增强组（准确率为 95.10%）。总体上共有 76 名被试被正确预测，预测准确率为 97.40%。

3.1.2 实验设计

本实验为 2（组别：自我超越/自我增强）×2（实验条件：相容/不相容）的混合实验设计。其中，组别为被试间变量，实验条件为被试内变量，因变量为被试判断目标词语的反应时。

3.1.3 实验材料

实验材料选自刘俊升和桑标（2009）修订、孙俊才等人（2019）所使用的词语。其中，情绪表达目标词：表露、宣泄、奔放、释放、激情；情绪控制目标词：理智、忍耐、克制、冷静、容忍。积极属性词包括：光荣、美丽、舒服、优秀、健康；消极属性词：悲惨、羞耻、可怕、恶心、残忍。

3.1.4 实验程序

采用 E-prime 2.0 编制情绪调节版内隐联想测验（implicit attitude to emotion regulation；ER-IAT）程序，采用标准七步程序。在实验过程中，首先出现注视点"+"800 ms。然后，在电脑屏幕左、右上角分别呈现目标词或属性词的标签，屏幕中央呈现刺激词，被试的任务是又快又准地判断所呈现刺激词的类别并做出相应的按键反应。其中，第 4 步为相容（compatible）任务，第 7 步为不相容（incompatible）任务。相容任务是指，被试把属于"情绪控制"和"积极"的刺激词判断为同一个类别，并按"F"键；把属于"情绪表达"和"消极"的刺激词判断为同一个类别，并按"J"键。不相容任务是指，被试把属于"情绪表达"和"积极"的刺激词判断为同一个类别，并按"F"键；把属于"情绪控制"和"消极"的刺激词判断为同一个类别，并按"J"键。为了平衡顺序效应，一半被试先在第 4 步完成相容任务，然后在第 7 步完成不相容任务，而另一半被试的实验顺序与之相反。实验程序的部分呈现方式如表 8-12 所示。实验流程见图 8-5。

表 8-12　ER-IAT 的实验步骤及材料呈现

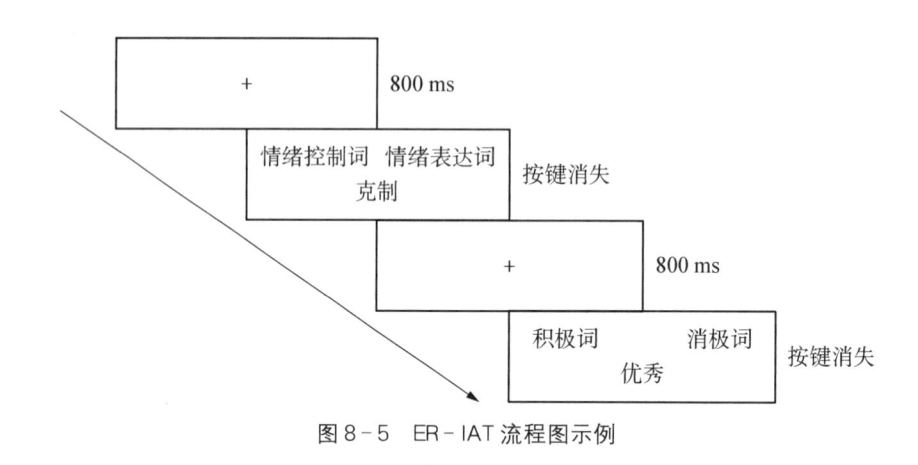

实验步骤	任务描述	试次	按 F 键	按 J 键
1	目标词辨别(练习)	20	情绪控制目标词	情绪表达目标词
2	属性词辨别(练习)	20	积极属性词	消极属性词
3	相容任务(练习)	20	情绪控制词+积极词	情绪表达词+消极词
4	相容任务(正式实验)	40	情绪控制词+积极词	情绪表达词+消极词
5	目标词辨别(练习)	20	情绪表达目标词	情绪控制目标词
6	不相容任务(练习)	20	情绪表达词+积极词	情绪控制词+消极词
7	不相容任务(正式实验)	40	情绪表达词+积极词	情绪控制词+消极词

图 8-5　ER-IAT 流程图示例

3.2 结果

首先,剔除错误率超过 20% 的被试,有 4 名被试被剔除,最终进行数据统计分析的有 74 名被试。然后,根据以往研究(Greenwald et al., 2003)的分析方法来整理被试的原始数据。剔除反应时小于 300 ms 和大于 10 000 ms 的数据,并把错误的反应时替换成该任务的平均反应时加上 600 ms(刘俊升,桑标,2009)。此外,计算内隐态度的指标 D 值(Greenwald et al., 2003),即相容任务的反应时和不相容任务的反应时之差除以这两部分正确反应时的标准差。本实验中,D 值越大,表示被试对控制型调节的内隐态度更积极;D 值越小,表示被试对控制型调节的内隐态度更消极。

对被试的反应时进行 2(组别)×2(实验条件)的重复测量方差分析,结果表明,实验条件主效应显著,$F(1,72)=30.88$,$p<0.001$,$\eta_p^2=0.30$,相容条件的反应时短于不相容任务的反应时。组别主效应显著,$F(1,72)=9.81$,$p=0.003$,$\eta_p^2=0.12$,自我超越组反应时长于自我增强组反应时。组别与实验条件的交互作用显著(见图 8-6),$F(1,72)=7.82$,$p=0.007$,$\eta_p^2=0.098$。简单效应分析结果表明,在相容条件上,两组的反应时不存在显著差异,$p=0.376$;在不相容条件上,自我超越组反应时长于自我增强组的反应时,$p<0.001$。对于自我增强组来说,相容和不相容条件下的反应时不存在显著差异,$p=0.052$;对于自我超越组来说,不相容条件下的反应时显著长于相容条件下的反应时,$p<0.001$。描述性统计结果见表 8-13。

表 8-13　两组被试在相容和不相容任务中的反应时(ms)

实验任务	自我超越组($n=36$)		自我增强组($n=38$)	
	M	SD	M	SD
相容任务	834.56	268.39	789.20	158.45
不相容任务	1 126.36	347.36	885.60	174.56

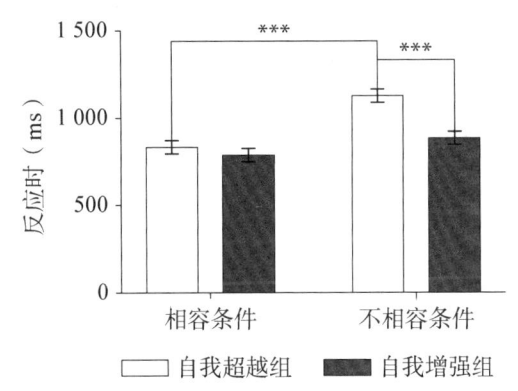

图 8-6　两组被试在两类任务中的反应时

注:误差线为标准误;*** $p<0.001$.

此外,对两组被试的 D 值进行独立样本 t 检验,结果发现,两组的 D 值存在显著差异,$t(72)=-2.18$,$p=0.032$,Cohen's $d=-0.52$,95%CI=$[-0.52,-0.02]$,即自我超越组的 D 值(0.53 ± 0.56)显著大于自我增强组的 D 值(0.25 ± 0.51)。

3.3　小结

本研究采用情绪调节版内隐联想测验,考察了自我超越和自我增强两组被试在调节策略内隐选择上的差异。结果发现,自我超越组在不相容条件的反应时显著长于相容条件的反应时,这说明出现了显著的 IAT 效应。而且在不相容任务上,自我超越组反应时显著长于自我增强组反应时。以上结果表明,自我超越组被试倾向于把情绪控制词语和积极属性词语联系在一起,也就是说,自我超越组被试认为控制型情绪调节是积极的,而表达型情绪调节是消极的。进一步比较两组被试的 D 值,结果发现,自我超越组的 D 值显著大于自我增强组。这一结果说明,与自我增强组相比,自我超越组被试对控制型情绪调节持有更积极的内隐态度。总之,自我超越组被试倾向于对自我情绪进行自动控制,而自我增强组被试则倾向于直接表达自我情绪。

4　青少年自我超越(vs.自我增强)价值观与内隐情绪调节效果的关系

本研究采用情境诱发范式并结合视觉搜索任务,以考察青少年自我超越(vs. 自我增强)价值观与内隐情绪调节效果的关系。本研究假设:在诱发消极情绪后,与自我增强组被试相比,自我超越组被试在视觉搜索任务中会表现得更好,即被试可以更快地从愤怒面孔矩阵中搜索到高兴面孔。

4.1 方法

4.1.1 被试

使用 G*power 3.1 软件(Faul et al.,2007)将效应量设置为 0.25,α 设置为 0.05,$1-\beta$ 设置为 0.95。结果表明,本实验共需要 44 名被试。

从山东高二学生中随机另选两个班共 80 名被试参加本实验,平均年龄为 17.20 岁($SD=0.40$)。所有被试都在自愿的情况下参加本实验,实验结束后赠送被试一份精美小礼物以表示感谢。

为了比较不同价值观认同度的被试在完成情境选择任务中的差异,根据以往研究的做法(Bojanowska & Piotrowski, 2018; Liu et al., 2022),基于被试在两个价值观上的得分,采用 K-means 聚类分析法将被试分成两组(见表 8-14)。两组被试在自我超越价值观得分上存在显著差异,$t(78)=5.41$,$p<0.001$,Cohen'$d=1.18$,自我超越组得分高于自我增强组得分;两组被试在自我增强价值观得分上存在显著差异,$t(78)=-12.37$,$p<0.001$,Cohen'$d=-2.77$,自我超越组得分低于自我增强组得分。其中,自我超越组被试共 40 名(22 名男生),自我增强组被试共 40 名(20 名男生)。两组被试在性别上不存在显著差异,$\chi^2=0.20$,$p=0.65$。进一步采用判别分析法以确认 K-means 聚类分组的有效性(见表 8-15)。判别分析结果表明,100%的被试被准确分到两组,验证了 K-means 聚类分组具有可靠性,而且该分组也符合人类基本价值观的理论假设,即自我超越和自我增强所表达的动机相互冲突,个体不能同时追求这两个价值观(Cieciuch et al., 2015)。

表 8-14 K-means 聚类分组结果

	自我超越组($n=40$)	自我增强组($n=40$)
自我超越价值观得分	0.37	−0.08
自我增强价值观得分	−0.95	0.19

注:自我超越组被试更认可自我超越价值观;自我增强组被试更认同自我增强价值观。

表 8-15 判别分析结果

		判别分析的预测组别		
		自我超越组	自我增强组	总计
K-means 聚类分组	自我超越组	40(100%)	0(0%)	40
	自我增强组	0(0%)	40(100%)	40

注:40 名被试被准确分到自我超越组(准确率为 100%),40 名被试被准确分到自我增强组(准确率为 100%)。总体上共有 80 名被试被正确预测,预测准确率为 100%。

4.1.2 实验设计

本实验是 2(组别:自我超越/自我增强)×3(面孔组合:高兴—中性/愤怒—中性/高兴—愤

怒)的混合实验设计。其中,组别为被试间变量,面孔组合为被试内变量。因变量为被试判断面孔组合是否相同的反应时。

4.1.3 实验材料

消极情绪操纵材料:以往研究(Burson et al., 2012; Kao et al., 2016)采用社会排斥情境来诱发被试的情绪反应,本实验采用回忆书写任务(张野 等,2016; Park & Baumeister, 2015),要求被试回忆并写出自己或他人曾经被排斥的经历。书写完毕后,采用《情绪自评量表(PANAS)》(中文版)(张卫东 等,2004)来评定被试的情绪状态。该量表包括积极(PA)和消极(NA)情绪两个维度,每个维度各10个形容词,采用从1(几乎没有)到5(极其多)的等级评定。

视觉搜索任务中的面孔图片:从中国化面孔情绪图片系统(龚栩 等,2011)中选择高兴、愤怒和中性三种类型的面孔图片共6张,每种类型图片都有1张男性面孔和1张女性面孔。面孔图片经过统一处理后,大小约4.3 cm×5.0 cm。根据以往研究的实验程序(Quirin et al., 2011;孙俊才 等,2019),采用3×3面孔图片矩阵。面孔组合包括相同和不相同两种条件。相同条件是指,面孔矩阵由9张相同面孔图片组成:高兴面孔矩阵、愤怒面孔矩阵、中性面孔矩阵。不相同条件是指,面孔矩阵由8张相同的干扰面孔图片和1张与干扰面孔不同的目标面孔组成,根据以往研究(Quirin et al., 2011;孙俊才 等,2019),本实验选择高兴—愤怒、高兴—中性、愤怒—中性这3种目标—干扰形式的面孔组合矩阵,目标面孔在矩阵中的位置有9种,因此,共需要呈现27个(3种组合形式×9个位置)面孔矩阵。此外,由于面孔表情性别可能对实验结果造成额外的影响(孙俊才 等,2019),面孔矩阵包括男、女两种性别的面孔矩阵(即一个图片矩阵中的面孔表情都是男性或女性),因此,本实验总共包括108个(54×2)面孔矩阵,随机呈现。

4.1.4 实验流程

本实验包括5部分:(1)评定基线外显情绪:使用PANAS问卷;(2)回忆受排斥经历;(3)评定回忆后的外显情绪:使用PANAS问卷;(4)完成视觉搜索任务:要求被试判断所呈现的面孔矩阵是否是相同面孔,如果是相同面孔,则按"F"键,如果不是相同面孔,则按"J"键。实验流程见图8-7;(5)评定实验完成后的外显情绪:使用PANAS问卷。

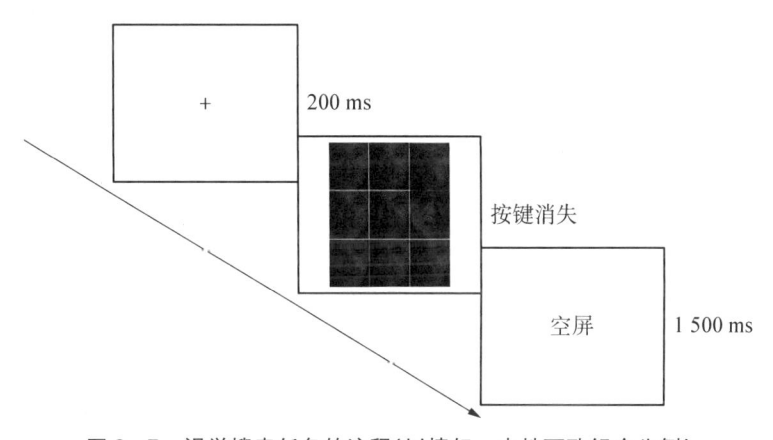

图8-7 视觉搜索任务的流程(以愤怒—中性面孔组合为例)

4.2 结果

剔除 4 名(自我超越组 1 人,自我增强组 3 人)没有认真书写排斥经历且没有完整填写三次情绪评定的被试。剔除反应时小于 300 ms、大于 3 000 ms 的数据(Quirin et al., 2011),剔除 ±3 个标准差之外的极端数据。最终有 76 名(自我超越组 39 人,自我增强组 37 人)被试的数据纳入统计分析。

4.2.1 情绪诱发操纵检验

首先,检验回忆任务是否有效诱发了两组被试的负性情绪,分别对两组被试回忆前(T1)和回忆后(T2)的积极和消极情绪进行配对样本 t 检验。结果发现,在积极情绪上,自我超越组的 T1 得分高于 T2 得分,$t(38)=5.70, p<0.001, 95\%CI=[2.64, 5.55]$,Cohen's $d=0.57$;在消极情绪上,自我超越组的 T1 得分低于 T2 得分,$t(38)=-5.46, p<0.001, 95\%CI=[-5.46, -2.17]$,Cohen's $d=-0.53$。在积极情绪上,自我增强组的 T1 得分高于 T2 得分,$t(36)=4.58, p<0.001, 95\%CI=[2.33, 6.04]$,Cohen's $d=0.64$;在消极情绪上,自我增强组的 T1 得分低于 T2 得分,$t(36)=-2.72, p=0.01, 95\%CI=[-5.23, -0.76]$,Cohen's $d=-0.42$。以上结果说明,回忆排斥经历有效诱发了被试的消极情绪体验。此外,对两组被试在回忆前(T1)、回忆后(T2)、实验结束后(T3)的积极和消极情绪得分进行独立样本 t 检验,结果发现,两组被试的积极和消极情绪得分在三次测量中均无显著性差异,$ps>0.05$。描述性统计结果见表 8-16。

表 8-16 两组被试在三个时间点的外显情绪评定

情绪评定时间	积极情绪					消极情绪				
	自我超越组 ($n=39$)		自我增强组 ($n=37$)			自我超越组 ($n=39$)		自我增强组 ($n=37$)		
	M	SD	M	SD	t	M	SD	M	SD	t
T1	33.94	6.79	32.35	6.20	1.06	17.56	6.53	19.51	7.17	-1.23
T2	29.84	7.46	28.16	6.87	1.02	21.38	7.66	22.51	7.26	-0.65
T3	30.10	7.79	28.35	6.49	1.06	19.02	6.20	20.83	6.88	-1.20

注:T1 表示回忆前,T2 表示回忆后,T3 表示实验结束后。

4.2.2 视觉搜索任务反应时

对反应时进行 2(组别)×3(面孔组合)的重复测量方差分析,结果发现,面孔组合主效应显著,$F(2,148)=34.19, p<0.001, \eta_p^2=0.32$,事后多重比较发现,愤怒—中性条件的反应时显著短于高兴—中性条件的反应时,$p<0.001, 95\%CI=[65.17, 122.13]$;愤怒—中性条件的反应时显著短于高兴—愤怒条件的反应时,$p<0.001, 95\%CI=[65.76, 110.76]$;高兴—中性条件的反应时和高兴—愤怒条件的反应时之间不存在显著差异,$p=0.665, 95\%CI=[-30.03, 19.27]$。组别主效应显著,$F(1,74)=4.07, p=0.047, \eta_p^2=0.05$,自我超越组反应时显著短于自我增强组反应时。组别与面孔组合的交互作用不显著,$F(2,148)=0.09, p=0.912$。此外,

借鉴以往研究(何宁,朱云莉,2016;孙俊才 等,2019),采用独立样本 t 检验,以进一步比较两组被试在三种面孔组合上的反应时上是否存在显著差异。结果发现,在高兴—愤怒面孔组合上,自我超越组反应时短于自我增强组反应时,$t(74)=-2.05$,$p=0.044$,$95\%CI=[-150.55,-2.18]$,Cohen's $d=-0.46$。在愤怒—中性面孔组合上,自我超越组反应时短于自我增强组反应时,$t(74)=-2.24$,$p=0.028$,$95\%CI=[-151.67,-9.12]$,Cohen's $d=-0.51$。在高兴-中性面孔组合上,两组的反应时不存在显著差异,$t(74)=-1.49$,$p=0.14$,$95\%CI=[-162.62,23.45]$。描述性统计结果见表8-17。

表8-17 两组被试在三种面孔组合上的反应时(ms)

面孔组合	自我超越组($n=39$)		自我增强组($n=37$)		t
	M	SD	M	SD	
高兴—中性	1 032.76	184.39	1 102.35	221.82	-1.49
愤怒—中性	933.71	147.87	1 014.11	163.86	-2.24*
高兴—愤怒	1 023.98	145.47	1 100.35	178.21	-2.05*

注:* $p<0.05$。

4.3 小结

本实验通过回忆社会排斥经历并结合视觉搜索任务,考察了两组被试在诱发消极情绪下的内隐情绪调节效果。结果发现,两组被试的T1积极情绪得分高于T2得分,T1消极情绪得分低于T2得分,这表明回忆任务成功诱发了被试的消极情绪。而且两组被试在三个时间点上的积极和消极情绪得分无显著差异,一方面,从外显层面来说,回忆任务对两组被试的情绪影响具有同等效果;另一方面,有必要进一步考察两组被试在内隐层面的情绪调节效果。本实验发现,与自我增强组相比,自我超越组被试判断高兴—愤怒面孔组合的反应时更短,证明了自我超越组被试能够迅速地从消极情绪中脱离出来,获得较好的内隐调节效果。

5 讨论

5.1 价值观与人际情绪信息内隐识别的关系

实验1结果表明,自我超越组被试对人际情绪信息表现出注意偏向,特别是能够快速捕获到消极人际关系信息。认同自我超越价值观的个体对自我的关注度降低,不夸大自我的重要性,自我和他人之间具有强烈的联结感(Dambrun & Ricard,2011)。他们特别重视关系和谐,能够切实考虑他人的情绪感受和利益。敌对、冲突等消极因素对人际和谐具有严重的破坏性作用,因此,认同自我超越价值观的个体优先注意消极人际信息。与中性和正性刺激相比,对负性刺激的敏感性使得个体能够优先加工负性刺激,这一现象称为"负性注意偏向"。从进化心理的角度来说,个体优先处理消极情绪信息,可以帮助个体更好地生存(Buss,2007)。可能正是这种对情绪信息的内隐敏感能力,使得认同自我超越价值观的个体能更好地理解他人的内心感受和情绪状态,实现对他人的关怀式感知和理解(孙俊才 等,2018)。

与之相反,自我增强组被试对积极和消极人际关系词的反应时不存在显著差异,即没有对情绪信息表现出注意偏向。认同自我增强价值观的个体更可能以自我为中心、夸大自我的重要性,并且自我与他人、环境之间存在鲜明的界限(Dambrun & Ricard, 2011)。他们特别重视个人利益,对人冷漠,不关心他人的利益及福祉。因此,该组被试对人际关系中的情绪信息并不敏感,在判断词语颜色时,无论是人际关系积极词还是人际关系消极词,他们都能够克服情绪信息对认知加工的干扰作用。由于对人际情绪信息缺乏敏感性,认同自我增强价值观的个体可能无法更好地理解他人的内心感受和情绪状态。

5.2 价值观与调节策略内隐选择的关系

实验 2 结果表明,与自我增强组被试相比,自我超越组被试对控制型情绪调节的内隐态度更积极。也就是说,他们倾向于对自我情绪加以控制,而不是毫无掩饰地表达自我情绪。以往研究发现,人们可能出于不同的原因对情绪进行控制(Butler et al., 2007)。具体来说,有的人可能会控制自己的情绪,因为他们希望保护自己以免受到社会排斥(Gross & John, 2003)。然而,人们并不总是出于自我保护的目的来控制自己的情绪。有时人们控制情绪是为了避免伤害他人或破坏重要的社会关系(Friedman & Miller-Herringer, 1991)。根据亚自我主义心态模型(The Hypo-Egoic Mindset Model; Leary & Terry, 2012),持有亚自我主义心态的个体降低了对自我的关注度,往往不太在意他人对自己的评价。认同自我超越价值观的个体具有亚自我主义心态(Kao et al., 2017),他们将注意力从自我转移到他人身上,切实关心他人的幸福。更为重要的是,认同自我超越价值观的个体坚持"和谐原则",追求人与人、人与社会的和谐相处(Dambrun & Ricard, 2011)。因此,为了维持友善的社会关系,认同自我超越价值观的个体更加积极主动地调节和控制自己的情绪,防止不恰当的情绪宣泄对人际关系造成消极影响。

与表达型情绪调节内隐态度相比,控制型情绪调节内隐态度更有利于个体的身心健康(刘俊升,桑标,2009)。有研究发现,如果启动被试的控制型内隐态度,他们将报告较少的消极情绪,且表现出较少的自主神经系统活动;然而,如果启动被试的表达型内隐态度,他们将体验到较多的消极情绪,且表现出较多的自主神经系统活动(马伟娜,桑标,2014)。另有研究表明,具有自我超越动机的个体可以减少表达抑制对幸福感所造成的消极影响(Kao et al., 2017)。对于启动自我超越取向的被试来说,在人际冲突情境下对消极情绪加以控制可以体验到较少的消极情绪并感知到较高的人际关系质量;但对于启动自我利益取向的被试来说,在人际冲突情境下对消极情绪的抑制却带来较多的消极情绪及较低质量的人际关系。

根据实验 3 结果,自我增强组被试也对控制型情绪调节表现出积极的内隐态度,这并不完全符合"自我增强组被试对表达型情绪调节有积极的内隐态度"的实验假设。一方面,价值观认同存在年龄差异(Schwartz, 2006),个体在青少年时期更加认同自我超越价值观,对自我增强价值观的认同相对较少(Liu et al., 2021; Ungvary et al., 2017)。在本实验中,尽管基于两个价值观得分将被试划分为自我超越和自我增强组,但自我增强组被试对于自我增强价值观的认同度也较低。因此,自我增强组被试并没有对表达型情绪调节持有积极的内隐态度。另一方面,本实验的被试来自山东,该省受到孔孟文化的深刻影响。儒家文化强调人与人之间的友善、恭敬与和谐,通过爱人而实现人与人、人与社会的和谐统一,避免冲突与对抗(贾兆飞等,2012)。在儒家文化影响之下,山东青少年更多地表现出谦逊、顺从和自我约束等有利于群体和谐的品格(Zhao et al., 2021)。对于自我增强组被试来说,即使并不像自我超越组被试那样能够有效控制自己的情绪,但在面对人际冲突情境时,他们可能也会对自己的情绪加以控制,因此在一定程度上也对控制型情绪调节表现出积极的内隐态度。

5.3 青少年价值观对内隐情绪调节效果的作用

通过回忆排斥经历来诱发被试的消极情绪反应,两组被试的三次外显情绪评定不存在显著差异。然而,视觉搜索任务结果表明,与自我增强组被试相比,自我超越组被试在高兴—愤怒面孔组合上的反应时更短,也就是说,自我超越组被试可以更快地从愤怒面孔中搜索到高兴面孔。将高兴面孔从愤怒面孔中搜索出来的速度与内隐情绪调节有关(Koole & Jostmann, 2004),即如果被试快速搜索到高兴面孔,他们需要将注意从愤怒面孔中解离出来,解离速度越快,那么内隐情绪调节能力也就越高。

积极情绪是一种应对消极经历的重要资源(Pressman & Cohen, 2005)。以往研究表明,当诱发被试的消极情绪后,回忆积极事件或对消极事件进行积极评估都有助于被试的情绪恢复(Joormann et al., 2007)。而且,积极情绪可能有助于个体通过加快自主恢复来直接应对消极情绪。研究发现,与不微笑的被试相比,在观看悲伤电影片段时表现出自发微笑的被试恢复到基线心血管兴奋的速度更快(Fredrickson & Levenson, 1998)。因此可以推论,自我超越组被试可能是自动增加了积极情绪,进而有助于在诱发消极情绪后的内隐情绪调节。

与自我增强组被试相比,自我超越组被试能够快速从消极情绪中抽离出来,可能是因为他们坚持和谐主义原则(Dambrun & Ricard, 2011)。重视自我超越价值观的个体具有无私的特点,即不过度关注自己,与利他主义、共情、同情等相关,并与环境中的各种要素,包括自己、他人、甚至所有生命形式和谐地联结在一起。他们的行为基于友善目的,主要依靠个体内在资源,如心理弹性、自我调节等来应对生活中的积极和消极经历。因此,在人际交往中,认同自我超越价值观的青少年可能更积极主动地调节自己的情绪以表达对他人的共情、同情、关爱等,从而实现人际和谐。

综上,在和谐原则引导下,自我超越组被试不仅对消极人际信息进行自动加工,而且也能够积极主动地调节和控制情绪,进而可以快速地从消极情绪中解离出来以实现人际和谐目标。

第三节 青少年价值观与情绪适应的关系:情绪调节的中介作用[①]

1 引言

认同自我超越价值观的青少年能够快速地对消极人际信息进行自动加工,并积极主动地

---

① 原文出自:Liu, P., Mo, B., Yang, P., Li, D., Liu, S., & Cai, D. (2023). Values mediated emotional adjustment by emotion regulation: A longitudinal study among adolescents in China. *Frontiers in Psychology, 14*: 1093072. 此次刊载有删改。

控制自己的情绪,从理论上来说,他们应该具有较好的情绪调节效果。认同自我超越价值观的青少年可能具有较好的心理适应,体验到较少的消极情绪。施瓦茨(2015)指出,自我增强是外在和自我保护价值观,通过避免或控制焦虑和威胁性刺激来保护自己;而自我超越是内在和自我成长价值观,强调个人的成长和自我扩展。自我决定理论(Deci & Ryan, 2000)认为,内在动机表达了个体的自主性和社交性的基本心理需求,可以使个体获得一种充实感和满足感。因此,追求自我成长和人际联结的价值观会促进心理健康;相反,如果个体重视如何获得他人的认可、钦佩和赞扬,以及避免社会责难和惩罚等,则可能会破坏心理健康,因为追求这些目标可能涉及较高压力的活动和过多的社会比较(Sagiv et al., 2015)。目前有研究考察了青少年价值观与幸福感(Bojanowska & Piotrowski, 2018)、孤独感和抑郁的关系(Liu et al., 2021),然而,这些研究都是横断设计,无法确定价值观和心理适应之间的因果关联,也无法揭示价值观对心理适应的长期作用。自我超越与情绪调节存在正相关,自我增强与情绪调节存在负相关。而且,以往大量研究也证明了情绪调节与心理适应密切相关(Haines et al., 2016; Preece et al., 2021)。

作为青少年时期较常见的情绪问题,孤独感和抑郁越来越受到研究者的重视,且二者都是衡量青少年情绪适应状况的重要标准(田录梅 等,2012; Al-Yagon, 2011),本研究采用历时一年的追踪调查以揭示情绪调节在青少年自我超越(vs. 自我增强)价值观与情绪适应之间的中介作用。本研究假设:情绪调节在价值观与情绪适应之间起中介作用。

2　方法

2.1　被试

采用方便取样法,从上海和山东青岛两地各选取一所高中,参加第一次施测的高一学生共939人(上海371人,山东568人),一年后再对这些被试进行施测,参加第二次施测的有效被试共863人(上海330人,山东533人;男生414人,女生449人)。上海学生平均年龄为17.15岁($SD=0.75$),山东学生平均年龄为17.35岁($SD=0.80$)。卡方检验和t检验结果表明,流失被试与有效被试在性别($\chi^2(1)=2.07, p=0.15$)、年龄($t(937)=-0.07, p=0.947$)、自我超越($t(894)=0.20, p=0.844$)、自我增强($t(894)=1.69, p=0.091$)、孤独感($t(937)=1.91, p=0.059$)上不存在显著差异,在情绪调节($t(925)=-4.02, p<0.001$)、抑郁($t(934)=3.73, p<0.001$)上存在显著差异。

2.2　研究工具

价值观。采用肖像价值观问卷来测查被试的价值观(具体见第七章第一节)。在本研究中,仅使用自我超越价值观(共10道题目)和自我增强价值观两个维度(共7道题目)。自我超越价值观第一次测量和第二次测量的内部一致性系数分别为0.75和0.80。自我增强价值观第一次测量和第二次测量的内部一致性系数分别为0.72和0.73。

情绪调节。采用自我调节量表(Self-Regulation Scale, SRS; Novak & Clayton, 2001; Zhou et al., 2016)来测量青少年的情绪调节水平。该量表包括26道题目,分为认知调节、情绪调节、行为调节三个维度,采用1(从不这样)到4(总是这样)的4级等级评定。在本研究中,仅使用情绪调节分量表(共9道题目)来测查青少年的情绪调节能力,例如"我很难控制自己的脾气"。已有研究表明,该量表具有良好的信效度(Zhou et al., 2016)。在本研究中,该量表第一次测量和第二次测量的内部一致性系数分别为0.82和0.85。

孤独感。采用伊利诺斯孤独感量表(Illinois Loneliness Questionnaire)(Asher et al., 1984)来测量青少年的孤独感水平。该量表包括16个题目,如"我觉得孤独"。量表采用从1(完全不符合)到5(非常符合)的5点等级评定。得分越高,表明孤独感水平越高。该量表已经被广泛应用于中国青少年研究(刘俊升 等,2015),具有较好的信效度。在本研究中,该量表T1和T2的内部一致性系数分别为0.93和0.92。

抑郁。采用儿童青少年抑郁量表(The Children's Depression Inventory, CDI; Kovacs, 1992; Chen et al., 1995)来测量被试的抑郁水平。量表包括14个题目,如"我每天想哭",采用从0到2的李克特3点的等级评定。将反向题转换之后,计算14道题目的平均分,分数越高表明青少年的抑郁水平越高。该量表已经被广泛应用于中国青少年研究,具有较高的信效度(李丹 等,2018)。在本研究中,该量表T1和T2的内部一致性系数分别为0.91和0.93。

2.3 数据分析

首先,采用2(性别)×2(地域)×2(测试时间)的重复测量方差分析,以检验两次测量中不同性别被试在自我超越价值观、自我增强价值观和孤独感、抑郁、情绪调节上的差异。

其次,采用相关分析来检验两次测量中自我超越价值观、自我增强价值观及孤独感、抑郁、情绪调节之间的关系。

最后,采用纵向中介模型来检验情绪调节在价值观与孤独感、抑郁之间的中介作用。

3 结果

3.1 共同方法偏差检验

为了检验共同方法偏差,采用Harman单因素检验。结果发现,第一年的数据提取出11个特征根大于1的因素,第一个因素解释变异量为22.24%,第二年的数据提取出11个特征根大于1的因素,第一个因素解释变异量为21.94%,均低于40%。因此,本研究两次测量中不存在严重的共同方法偏差。

3.2 各变量的描述性统计结果

被试第一年与第二年的自我超越价值观、自我增强价值观及孤独感、抑郁、情绪调节的平均值和标准差如表8-18所示。

以测试时间(T1、T2)为被试内变量,以性别和地域为被试间变量,对自我超越价值观、自我增强价值观和孤独感、抑郁、情绪调节进行2×2×2的重复测量方差分析。

时间($F(4,767) = 14.49$, Wilks' $\lambda = 0.93$, $p < 0.001$, $\eta_p^2 = 0.07$)和地域($F(4,767) = 10.14$, Wilks' $\lambda = 0.95$, $p < 0.001$, $\eta_p^2 = 0.05$)主效应显著,其他效应均不显著。单变量分析表

表 8-18 描述性统计和相关分析结果 ($N=863$)

	1	2	3	4	5	6	7	8	9	10
1. T1 自我超越	1									
2. T1 自我增强	−0.53**	1								
3. T1 孤独感	−0.09**	0.03	1							
4. T1 抑郁	−0.05	0.06	0.64**	1						
5. T1 情绪调节	0.11**	−0.22**	−0.39**	−0.58**	1					
6. T2 自我超越	0.55**	−0.32**	−0.05	−0.01	0.07*	1				
7. T2 自我增强	−0.36**	0.58**	0.02	0.04	−0.17**	−0.48**	1			
8. T2 孤独感	−0.11**	0.06	0.66**	0.47**	−0.29**	−0.09**	0.06	1		
9. T2 抑郁	−0.06	0.07*	0.49**	0.68**	−0.41**	−0.01	0.10**	0.61**	1	
10. T2 情绪调节	0.13**	−0.24**	−0.32**	−0.42**	0.60**	0.09**	−0.27**	−0.34**	−0.50**	1
M	0.18	−0.48	2.08	1.48	3.19	0.11	−0.33	2.10	1.47	3.16
SD	0.45	0.63	0.69	0.33	0.52	0.43	0.59	0.67	0.35	0.55

注:T1 表示第一次测量,T2 表示第二次测量。* $p<0.05$,** $p<0.01$.

明,T1 自我超越价值观得分高于 T2,T1 自我增强价值观得分低于 T2,上海青少年抑郁得分高于青岛青少年。

3.3 价值观与情绪适应的关系：情绪调节的纵向中介作用

使用 Mplus7.0 进行纵向中介效应检验,在控制性别、地域和 T1 孤独感/抑郁之后,参考以往研究(张光珍 等,2021),分析 T2 情绪调节在 T1 自我超越/自我增强价值观与 T2 孤独感/抑郁之间的纵向中介作用。此外,根据以往研究(Wen & Ye, 2014),间接效应显著,但总效应不显著,表明自变量和因变量之间的关系受到中介变量的抑制。

3.3.1 自我超越与孤独感：情绪调节的纵向中介作用

回归分析结果表明,T1 自我超越价值观显著负向预测 T2 孤独感($\beta=-0.08$, $p=0.049$),且正向预测 T2 情绪调节($\beta=0.17$, $p<0.001$)。将 T2 情绪调节纳入回归方程之后,T1 自我超越价值观不能显著预测 T2 孤独感($\beta=-0.05$, $p=0.204$),T2 情绪调节显著负向预测 T2 孤独感($\beta=-0.18$, $p<0.001$)。采用 Bootstrap 检验进行中介效应分析(见表 8-19 和图 8-8),结果发现,间接效应为 0.03, $p=0.004$, 95%CI=[-0.05, -0.01],这表明 T2 情绪调节在 T1 自我超越价值观与 T2 孤独感之间起完全中介作用。

表 8-19 中介效应分析

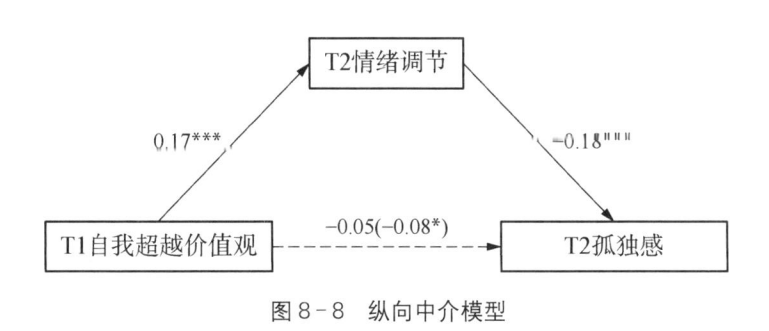

	效应值	95%置信区间	
		LLCI	ULCI
总效应	-0.08	-0.17	-0.003
直接效应	-0.05	-0.14	0.03
间接效应	-0.03	-0.05	-0.01

图 8-8 纵向中介模型

注：* $p<0.05$, *** $p<0.001$.

3.3.2 自我超越价值观与抑郁的关系：情绪调节的纵向中介作用

回归分析结果表明,T1 自我超越价值观不能显著负向预测 T2 抑郁($\beta=-0.02$, $p=0.358$),可以正向预测 T2 情绪调节($\beta=0.16$, $p<0.001$)。将 T2 情绪调节纳入回归方程之后,T1 自我超越价值观不能显著预测 T2 抑郁($\beta=0.01$, $p=0.521$),T2 情绪调节显著负向预

测 T2 抑郁($\beta=-0.18, p<0.001$)。采用 Bootstrap 检验进行中介效应分析(见图 8-9),结果发现,间接效应为$-0.03, p=0.001, 95\%\text{CI}=[-0.05, -0.01]$。上述结果说明情绪调节在自我超越与抑郁之间起遮掩作用。

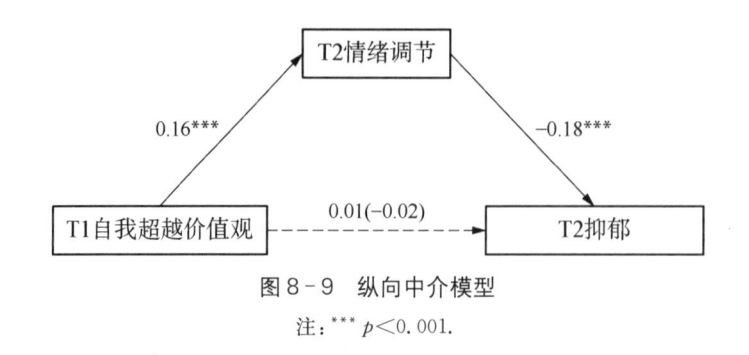

图 8-9 纵向中介模型

注:*** $p<0.001$。

3.3.3 自我增强与孤独感的关系:情绪调节的纵向中介作用

回归分析结果表明,T1 自我增强价值观不能显著正向预测 T2 孤独感($\beta=0.04, p=0.15$),可以负向预测 T2 情绪调节($\beta=-0.21, p<0.001$)。将 T2 情绪调节纳入回归方程之后,T1 自我增强价值观不能显著预测 T2 孤独感($\beta=0.005, p=0.521$),T2 情绪调节显著负向预测 T2 孤独感($\beta=-0.18, p<0.001$)。采用 Bootstrap 检验进行中介效应分析(见图 8-10),结果发现,间接效应为 $0.04, p<0.001, 95\%\text{CI}=[0.02, 0.06]$。上述结果说明情绪调节在自我增强与孤独感之间起遮掩作用。

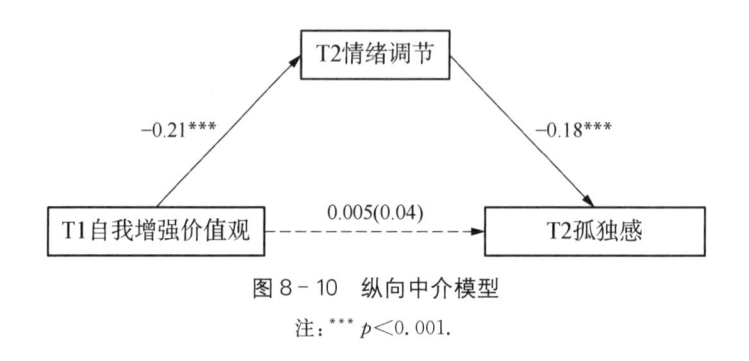

图 8-10 纵向中介模型

注:*** $p<0.001$。

3.3.4 自我增强与抑郁的关系:情绪调节的纵向中介作用

回归分析结果表明,T1 自我增强价值观不能预测 T2 抑郁($\beta=0.02, p=0.138$),可以负向预测 T2 情绪调节($\beta=-0.21, p<0.001$)。将 T2 情绪调节纳入回归方程之后,T1 自我增强价值观不能显著预测 T2 抑郁($\beta=-0.02, p=0.254$),T2 情绪调节显著负向预测 T2 抑郁($\beta=-0.18, p<0.001$)。采用 Bootstrap 检验进行中介效应分析(见图 8-11),结果发现,间接效应为 $0.04, p<0.001, 95\%\text{CI}=[0.03, 0.06]$。上述结果说明情绪调节在自我增强与抑郁之间起遮掩作用。

图 8-11　纵向中介模型

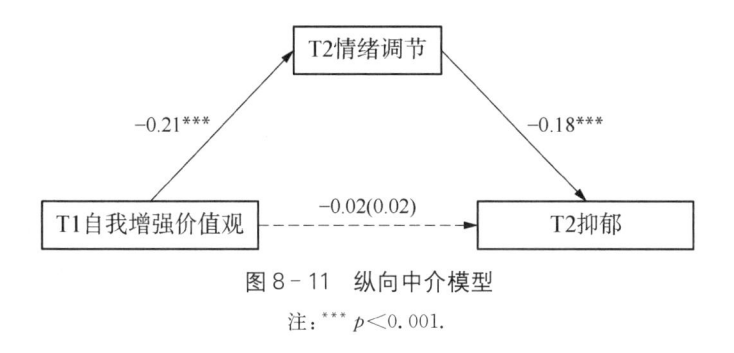

注：*** $p < 0.001$.

4　讨论

本研究采用问卷法并结合追踪研究设计，考察了情绪调节在青少年自我超越、自我增强价值观与孤独感、抑郁之间的中介作用。结果显示：青少年 T1 自我超越价值观得分显著高于 T2，青少年 T1 自我增强价值观得分显著低于 T2，上海青少年抑郁得分高于山东青少年；情绪调节仅在自我超越与孤独感之间起完全纵向中介作用，在自我超越与抑郁、自我增强与孤独感及抑郁之间起遮掩作用。

4.1　青少年价值观与孤独感、抑郁、情绪调节的时间变化及性别、地域差异

青少年 T1 和 T2 孤独感、抑郁不存在显著差异，说明孤独感和抑郁具有一定的稳定性。这与其他研究结果一致（周宗奎 等，2006）。本研究中自我增强价值观得分在一年内有所上升、自我超越价值观得分在一年内有所下降；但总体上青少年对自我增强价值观的认同度还是相对偏低，更加认同自我超越价值观。因此，青少年对自我增强价值观认同度的上升可能并没有对孤独感和抑郁的发展起到一定的消极作用，这可能也是孤独感和抑郁水平依然保持相对稳定的重要原因。

本研究发现，上海青少年抑郁得分高于山东青少年。可能的原因是，上海这一大都市的青少年或许受到快速生活节奏、新异刺激影响更多，在学业负担较重的情况下容易出现心理冲突，从而体验到更多的抑郁情绪。此外，与山东父母相比，上海父母可能承受更多的来自经济、社会、生活、家庭等方面的压力，因此可能体验到更多的抑郁。根据生态系统理论（Bronfenbrenner, 1979），家庭是影响青少年成长发展的直接因素，因此父母抑郁可能会影响青少年抑郁（侯金芹，2013）。最后，拥挤的生活环境可能是青少年抑郁的一个危险因素。有研究发现，香港人可能因为城市环境紧凑和高层建筑而感到沮丧（Ho et al., 2017）。在这种大都市环境中，人们处理社会压力时杏仁核活动显著增加，而杏仁核与厌恶情绪（如愤怒、恐惧、焦虑）有关（Lederbogen et al., 2011）。

本研究发现女生抑郁得分高于男生，这与其他研究结果类似，以往研究证明了青春期抑郁生物易感性、情感易感性、认知易感性以及负性生活事件存在性别差异（陈小静 等，2010）。

4.2 青少年价值观与孤独感和抑郁的预测关系

从横向数据上来看,青少年越认同自我超越价值观,孤独感水平越低;青少年越认同自我增强价值观,抑郁水平越高。以往研究也发现了相似的结果(Liu et al.,2021)。认同自我超越价值观的青少年不仅可以体验到更多他人取向的情绪,如共情、同情、关爱等(de Leersnyder et al.,2017),也会参与更多有助于建立和谐关系的活动,如亲社会行为(Benish-Weisman et al.,2019)。因此,良好的人际联结减少了个体的孤独感。与之相反,认同自我增强价值观的个体可能体验到更多自我取向的情绪,如敌意、愤怒等(Tamir et al.,2016),也容易做出伤害他人的攻击行为(Benish-Weisman et al.,2019)。这些防御性反应对人际和谐具有破坏性作用,从而增加了个体的抑郁情绪。需要注意的是,本研究中变量之间的关联性相对较弱,因此在结果解释和推广上需要非常谨慎,未来也需要更多的研究进行重复与验证。

自我超越、自我增强价值观与抑郁之间均不存在显著的预测关系,可能的原因如下。首先,本研究所考察的两种价值观对抑郁的影响可能较小。以往研究表明,价值观可能与特定适应功能的关系更密切。例如,自我超越和自我增强价值观与攻击、亲社会行为的关系更紧密,而开放和保守价值观与攻击和亲社会行为之间的关系尚不明确(Benish-Weisman et al.,2019)。类似地,以往研究发现,认同开放价值观的个体有较少的抑郁情绪,而认同保守价值观的个体有较多的抑郁情绪(Sortheix & Schwartz,2017)。因此,与自我超越和自我增强价值观相比,青少年抑郁可能更多受开放和保守价值观的影响。其次,本研究采用的是两个高阶价值观,可能低阶价值观与抑郁的关联更密切。有研究发现,权力价值观和抑郁呈正相关(Maercker et al.,2015),而友善价值观和抑郁呈负相关(Mousseau et al.,2014)。近期研究(Sagiv & Schwartz,2022)也指出,未来考察价值观与变量之间的关系,需要考虑哪种价值观分类(如,10 个低阶价值观、4 个高阶价值观)的预测更有效。最后,自我超越、自我增强与抑郁之间不存在显著关系可能是受第三变量的遮掩或影响,遮掩效应可以解决为什么研究变量之间关系不显著的问题(温忠麟,叶宝娟,2014)。本研究的中介分析结果表明,情绪调节在自我超越、自我增强与抑郁之间起遮掩作用,也就是说,价值观与情绪适应并不是没有关联,而是需要通过情绪调节建立起联系。

综上,青少年对自我增强价值观的认同度有所上升、对自我超越价值观的认同度有所下降。认同自我超越价值观可以降低青少年的孤独感,而自我超越、自我增强与青少年抑郁关联性较小。

4.3 青少年价值观与情绪适应:情绪调节的中介与遮掩作用

本研究发现,情绪调节仅在自我超越与孤独感之间存在显著的纵向中介作用,也就是说,自我超越通过情绪调节来影响青少年的孤独感。自我超越表达的是对于他人利益和福祉的关心,有助于加强人际关系的联结程度。因此,认同自我超越的青少年可能会体验到较少的孤独感。自我超越有助于进行有效的情绪调节,而有效的情绪调节进一步减少孤独感。

此外,情绪调节可能在自我超越与抑郁、自我增强与孤独感及抑郁之间起遮掩作用。传统中介效应检验的前提是自变量和因变量显著相关,且自变量对因变量的总效应(系数 c)也要显著。然而,有研究指出,变量之间不存在显著相关关系并不能否认其因果关系(Hayes,2013)。

也就是说,中介效应检验的前提条件并不一定要求变量间存在显著相关性(Rucker et al, 2011)。在本研究中,总效应系数 c 不显著,系数 a 与 b 都显著,直接效应 c'不显著。根据新的中介效应检验流程(温忠麟,叶宝娟,2014),如果间接效应显著但总效应不显著,最后结果应按照遮掩效应解释。可能是因为价值观与情绪适应之间可能存在其他调节变量(Heim, 2019)。例如,有研究者认为,价值观和主观幸福感之间的联系受到国家社会经济背景的影响(Sortheix & Lonnqvist, 2015)。具体来说,在发达国家,认同社会取向价值观(如友善价值观)将提高被试的生活满意度,但认同个人取向的价值观(如成就价值观)可能降低被试的生活满意度。然而,在发展中国家,被试越认同友善价值观其生活满意度越低,而越认同成就价值观其生活满意度越高。与高文化平等主义背景相比,在低文化平等主义背景下,成长取向和个人取向价值观(如开放价值观)与主观幸福感有更强的正相关,自我保护取向和社会取向价值观(如保守价值观)与主观幸福感有更强的负相关,而低文化平等主义背景下成就和权力价值观与主观幸福感的消极关联则较弱(Sortheix & Schwartz, 2017)。以上研究结果具有启发意义,未来研究可以进一步考察诸如社会经济地位等变量在价值观与情绪适应之间的调节作用。

综上所述,自我超越价值观与较少的情绪问题密切相关,特别是通过情绪调节来减少孤独感。

参考文献

黄于飞,史攀,陈旭.(2022).依恋对情绪调节过程的影响.*心理科学进展*,30(1),77-84.

贾兆飞,李小平,常真.(2012).中国人为什么重视人际关系?——心理学角度探因.*社会心理科学*,27(11),48-53.

刘俊升,桑标.(2009).情绪调节内隐态度对个体情绪调节的影响.*心理科学*,32(3),571-574.

马伟娜,桑标.(2014).情绪调节内隐态度和无意识目标对消极情绪反应的影响.*杭州师范大学学报(自然科学版)*,2,133-140.

孙俊才,刘萍,李丹.(2018).高共情者加工情绪刺激的注意特征及其眼动证据.*心理科学*,41(5),1084-1089.

孙俊才,寻凤娇,刘萍,张文海.(2019).高善良特质在情绪调节行动控制中的内隐优势.*心理学报*,51(7),781-794.

Abdollahi, A., Panahipour, H., Allen, A., K., & Hosseinian, S. (2019). Effects of death anxiety on perceived stress in individuals with multiple sclerosis and the role of self-transcendence. *Journal of Death and Dying*, 84(1), 91-102.

Bai, L., Ma, H., Huang, Y., & Luo, Y. (2005). The development of native Chinese affective picture system—A pretest in 46 college students. *Chinese Mental Health Journal*, 19(11), 719-722.

Bardi, A., Buchanan, K.E., Goodwin, R., & Slabu, L. (2014). Value stability and change during self-chosen life transitions: Self-selection versus socialization effects. *Journal of Personality and Social Psychology*, 106(1), 131-147.

Bauser, D.S., Thoma, P., & Suchan, B. (2012). Turn to me: Electrophysiological correlates of frontal vs. averted view face and body processing are associated with trait empathy. *Frontiers in Integrative Neuroscience*, 6, 106.

Benish-Weisman, M. (2019). What can we learn about aggression from what adolescents consider important in life? The contribution of values theory to aggression research. *Child Development*

Perspectives, 13(4),260 – 266.

Benish-Weisman, M., Daniel, E., & McDonald, K. L. (2020). Values and adolescents' selfesteem: The role of value content and congruence with classmates. *European Journal of Social Psychology, 50*, 207 – 223.

Benish-Weisman, M., Daniel, E., Sneddon, J., & Lee, J. (2019). The relations between values and prosocial behavior among children: The moderating role of age. *Personality and Individual Differences, 141*, 241 – 247.

Bojanowska, A., & Piotrowski, K. (2018). Values and psychological well-being among adolescents — Are some values "healthier" than others? *European Journal of Developmental Psychology, 16*(4), 1 – 15.

Buss, D. M. (2007). *The handbook of evolutionary psychology.* John Wiley and Sons.

Butler, E. A., Lee, T. L., & Gross, J. J. (2007). Emotion regulation and culture: Are the social consequences of emotion suppression culture-specific? *Emotion, 7*, 30 – 48.

Canevello, A., & Crocker, J. (2015). How self-image and compassionate goals shape intrapsychic experiences. *Social and Personality Psychology Compass, 9*(11), 620 – 629.

Casey, B. J., Jones, R. M., Levita, L., Libby, V., Pattwell, S. S., Ruberry, E. J., ... Somerville, L. H. (2010). The storm and stress of adolescence: Insights from human imaging and mouse genetics. *Developmental Psychobiology, 52*(3), 225 – 235.

Chen, G. P., Huang, L. L., Yao, Y. L., & Schoenpflug, U. (2010). A study on the similarities and dissimilarities of values between middle school students and their parents. *Journal of Psychological Science, 33*, 74 – 77.

Chen, N. (2017). *The moderating effect and influencing factors of college students' emotion regulation tendency Doctoral Dissertation.* Shanghai Normal University.

Cieciuch, J., & Schwartz, S. H. (2012). The number of distinct basic values and their structure assessed by PVQ – 40. *Journal of Personality Assessment, 94*(3), 321 – 328.

Cohen, J. (1988). *Statistical power analysis for the behavioral sciences* (2nd ed.). Hillsdale, NJ: Lawrence Erlbaum.

Conte, B., Hahnel, U. J. J., & Brosch, T. (2019). Values and emotions: The association of individual values to skin conductance responses towards affective stimuli. *Conference: Annual research forum of the Swiss Center for Affective Sciences.*

Crocker, J., Canevello, A., Breines, J. G., & Flynn, H. (2010). Interpersonal goals and change in anxiety and dysphoria in first-semester college students. *Journal of Personality and Social Psychology, 98*(6), 1009 – 1024.

Dambrun, M. (2017). Self-centeredness and selflessness: Happiness correlates and mediating psychological processes. *PeerJ, 5*(5), e3306.

Dambrun, M., & Ricard, M. (2011). Self-centeredness and selflessness: A theory of selfbased psychological functioning and its consequences for happiness. *Review of General Psychology, 15*(2), 138 – 157.

Faul, F., Erdfelder, E., Lang, A.-G., & Buchner, A. (2007). G*power 3: A flexible statistical power analysis program for the social, behavioral, and biomedical sciences. *Behavior Research Methods, 39*(2), 175 – 191.

Fredrickson, B. L., & Levenson R. W. (1998). Positive emotions speed recovery from the cardiovascular sequelae of negative emotions. *Cognition and Emotion, 12*, 191 – 220.

Friedman, H. S., & Miller-Herringer, T. (1991). Nonverbal display of emotion in public and in private:

Selfmonitoring, personality, and expressive cues. *Journal of Personality and Social Psychology, 61*, 766–775.

Garofalo, C., Lopez-Perez, B., Gummerum, M., Hanoch, Y., & Tamir, M. (2019). Emotion goals: What do sexual offenders want to feel? *International Journal of Offender Therapy and Comparative Criminology, 63*, 1–19.

Gouveia, V. V., Milfont, T. L., & Guerra, V. M. (2014). Functional theory of human values: Testing its content and structure hypotheses. *Personality and Individual Differences, 60*, 41–47.

Gouveia, V. V., Vione, K. C., Milfont, T. L., & Fischer, R. (2015). Patterns of value change during the life span. *Personality and Social Psychology Bulletin, 41*(9), 1276–1290.

Gross, J. J., & John, O. P. (2003). Individual differences in two emotion regulation processes: Implications for affect, relationships, and well-being. *Journal of Personality and Social Psychology, 85*, 348–362.

Gross, J. J., Sheppes, G., & Urry, H. L. (2011). Taking one's lumps while doing the splits: A big tent perspective on emotion generation and emotion regulation. *Cognition and Emotion, 25*, 789–793.

Gu, X., & Tse, C.-H. (2018). Abstractness and desirableness in the human values system: Self-transcendence values are construed more abstractly, but felt more closely than are self-enhancement values. *Asian Journal of Social Psychology, 21*(4), 282–294.

Hafeman, D. M., Bebko, G., Bertocci, M. A., Fournier, J. C., Bonar, L., Perlman, S. B., ... Phillips, M. L. (2014). Abnormal deactivation of the inferior frontal gyrus during implicit emotion processing in youth with bipolar disorder: Attenuated by medication. *Journal of Psychiatric Research, 58*, 129–136.

Hayes, A. F. (2013). *Introduction to Mediation, Moderation, and Conditional Process Analysis: A Regression-Based Approach*. New York: Guilford Press.

Heim, E., Maercker, A., & Boer, D. (2019). Value orientations and mental health: A theoretical review. *Transcultural Psychiatry, 56*, 449–470.

Kao, C. H., Su, J. C., Crocker, J., & Chang, J. H. (2017). The benefits of transcending self-interest: Examining the role of self-transcendence on expressive suppression and well-being. *Journal of Happiness Studies, 18*(4), 959–975.

Koole, S. L., & Jostmann, N. B. (2004). Getting a grip on your feelings: Effects of action orientation and external demands on intuitive affect regulation. *Journal of Personality and Social Psychology, 87*(6), 974–990.

Inglehart, R. (1978). *The silent revolution: Changing values and political styles among western publics*. Princeton, NJ: Princeton University Press.

Iosifyan, M. A., Arina, G. A., & Nikolaeva, V. V. (2019). Values and fears: Value priorities and fear of health impairments. *Clinical Psychology and Special Education, 8*(1), 103–117.

Jiang, T., Canevello, A., Gore, J. S., Hahn, J. H., & Crocker, J. (2017). The association between compassionate goals and relational-interdependent self-construal. *Journal of the International Society for Self and Identity, 16*(2), 143–170.

Joormann, J., Siemer, M., & Gotlib, I. H. (2007). Mood regulation in depression: Differential effects of distraction and recall of happy memories on sad mood. *Journal of Abnormal Psychology, 116*, 484–490.

Jostmann, N. B., Koole, S. L., van der Wulp, N. Y., & Fockenberg, D. A. (2005). Subliminal affect regulation: The moderating role of action vs. state orientation. *European Psychologist, 10*(3), 209–217.

Leersnyder, J., Koval, P., Kuppens, P., & Mesquita, B. (2017). Emotions and concerns: Situational evidence for their systematic co-occurrence. *Emotion, 18*(4), 597–614.

Li, H., Yang, X., Zheng, W., & Wang, C. (2019). Emotional regulation goals of young adults with depression inclination: An event-related potential study. *Acta Psychologica Sinica, 51*(6), 637–647.

Lim, D., & Desteno, D. (2016). Suffering and compassion: The links among adverse life experiences, empathy, compassion, and prosocial behavior. *Emotion, 16*(2), 175–182.

Liu, P., Wang, X., Li, D., Zhang, R., Li, H., & Han, J. (2021). The benfets of selftranscendence: Examining the role of values on mental health among adolescents across regions in China. *Frontiers in Psychology, 12*, 630420.

Liu, P., Zhou, S., Cui, L., Cai, D., & Li, D. (2022). Why does one want to feel socially engaging emotions? The role of self-transcendence values on desired emotions among adolescents. *Personality and Individual Differences, 185*, 111257.

Liu, P., Mo, B., Yang, P., Li, D., Liu, S., & Cai, D. (2023). Values mediated emotional adjustment by emotion regulation: A longitudinal study among adolescents in China. *Frontiers in Psychology, 14*: 1093072.

Maercker, A., Zhang, X. C., Gao, Z., Kochetkov, Y., Lu, S., Sang, Z., et al. (2015). Personal value orientations as mediated predictors of mental health: a three-culture study of Chinese, Russian, and German university students. *International Journal of Clinical and Health Psychology, 15*, 8–17.

Markus, H. R., & Kitayama, S. (1991). Culture and the self: Implications for cognition, emotion, and motivation. *Psychological Review, 98*, 224–253.

Martin, J., & Sokol, B. (2011). Generalized others and imaginary audiences: A neomeadian approach to adolescent egocentrism. *New Ideas in Psychology, 29*(3), 364–375.

Mauss, I., & Tamir, M. (2014). Emotion goals: How their content, structure, and operation shape emotion regulation. *The handbook of emotion regulation (2nd ed., pp. 361–375)*. New York, NY: Guilford Press.

Mauss, I. B., Evers, C., Wilhelm, F. H., & Gross, J. J. (2006). How to bite your tongue without blowing your top: Implicit evaluation of emotion regulation predicts affective responding to anger provocation. *Personality and Social Psychology Bulletin, 32*(5), 589–602.

Millgram, Y., Joormann, J., Huppert, J. D., & Tamir, M. (2015). Sad as a matter of choice? Emotion-regulation goals in depression. *Psychological Science, 26*(8), 1216–1228.

Morelli, S. A., Lee, I. A., Arnn, M. E., & Zaki, J. (2015). Emotional and instrumental support provision interact to predict well-being. *Emotion, 15*(4), 484–493.

Mousseau, A. C., Scott, W. D., & Estes, D. (2014). Values and depressive symptoms in American Indian youth of the northern plains: Examining the potential moderating roles of outcome expectancies and perceived community values. *Journal of Youth and Adolescence, 43*, 426–436.

Nelissen, R. M. A., Dijker, A. J. M., & De Vries, N. K. (2007). Emotions and goals: Assessing relations between values and emotions. *Cognition and Emotion, 21*, 902–911.

Petropolis, Brazil: Editora Vozes. Schwartz, S. H. (2015). Basic individual values: Sources and consequences. In D. Sander, & T. Brosch (Eds.), *Handbook of value* (pp. 63–84). Oxford: Oxford University Press.

Pressman, S. D., & Cohen, S. (2005). Does positive affect influence health? *Psychological Bulletin, 131*, 925–971.

Quirin, M., Bode, R. C., & Kuhl, J. (2011). Recovering from negative events by boosting implicit positive affect. *Cognition and Emotion, 25*(3), 559–570.

Ricard, M. (2010). *Why meditate? Working with thoughts and emotions*. New York: Hay House.

Rokeach, M. (1973). *The nature of human values*. New York, NY: Free Press.

Rucker, D. D., Preacher, K. J., Tormala, Z. L., & Petty, R. E. (2011). Mediation analysis in social psychology: Current practice and new recommendations. *Social and Personality Psychology Compass*, 5, 359–371.

Runyan, J. D., Fry, B. N., Steenbergh, T. A., Arbuckle, N. L., Kristen, D., & Devers, E. E. (2018). Using experience sampling to examine links between compassion, eudaimonia, and prosocial behavior. *Journal of Personality*, 87(3), 690–701.

Sagiv, L., & Schwartz, S. H. (2022). Personal values across cultures. *Annual Review of Psychology*, 73, 517–546.

Schwartz, S. H. (2015). "Basic individual values: sources and consequences," in *Handbook of Value*. eds. D. Sander and T. Brosch (Oxford: UK, Oxford University Press).

Schwartz, S. H. (1992). Universals in the content and structure of values: Theoretical advances and empirical tests in 20 countries. *Advances in Experimental Social Psychology*, 25, 1–65.

Schwartz, S. H. (2005). Validity and applicability of the theory of values. In A. Tamayo & J. B. Porto (Eds.), *Valores e comportamentos nas organizações* (pp. 56–95). Petrópolis, Brazil: Editora Vozes.

Schwartz, S. H., & Bardi, A. (2001). Value hierarchies across cultures: Taking a similarities perspective. *Journal of Cross-Cultural Psychology*, 32(3), 268–290.

Schwartz, S. H., & Rubel, T. (2005). Sex differences in value priorities: Crosscultural and multimethod studies. *Journal of Personality and Social Psychology*, 89(6), 1010–1028.

Shek, D. T. L., Yu, L., & Siu, A. M. H. (2014). The Chinese adolescent egocentrism scale: Psychometric properties and normative profiles. *International Journal on Disability and Human Development*, 13(2), 297–307.

Sheppes, G., Scheibe, S., Suri, G., Radu, P., Blechert, J., & Gross, J. J. (2012). Emotion regulation choice: A conceptual framework and supporting evidence. *Journal of Experimental Psychology General*, 143(1), 163–181.

Sortheix, F. M., & Lonnqvist, J. E. (2015). Personal value priorities and life satisfaction in Europe: The moderating role of socioeconomic development. *Journal of Cross-Cultural Psychology*, 45, 282–299.

Sortheix, F. M., & Schwartz, S. H. (2017). Values that underlie and undermine well-being: Variability across countries. *European Journal of Personality*, 31, 187–201.

Tamir, M. (2016). Why do people regulate their emotions? A taxonomy of motives in emotion regulation. *Personality and Social Psychology Review*, 20(3), 199–222.

Tamir, M., & Gutentag, T. (2017). Desired emotional states: Their nature, causes, and implications for emotion regulation. *Current Opinion in Psychology*, 17, 84–88.

Tamir, M., & Millgram, Y. (2017). Motivated emotion regulation: Principles, lessons, and implications of a motivational analysis of emotion regulation. In *Advances in motivation science* (pp. 207–247).

Tamir, M., Schwartz, S. H., Cieciuch, J., Riediger, M., Torres, C., Scollon, C., et al. (2016). Desired emotions across cultures: A value-based account. *Journal of Personality and Social Psychology*, 111(1), 67–82.

Tamir, M., Schwartz, S. H., Oishi, S., & Kim, M. Y. (2017). The secret to happiness: Feeling good or feeling right? *Journal of Experimental Psychology General*, 146(10), 1448–1459.

Ungvary, S., Mcdonald, K. L., & Benish-Weisman, M. (2017). Identifying and distinguishing value profiles in American and Israeli adolescents. *Journal of Research on Adolescence*, 28(2), 294–309.

Vishkin, A., Bloom, B. N., & Tamir, M. (2019). Always look on the bright side of life: Religiosity, emotion regulation and well-being in a Jewish and Christian sample. *Journal of Happiness Studies, 20* (2), 427 – 447.

Vishkin, A., Bloom, P., Schwartz, S. H., Solak, N., & Tamir, M. (2019). Religiosity and emotion regulation. *Journal of Cross-Cultural Psychology, 50* (9), 1050 – 1074.

Vishkin, A., Schwartz, S. H., Bloom, B. N., Solak, N., & Tamir, M. (2020). Religiosity and desired emotions: Belief maintenance or prosocial facilitation? *Personality and Social Psychology Bulletin, 46* (7), 1090 – 1106.

Wen, Z., & Ye, B. (2014). Analyses of mediating effects: The development of methods and models. *Advances in Psychological Science, 22*, 731 – 745.

Zhao, S., Chen, X., Liu, J., Li, D., & Cui, L. (2021). Maternal encouragement of sociability and adjustment in nonmigrant and migrant children in urban china. *Journal of Family Psychology, 35* (6), 822 – 832.

第九章

青少年价值观的适应功能及影响机制[①]

本章概要: 采用问卷调查法分别考察青少年价值观与社会适应(亲社会和攻击行为)和心理适应(孤独感和抑郁)之间的关系及机制。结果显示:(1)青少年的集体责任价值观经由学业自尊影响亲社会行为,性别则调节了学业自尊对亲社会行为的预测关系;时尚潮流价值观则经由社交敏感影响攻击行为,性别调节社交敏感对攻击行为的影响。(2)青少年社会平等、集体责任和超越进取价值观对1年后抑郁有显著的负向预测作用;孤独感和抑郁对1年后的社会平等、集体责任和超越进取价值观有显著的负向预测作用。以上结果为理解青少年价值观的适应功能及作用机制提供了一定的实证依据。

第一节 青少年价值观的社会适应功能与关系机制

1 引言

个体的价值观对行为具有导向作用(杨宜音,1998)。个体认同某种价值观可以引发相应的行为(Schwartz & Bilsky, 1987)。社会适应是指个体为适应环境要求而改变自己行为的能力,适应良好个体健康发展的重要标志。诸多研究表明价值观与社会适应行为之间存在中等程度的相关(Bardi, 2008; Dılmaç et al., 2016)。诸如,权力价值观与攻击行为、反社会行为正相关(Knafo et al., 2008; Bacchini et al., 2014)。自我增强价值观是不道德行为的重要动机,而传统价值观是抑制不道德行为的重要动机;自我超越和经验开放可以部分抑制不道德行为(Feldman et al., 2015),自我超越价值观正向预测亲社会行为,自我增强和享乐价值观则负向预测亲社会行为(Benish-Weisman et al., 2019)。这些研究结果大多是采用施瓦茨的价值观问卷施测的结果,而在中国社会快速变迁过程中,中国传统价值观体系和近现代西方价值观体系的剧烈碰撞对青少年价值观形成和发展产生重要影响,可能会呈现不一样的结果。在第三章,我们编制了信效度指标符合心理测量学标准的中国青少年价值观问卷,形成具有社会平

[①] 原文出自:王晓峰(2019). 新时代中国青少年价值观及其与心理社会适应的关系研究(博士学位论文),上海师范大学. 此处为其中一部分内容,并做了删改和补充。

等、集体责任、遵纪守则、家庭亲情、同伴友情、超越进取、时尚潮流和享乐快乐等八个维度结构青少年价值观。其中,集体责任价值观主要涉及对集体利益的看重和维护,是典型的集体取向价值观。对于当代中国青少年,认同集体责任并不意味着压抑个性和自由,而是表达了他们渴望融入集体、产生归属感并与集体一同成长的需求。而时尚潮流维度是指青少年对时尚信息的密切关注、渴望获得时尚物品和对自我价值的表达,是典型的个人取向价值观。已有研究已发现时尚潮流价值观能负向预测亲社会(王晓峰 等,2018)。因此,我们试图在中国社会变迁背景下探索我国青少年集体责任和时尚潮流等不同侧面价值观与社会适应的关系及机制。

中国是一个崇尚集体主义精神的社会,其道德判断和关怀更多集中在集体的秩序与和谐是否能够得到有效的维护(燕良轼,周路平,曾练平,2013)。虽然随着社会经济和科技的快速发展,个人主义不断增强,传统的集体主义价值观仍然具有延续性,并与个人主义共存(黄梓航 等,2018)。中国传统的集体主义文化、群体选择/互惠理论和集体仪式感的研究都表明,群体价值观有利于促进亲社会行为的产生(邹小燕,尹可丽,陆林,2018)。这些结果与前文提到的自我超越/自我增强价值观与青少年亲社会/攻击行为的关系类似。自我超越价值观包括了大同(universalism)、友善(benevolence)等关注群体关系和利益的价值观。对这些价值观的认同会使青少年更认同群体的福祉,更愿意为群体的利益贡献自己的力量,甚至牺牲自己的利益。同样,这样的认同也会使青少年考虑到群体的和谐和声誉而减少攻击行为。但总体而言,有关集体责任与青少年亲社会和攻击行为关系的研究目前还比较少。一方面,中文语境下的"集体"要比群体这个概念更具伦理意涵;另一方面,在集体主义和个体主义价值观共存的当代,青少年的行为在多大程度上还受到集体主义价值观的影响,以及具有怎样的影响路径值得我们进一步探讨。

自尊是个体对自我的觉知和评价,包括了能力感和价值感(张向葵,祖静,赵悦彤,2015),对青少年的亲社会行为有重要作用(陈彬,2017)。高自尊青少年为了维护个体的自我形象倾向于做出亲社会行为(Fu et al., 2017)。学业自尊是学生对自身与学业有关的自我能力和价值评估,中国传统文化提倡个人为家庭和社会刻苦读书,发奋图强。已有研究发现低学业自尊与敌意和学校反社会行为有关(Rentzsch, Schröder-Abé & Schütz, 2015);而在集体中感到自豪是中国人自尊的重要组成部分,也是青少年幸福感的重要影响因素(Yu et al., 2014)。因此,本研究假设对集体责任价值观的认同将预测青少年的学业自尊,学业自尊高的青少年更有可能做出亲社会行为。另有研究发现,在自尊对青少年行为影响中存在显著的性别差异,女生更容易"伤自尊"(魏冰思,2015),自尊可以缓解女生因关系伤害而导致的内化问题(聂瑞虹 等,2017)。因此,我们推测性别可能调节学业自尊对亲社会行为的预测。

如果说集体责任价值观延续了中国传统文化价值观的内核,体现了中国人的关系自我,那么时尚潮流价值观则是随着中国改革开放而出现的新观念。时尚潮流价值观类似于物质主义价值观,与物质主义价值观有相同也有不同之处。物质主义价值观更强调个体对物质的占有和迷恋(Twenge & Kasser, 2013),而本研究中的时尚潮流价值观是指青少年对与时尚潮流有关的信息、趋势的关注和跟从,如手机的款式和功能、最新的短视频、影视剧明星的动态和互动、潮流的服饰和妆容等。在对时尚信息和趋势的关注中也包括了对物品获得的渴望,例如新款手机、新潮服饰。以往研究更多将物质主义看作是一种负面价值观,对社会和个人发展会产生不利的影响(Yang et al., 2018)。认同物质主义价值观与青少年学业表现不良有关,会导致物化自身,学习动机下降(Ku et al., 2014;王予灵 等,2016)。对物质主义价值观的认同与强迫性购买行为相关(张正,李雪欣,2023),负向预测青少年的亲社会行为(Yang et al., 2018),与攻击行为直接正相关(Lv et al., 2023)。前几章的研究已发现时尚潮流价值观对青少年的学校和社会适应有负面影响。具体表现在,青少年对时尚潮流价值观的认同与亲社会行为减少、攻击行为增加有关;与学业成绩和同伴评价的学习能力负相关,与教师评价的学业问题正相关等。但总体上,时尚潮流价值观的研究尚处于起步阶段,时尚潮流价值观与亲社会和攻击行为的关系机制需要了解。

社交敏感性(Social Sensitivity)是个体对他人看待和评价个体自身社会地位和行为的敏感性(Somerville, 2013)。社交敏感性高的个体为了社会接纳和团体归属会特别关注和思考他人对于自身角色和行为的评价,从而根据这些评价做出行为调整(Chen, 2012)。社交敏感性对青少年的社会情绪和认知功能有重要影响(Chen et al., 2016),研究表明社交敏感性对加拿大青少年的心理社会适应产生消极影响,对中国农村青少年的心理社会适应产生积极影响,对中国上海青少年的心理社会适应则既有积极影响也有消极影响(Chen et al., 2018)。因此,我们推测青少年不同的价值观认同可能导致不同的社交敏感性,从而产生不同的适应结果。

青少年开始对时尚变得敏感,也是时尚消费的主力军。尤其是"00后",他们出生在改革开放后,随着社会转型一起成长,追求个性和时尚是她们成长的基本元素(王俊萍,2008)。青少年对自身相貌、能力和价值观的认同,其评价标准和依据开始从成人世界转向同伴群体;但青少年群体尚属于"边缘化群体",大多只能依靠"新、潮、酷"的物品、服饰和语言摆脱和突破成人世界的控制,形成属于自己群体的亚文化价值观。对时尚潮流价值观的认同可能加强了青少年对同伴群体认同和归属的需要,这种需要的增加可能使青少年更加在意他人对自己角色和行为的评价,即提高了社交敏感性;而社交敏感性的提高将可能对青少年的社会适应产生负面影响。以往研究发现,青少年的亲社会和攻击行为都存在性别差异。女孩的亲社会行为较多(Graaff et al., 2018),男孩的攻击行为较多(李庆功,吴素芳,傅根跃,2015)。但不同性别的青少年在时尚潮流价值观和社交敏感性的影响下其亲社会和攻击行为表现的差异仍需要探讨。

综上,本研究主要考察:(1)集体责任价值观与青少年亲社会和攻击行为的关系,以及学业自尊的中介作用和性别的调节作用;(2)时尚潮流价值观与青少年亲社会和攻击行为的关系,以及社交敏感性的中介作用和性别的调节作用。

2 研究方法

2.1 研究对象

研究在上海市4所初中、3所高中选取被试,共发放问卷1160份,回收后剔除无效问卷共有1091份有效问卷,回收率94.05%。被试的基本情况详见表9-1,其中有12名被试缺失性别信息。

表 9-1 被试基本情况

年级	人数	百分比	性别	人数	百分比	年龄均值(岁)/标准差
六年级	425	39	男	221	52	12.91(0.52)
			女	198	46.6	12.96(0.63)
七年级	94	9.1	男	54	54.5	14.02(0.55)
			女	40	40.4	13.86(0.44)
八年级	269	24.7	男	158	58.7	14.84(0.53)
			女	111	41.3	14.82(0.34)
十年级	298	27.3	男	126	42.3	16.92(0.37)
			女	171	57.4	16.78(0.87)

2.2 研究工具

价值观。采用青少年价值观问卷测查价值观水平(王晓峰 等,2018)。问卷共分社会平等、集体责任、遵规守则、家庭亲情、同伴友情、超越进取、时尚潮流、享受快乐等 8 个维度,46 个题项,例如,"他/她认为人人都要学习社会规则,并且认真遵守""他/她认为人不能安于现状,一定要让自己变得更好"等),采用 5 点计分,分数越高表明个体越看重这一价值观。本研究使用其中的集体责任(7 题)和时尚潮流(6 题)两个维度,集体责任的内部一致性系数为 0.86,时尚潮流的内部一致性系数为 0.90。

亲社会行为和攻击行为。研究采用中文版修订后的班级戏剧问卷(Revised Class Play; Chen et al., 1992)进行同伴提名。同伴提名采用了同一群体内的他评视角,既可以有效避免自评的社会赞许和共同方法偏差,又可以较为客观地评价儿童和青少年的社会适应功能(Chen et al., 2005; Coplan et al., 2017)。该问卷呈现 35 个行为描述(例如,"某个人是个好领导"),要求被试在每一条描述后提名三位最符合该条行为描述的同班同学。然后计算每位同学的每个项目得分,并将分数在班级内标准化。本次研究涉及班级戏剧问卷中的亲社会行为(例如,"某个人对别人很礼貌")和攻击行为(例如,"某个人经常和别人打架")。在本研究中,亲社会行为的内部一致性系数为 0.80,攻击行为的内部一致性系数为 0.87。

学业自尊。采用儿童自我觉知量表(Self-Perception Profile for Children; Chen et al., 2005)测量被试的自尊水平。该量表共 36 题,采用 5 级计分,包含整体自尊、学业自尊、社交自尊等 6 个维度。本研究只选用学业自尊这一维度("我觉得自己没有别人聪明""我的各门功课都学得很好")。均分越高,表示自尊水平越高。已有研究表明,该量表具有良好的信度和效度(Chen et al., 2005;刘俊升 等,2015)。在本研究中,该问卷的内部一致性系数 0.77。

社交敏感性。采用青少年自我报告的社交敏感性量表(Chen et al., 2018)测量被试的社交敏感水平。该量表采用 5 级计分,从(1 分完全不符合)到(5 分完全符合)(例如,"我想知道别的孩子对我的看法""我很重视别的孩子是怎么说我的")。统计时均分越高,表示社交敏感性水平越高。已有研究表明,该量表在中国青少年的测试中具有良好的信度和效度(Chen et al., 2018)。在本研究中,该问卷的内部一致性系数为 0.90。

3 研究结果

3.1 各变量的描述性统计

以性别和年级为自变量,以集体责任和时尚潮流为因变量做多元方差分析(描述性统计结果见表9-2)。结果表明,性别的主效应不显著,Wilks'$\lambda=0.99$,$F(2,1070)=1.97$,$p=0.14$,偏$\eta^2=0.004$。年级的主效应显著,Wilks'$\lambda=0.97$,$F(6,2014)=6.38$,$p<0.001$,偏$\eta^2=0.02$。性别和年级的交互作用不显著,Wilks'$\lambda=0.99$,$F(6,2014)=1.36$,$p=0.23$,偏$\eta^2=0.004$。进一步单变量方差分析的结果表明,集体责任年级主效应显著,六年级高于七、八、十年级,$F(3,1071)=7.37$,$p<0.001$,偏$\eta^2=0.02$。时尚潮流的年级主效应显著,八年级显著高于其他年级,其余年级无显著差异,$F(3,1071)=4.93$,$p=0.002$,偏$\eta^2=0.01$。

表9-2 各变量的均值和标准差

	男	女	六年级	七年级	八年级	十年级
集体责任	4.02(0.79)	4.02(0.75)	4.14(0.80)	4.09(0.68)	3.91(0.82)	3.93(0.69)
时尚潮流	2.57(1.07)	2.62(1.10)	2.58(1.08)	2.45(0.96)	2.80(1.14)	2.48(1.06)
学业自尊	3.23(0.03)	3.07(0.04)	3.45(0.04)	3.15(0.07)	3.11(0.04)	2.88(0.04)
社交敏感	2.71(0.06)	2.95(0.06)	2.64(0.06)	2.68(0.12)	2.93(0.07)	3.09(0.07)
亲社会行为	−0.07(0.92)	0.09(1.08)	0.01(1.01)	0.01(1.02)	0(1.00)	0.01(1.00)
攻击行为	0.23(1.15)	−0.26(0.73)	−0.01(1.00)	−0.02(0.88)	0(1.00)	−0.01(1.00)

以性别和年级为自变量,以学业自尊、社交敏感性和亲社会行为、攻击行为为因变量做多元方差分析(描述性统计结果见表9-2)。结果表明,性别的主效应显著,Wilks'$\lambda=0.98$,$F(4,1068)=6.79$,$p<0.001$,偏$\eta^2=0.03$。年级的主效应显著,Wilks'$\lambda=0.88$,$F(12,2825)=11.43$,$p<0.001$,偏$\eta^2=0.04$。性别和年级的交互作用不显著,Wilks'$\lambda=0.99$,$F(12,2825)=0.98$,$p=0.46$,偏$\eta^2=0.004$。

进一步单变量方差分析的结果表明,在学业自尊上,年级主效应显著,六年级最高,十年级最低,$F(3,1071)=54.57$,$p<0.001$,偏$\eta^2=0.10$;性别主效应显著,男生高于女生,$F(1,1071)=16.90$,$p<0.001$,偏$\eta^2=0.02$。社交敏感的年级主效应显著,随着年级增高,社交敏感性增高,十年级最高,六年级最低,$F(3,1071)=10.22$,$p<0.001$,偏$\eta^2=0.03$;性别主效应显著,女生高于男生,$F(1,1071)=8.47$,$p=0.004$,偏$\eta^2=0.01$。在亲社会行为上,性别主效应显著,女生高于男生,$F(1,1071)=18.72$,$p<0.001$,偏$\eta^2=0.02$;年级主效应不显著。在攻击行为上,性别主效应显著,男生高于女生,$F(1,1071)=18.72$,$p<0.001$,偏$\eta^2=0.02$;年级主效应不显著。各变量的相关系数见表9-3。结果显示,集体责任、学业自尊和亲社会行为相互之间均显著正相关;集体责任与攻击行为显著负相关;学业自尊与攻击行为无显著相关。时尚潮流与社交敏感、攻击行为显著正相关;与亲社会行为显著负相关;社交敏感与亲社会行为和攻击行为均不显著相关。

表9-3 各变量的相关系数(r)

	1	2	3	4	5	6
1 集体责任	—					
2 时尚潮流	0.10**	—				
3 学业自尊	0.24**	0.04	—			
4 社交敏感	0.04	0.32**	−0.17**	—		
5 亲社会行为	0.11**	−0.07*	0.23**	−0.03	—	
6 攻击行为	−0.07*	0.08*	0.01	0.05	−0.19**	—

注：** $p<0.01$，* $p<0.05$。

3.2 集体责任价值观与亲社会行为的关系：有中介的调节模型

采用SPSS宏程序PROCESS的模型14检验学业自尊在集体责任价值观与亲社会行为之间的,受到性别调节中介作用,结果显示,控制年级后,集体责任价值观经由学业自尊影响亲社会行为的中介效应显著。集体责任正向预测学业自尊,$\beta=0.24$, 95%CI=[0.18, 0.30];学业自尊正向预测亲社会行为,$\beta=0.33$, 95%CI=[0.25, 0.41];集体责任与亲社会行为之间的回归系数不显著,$\beta=0.05$, 95%CI=[−0.01, 0.11]。性别与学业自尊的乘积项对亲社会行为的效应显著,$\beta=-0.17$, 95%CI=[−0.28, −0.05],说明学业自尊对亲社会行为的中介效应受到性别的调节。其中,男生 $\beta=0.16$, 95%CI=[0.08, 0.24]。女生 $\beta=0.33$, 95%CI=[0.25, 0.41]。学业自尊的中介效应量为0.12,占总效应的69.47%。其中,女生的中介效应量占总效应的46.59%。男生的中介效应量占总效应的22.88%。中介调节效应模型见图9-1,学业自尊受到性别调节对亲社会行为影响的简单效应见图9-2,随着学业自尊的提高,女生比男生表现更多的亲社会行为。

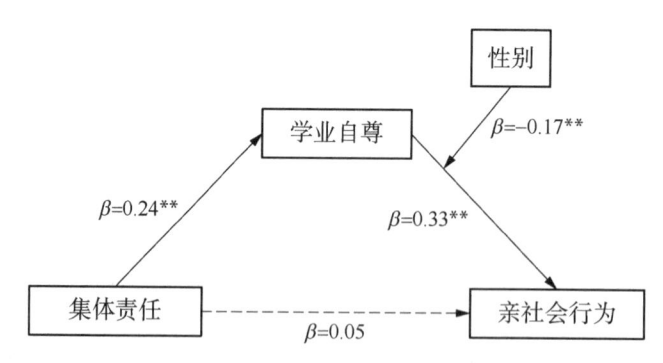

图9-1 集体责任与亲社会行为的中介调节模型图

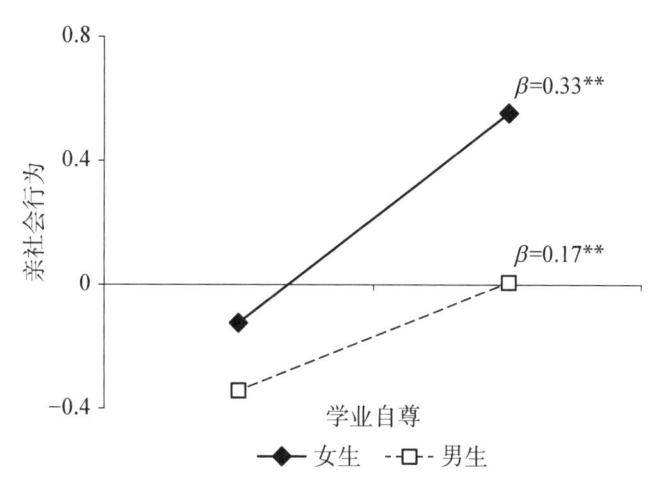

图 9-2 性别对学业自尊与亲社会行为之间关系的调节作用

采用 SPSS 宏程序 PROCESS 的模型 14 检验学业自尊在集体责任价值观与攻击行为之间的,受到性别调节中介作用,结果显示,控制年级后,集体责任价值观经由学业自尊影响亲攻击行为的中介效应不显著。集体责任正向预测学业自尊,$\beta=0.24,95\%CI=[0.18,0.30]$;学业自尊与攻击行为的系数不显著,$\beta=0.01,95\%CI=[-0.07,0.09]$。性别与学业自尊的乘积项对攻击行为的效应不显著,$\beta=0.02,95\%CI=[-0.13,0.18]$。

3.3 时尚潮流价值观与攻击行为的关系：有中介的调节模型

采用 SPSS 宏程序 PROCESS 的模型 14 检验社交敏感性在时尚潮流价值观与攻击行为之间的,受到性别调节的中介作用,结果显示,控制年级后,时尚潮流正向预测社交敏感性,$\beta=0.33,95\%CI=[0.27,0.38]$;社交敏感性与攻击行为之间的回归系数不显著,$\beta=-0.02,95\%CI=[-0.11,0.06]$。时尚潮流与攻击行为之间的回归系数显著,$\beta=0.07,95\%CI=[0.01,0.13]$。性别与社交敏感性的乘积项对攻击行为的效应显著,$\beta=0.14,95\%CI=[0.02,0.25]$。说明社交敏感性对攻击行为的中介效应受到性别的调节(见图 9-3)。其中,男生的中介效应显著,$\beta=0.12,95\%CI=[0.03,0.20]$。女生的中介效应不显著,$\beta=-0.02,95\%CI=[-0.11,0.06]$。社交敏感性到性别调节对攻击行为影响的简单效应见图 9-4,随着社交敏感性的增加,男生相较女生,攻击行为显著增长。

采用 SPSS 宏程序 PROCESS 的模型 14 检验社交敏感在时尚潮流价值观与亲社会行为之间的,受到性别调节的中介作用,结果显示,控制性别和年级后,时尚潮流经由社交敏感影响亲社会行为的中介效应不显著。时尚潮流正向预测社交敏感,$\beta=0.35,95\%CI=[0.29,0.41]$;社交敏感与亲社会行为的系数不显著,$\beta=0.02,95\%CI=[-0.04,0.07]$。性别与社交敏感的乘积项对亲社会行为的效应不显著,$\beta=-0.01,95\%CI=[-0.10,0.10]$。

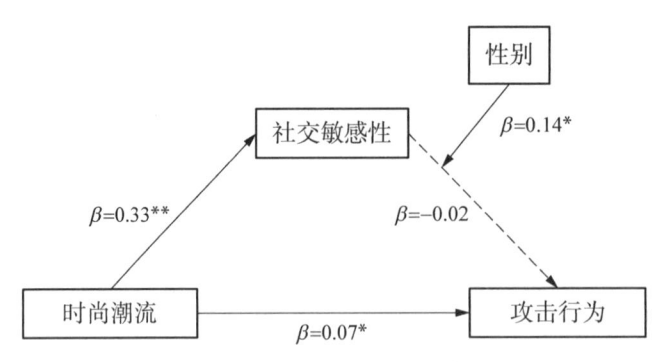

图 9-3　时尚潮流与攻击行为的中介调节模型图

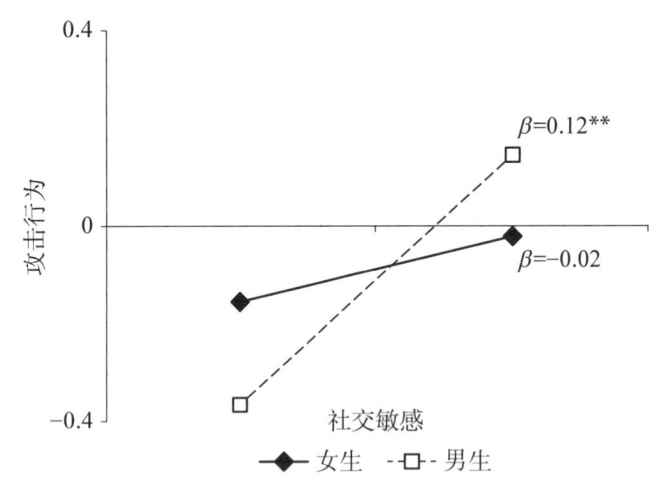

图 9-4　性别对社交敏感性与攻击行为之间关系的调节作用

4　分析与讨论

4.1　青少年集体责任与亲社会行为

本研究发现，青少年对集体责任价值观的认同可以通过对学业自尊的提升从而增加其亲社会行为。而在学业自尊对亲社会行为的预测关系中，女生表现得更明显。相比男生，女生的学业自尊更能预测其亲社会行为。

对于中国青少年来说，学业自尊是其自尊结构中非常重要的组成成分，是其对自身学习能力、策略和方法的整体觉知和评价。而在中国文化背景下个人的学业成就不完全被看成个人努力的结果，更多被认为是一种社会努力（social endeavor），个人所获得的成就服务且服从于家庭和集体（Tao & Hong, 2013）。因此，对集体荣誉、利益等集体责任观念的关注和认可可能使青少年更加认同自己在学业上所取得的成就和能力，促进其学业自尊；而较高的学业自尊有助于个体的亲社会行为。这与以往的研究结果比较一致，纵向研究结果发现虽然青少年的学业成就表现和社会能力随着青少年的发展相互影响,但是早期的学业成就表现对后期的社会能力影响更大,这可能是因为学业成就表现良好的青少年在班级中的社会地位更高,问题解决能力发展更好(Caemmerer & Keith, 2015)。总之,青少年对集体责任的认同通过其学业自尊感才能更好促进行为的发生。

此外,本研究结果也发现女生的学业自尊对其亲社会行为的作用更大。这可能因为青少年期所发生的亲社会行为大多集中在学业领域,也就是说当个体对自己的学业成就和能力更加自信的时候,更愿意去帮助其他同学在学业上提升,如帮助同学解答难题,督促学习等。相对男生,女生更关注人际情感关系,也更耐心和细致,所以学业自尊对亲社会行为的促进作用在女生身上体现得更明显。

4.2 时尚潮流与攻击行为

本研究发现,青少年对时尚潮流价值观的认同可以通过社交敏感性的中介作用预测攻击行为,性别在社交敏感性对攻击行为的预测关系中起调节作用,男生的社交敏感性越高,其攻击行为也会越多;而女生的社交敏感性增加与否,与其攻击行为关系不大。

时尚属于符号消费和文化,对时尚潮流价值观的认同就是通过时尚背后的符号获得认同。青少年的这种认同受到同伴群体社会化的影响,并在群体互动中不断加强。获得群体认同的具体路径包括群体的准入、群体的交流内容以及在群体中的角色、地位等。例如,青少年对明星和粉丝群体各种消息的掌握;对各种短视频的分享和评论;对手机游戏角色的喜好,这些不仅仅是时尚内容层面的交流,还决定着是否跟某人聊、怎么聊以及后续的其他交往行为。随着青少年的发展,对同伴认同的需要也在不断增强。本研究结果证明了这种需要的增加,尤其是女生和年长青少年的社交敏感性更高。对时尚潮流价值观的认同使得青少年更在意别人对自己的评价,更在意自己在群体中的位置和角色。

青少年的时尚潮流观念通过社交敏感性正向预测男生的攻击行为。以往研究发现社交敏感性高的青少年常唤起负性情绪,缺乏有效的问题解决的行为,社会能力和成熟度低(Greenfield et al., 2006)。因此,较高的社交敏感性使青少年更倾向于对他人的行为进行敌意归因,增加了人际冲突中采取攻击行为的可能性。中国的传统文化认为男性为了维护社会支配地位可以使用武力,这一观念在青少年中也被证明是适用的(张云运 等, 2018)。因此当男生感受到不被群体接纳或社会地位受到挑战时,可能会唤起孤独、愤怒等负面情绪;而且,相较于女性,男性更不善于用语言表达愤怒(Li et al., 2008),如果缺少有效解决问题的技能,男生更容易使用攻击来维护自己的社会地位。

5 结论

本研究发现,学业自尊在青少年集体责任价值观与亲社会行为之间起完全中介作用,性别调节学业自尊对亲社会行为的预测,即女生学业自尊越高,其亲社会行为也越多;社交敏感性在青少年时尚潮流价值观与攻击行为之间起中介作用,性别调节社交敏感性对攻击行为的预测,也就是男生的社交敏感性越高,其攻击行为越多。研究结果有助于我们更好的理解对群体价值取向和个体价值取向如何与个体特质相结合,共同作用于社会适应行为。

第二节　价值观与青少年心理适应的关系及作用机制

1　引言

以往研究表明,与群体、关系有关的价值观可以促进心理健康,而与个体有关的价值观则可能妨碍或者降低心理健康。例如,社区贡献、亲密关系价值观与青少年的幸福感联系更大(Liu et al., 2022; Lee & Kawachi, 2019; Lekes et al., 2011; Sheldon, 2005),认同个人主义价值观的青少年对自杀观念的接受程度高于认同集体主义价值观的青少年(Eskin, 2013)。社会平等、集体责任和超越进取价值观负向预测抑郁;时尚潮流正向预测抑郁(李丹 等, 2018)。中国传统文化价值观也有助于青少年心理健康,这些传统价值观大多基于人际关系和社群关系,例如,接受安分守己、友善待人、重义轻利等传统价值观的大学生心理问题较少(梁世钟,2007),家族主义、谦让守分、面子关系等儒家传统价值观与心理健康水平正相关(柳林,2017)。

由于青少年认同的价值观之间可能产生矛盾冲突,青少年与重要他人之间可能存在价值观冲突,青少年认同的特定价值观可能导致社会适应不良的行为,这些冲突和适应不良的行为都有可能诱发孤独感、抑郁等心理适应问题。与此相反,孤独感、抑郁等心理适应问题也可能会对价值观认同产生负面影响,包括没有能力认同和选择价值观,价值观念扭曲,不敢或不能表达对所认同价值观的喜爱,没有能力做出和价值观一致的行为等。

因此,本研究将采用间隔1年的追踪设计,探讨青少年价值观与心理适应的相互预测关系。主要考查社会平等、集体责任、超越进取和时尚潮流等价值观与孤独感和抑郁等心理适应指标的关系,孤独感和抑郁通常也是青少年心理健康的重要方面。本研究假设,社会平等、集体责任和超越进取价值观与孤独感和抑郁情绪存在负向关联;而时尚潮流价值观则与孤独感和抑郁情绪存在正向联系。

2　研究方法

2.1　研究对象

采取方便取样的方法,在上海市抽取2所初中和2所高中进行测查,初始被试是初中预备班(六年级)青少年和高中十年级青少年。第一次测量的时间(T1)是9月末,为学年初期,共有426名被试参与了第一次测量,六年级239人(男生49.10%,平均年龄12.93岁),十年级187人(男生43.08%,平均年龄16.85岁)。第二次测量的时间间隔一年,在被试升入高一个年级后的学年初期(T2)。参与此次调查的被试人数为403人,其中,初中生224人(男生49.60%),

高中生 179 人(男生 42.50%)。两次测量一共流失了 23 名被试,流失率为 5.40%。流失的主要原因是第二次施测时因病因事请假或返回原籍读书。

2.2 研究工具

价值观。采用中国青少年价值观问卷(王晓峰 等,2018),共 8 个维度。本研究使用社会平等、集体责任、超越进取和时尚潮流等 4 个维度。第一次施测时,4 个价值观维度内部一致性系数为 0.75—0.90;第二次施测内部一致性系数为 0.84—0.91。

孤独感。采用伊利诺斯孤独感量表(Asher et al., 1984)测量孤独感水平。该量表由 16 个项目组成(如"我觉得孤独")。量表采用 5 点计分,反向题转换之后,计算 16 个项目的平均分,所得分数越高,表明孤独感越强烈。本研究中,第一次施测内部一致性系数为 0.81,第二次施测为 0.84。

抑郁。采用儿童青少年抑郁量表(Kovacs, 1992; Chen et al., 1995)测量抑郁水平。该量表包括 14 个项目,采用 3 点计分,反向题转换之后,计算 14 个项目的平均分,所得分数越高,表明抑郁越强烈。本研究中,第一次施测内部一致性系数为 0.84,第二次施测为 0.87。

3 研究结果

3.1 变量的描述性统计

各变量的均值、标准差和相互间的相关系数见表 9-4,除时尚潮流外,T1/T2 价值观均两两显著正相关。除时尚潮流外,T1/T2 价值观与 T1/T2 孤独感和抑郁显著负相关。

3.2 价值观和孤独感的交叉滞后分析

本研究使用 Mplus 7.4 软件对价值观与青少年心理适应之间的交叉滞后效应进行检验。因为变量较多,所以结果只呈现交叉滞后路径显著的模型。

图 9-5 的结果表明:T1 至 T2 青少年孤独感、社会平等价值观的自回归路径均显著。孤独感和社会平等价值观在两次测量中都较稳定性。交叉滞后路径的检验结果表明:T1 的孤独感可以显著负向预测青少年 T2 的社会平等价值观;但 T1 的社会平等价值观不能显著预测 T2 的孤独感。

接下来分析交叉滞后效应的年级差异。首先,对初、高中组的交叉滞后系数自由估计。随后进行限制模型估计,将初中、高中组别模型的交叉滞后路径系数设置为相等。最后,检验限制模型和自由估计模型的卡方值差异,限制路径相等与自由估计无显著差别,$\Delta \chi^2(2)=1.46$,$p=0.48$,因此初中和高中组的模型结果无显著差异。

表 9-4 各变量均值、标准差及相关系数

	1	2	3	4	5	6	7	8	9	10	11	12
1. 社会平等 T1	—											
2. 社会平等 T2	0.40**	—										
3. 集体责任 T1	0.73**	0.38**	—									
4. 集体责任 T2	0.30**	0.75**	0.44**	—								
5. 超越进取 T1	0.39**	0.19**	0.45**	0.29**	—							
6. 超越进取 T2	0.17**	0.42**	0.25**	0.59**	0.50**	—						
7. 时尚潮流 T1	0.03	0.09	0.05	0.07	0.23**	0.07	—					
8. 时尚潮流 T2	−0.03	0.10*	0.02	0.13**	0.16**	0.19**	0.50**	—				
9. 孤独感 T1	−0.19**	−0.14**	−0.30**	−0.22**	−0.20**	−0.19**	0.01	−0.03	—			
10. 孤独感 T2	−0.22**	−0.35**	−0.33**	−0.48**	−0.25**	−0.35**	−0.06	−0.07	0.53**	—		
11. 抑郁 T1	−0.19**	−0.13**	−0.28**	−0.20**	−0.18**	−0.17**	0.05	−0.03	0.47**	0.44**	—	
12. 抑郁 T2	−0.12**	−0.29**	−0.20**	−0.38**	−0.18**	−0.31**	−0.01	−0.02	0.43**	0.67**	0.49**	—
均值	4.29	4.34	4.02	3.99	3.71	3.89	2.55	2.64	2.28	2.30	1.36	1.46
(标准差)	(0.85)	(0.77)	(0.88)	(0.74)	(0.84)	(0.80)	(1.11)	(1.05)	(0.52)	(0.57)	(0.49)	(0.35)

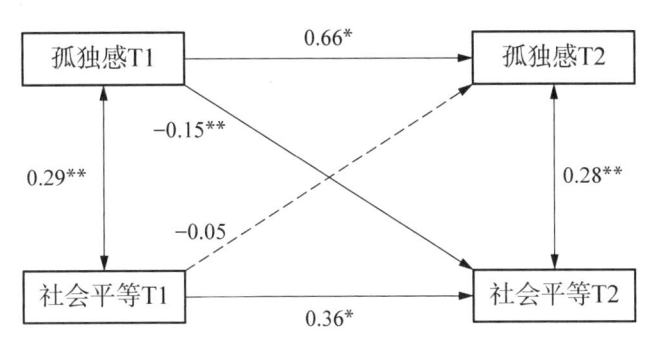

图 9-5 社会平等价值观与孤独感交叉滞后效应

注：** $p<0.01$，* $p<0.05$。下同。

集体责任价值观和孤独感的交叉滞后效应结果如图 9-6，初中和高中组的模型结果差异不显著，$\Delta\chi^2(2)=1.41, p=0.49$。

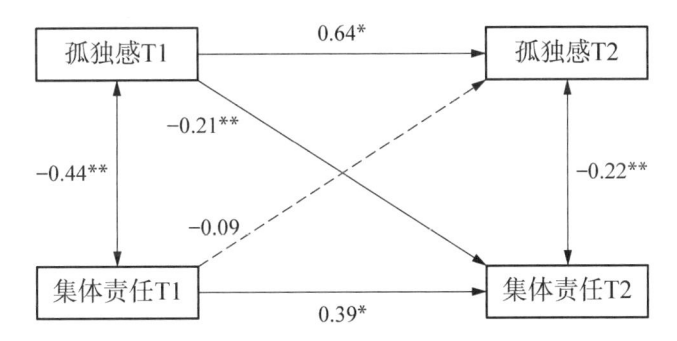

图 9-6 集体责任价值观与孤独感交叉滞后效应

超越进取价值观和孤独感的交叉滞后效应如图 9-7，初中和高中组的模型结果差异显著，$\Delta\chi^2(2)=8.95, p=0.01$。路径系数见表 9-5。

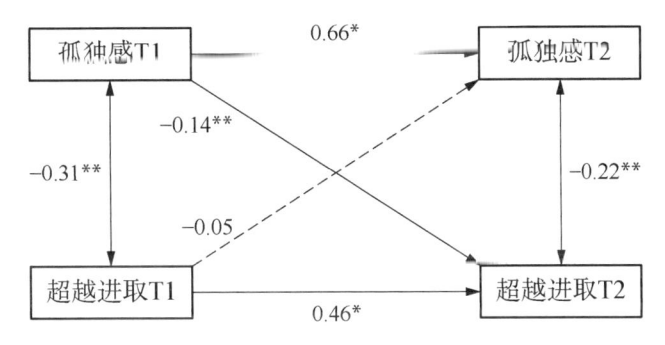

图 9-7 超越进取价值观与孤独感交叉滞后效应

表9-5 超越进取—孤独感模型年级的多组自由估计模型结果

	初中	高中
自回归路径		
T1 超越进取—T2 超越进取	0.39**	0.56**
T1 孤独感—T2 孤独感	0.64**	0.61**
交叉滞后路径		
T1 超越进取—T2 孤独感	−0.14*	0.10
T1 孤独感—T2 超越进取	−0.17*	−0.13*

时尚潮流价值观和孤独感的交叉滞后路径系数均不显著：T1 孤独感—T2 时尚潮流（$\beta=-0.03, SE=0.04, p=0.53$）；T1 时尚潮流—T2 孤独感（$\beta=-0.06, SE=0.04, p=0.10$）。

3.3 价值观和抑郁的交叉滞后分析

社会平等价值观和抑郁的交叉滞后效应见图9-8，初中和高中组的模型结果差异不显著，$\Delta\chi^2(2)=2.71, p=0.26$。

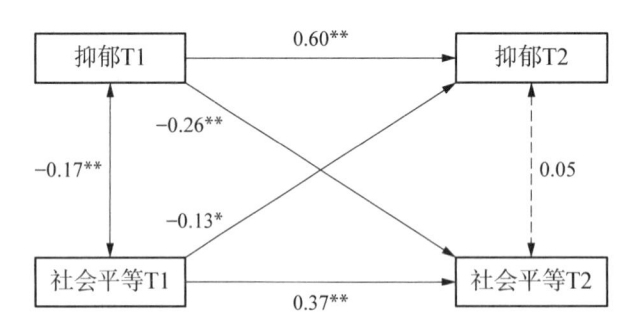

图9-8 社会平等价值观与抑郁交叉滞后效应

集体责任价值观和抑郁的交叉滞后效应见图9-9，初中和高中组的模型结果差异不显著，$\Delta\chi^2(2)=0.41, p=0.81$。

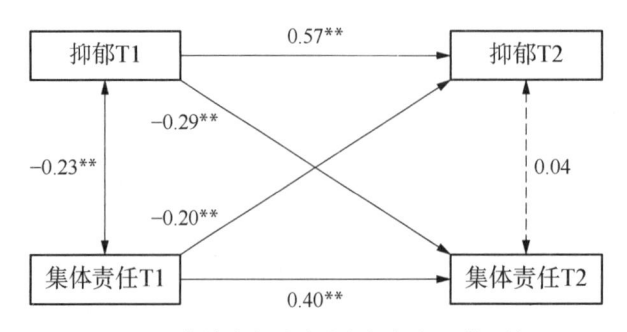

图9-9 集体责任价值观与抑郁交叉滞后效应

超越进取价值观和抑郁的交叉滞后效应见图 9-10,初中和高中组的模型结果差异不显著,$\Delta\chi^2(2)=2.99, p=0.22$。

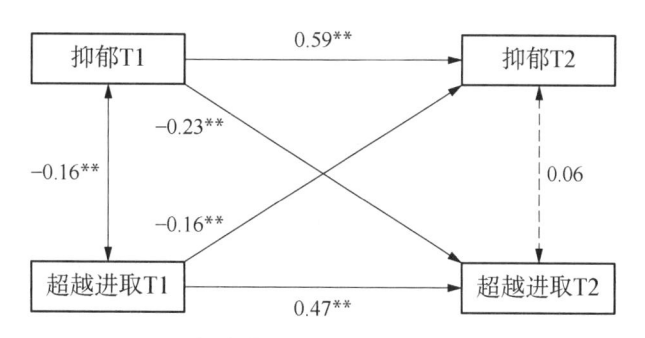

图 9-10 超越进取价值观与抑郁交叉滞后效应

时尚潮流价值观和抑郁的交叉滞后路径系数均不显著:T1 抑郁—T2 时尚潮流($\beta=-0.01, SE=0.04, p=0.75$)。T1 时尚潮流—T2 抑郁($\beta=0.04, SE=0.04, p=0.37$)。研究对上述交叉滞后效应是否存在年级差异也进行了分析,$\Delta\chi^2(2)=0.05, p=0.98$,初中和高中组的模型结果呈现不显著。

4 讨论

从研究结果来看,间隔 1 年测量的群体和个体取向价值观与孤独感和抑郁之间总体上存在密切联系。其中,T1 孤独感对 T2 社会平等、集体取向和超越进取价值观有负向预测作用,T1 越感到孤独的青少年对这些价值观的认同越低;社会平等、集体取向与超越进取价值观和抑郁相互负向预测,T1 越认同这些价值观的青少年 T2 抑郁感越少;T1 越感到抑郁的青少年 T2 对价值观的认同越低。

上述结果表明青少年多个方面价值观与孤独感和抑郁等心理适应指标间存在相互预测关系,证实了以往研究结果。已有研究指出无意义感和无聊是现代社会个体内心精神空乏的体现(吕伟红,2011;孙丹阳,李侠,2018),而北京大学徐凯文用"空心病"一词形象地描述了这一现象,他用"空心病"分析了当代中国青年精神领域的现象,认为空心病是"价值观缺陷所致心理障碍"(吴玲,2018)。青少年的价值观认同应该成为价值观教育、心理健康教育关注的主题。

对社会平等和集体责任的认同负向预测抑郁,该结果与以往研究一致(李丹 等,2018)。其他研究也表明,对大同、友善等价值观的认同,会让被试唤起更多共情和爱的情绪体验以及更多选择观看社会参与的图片(Liu et al.,2022)。总体而言,对群体利益、福祉的关注和认可会给青少年带来更强的意义感和联结感。群体成员虽然会变化,但个体存在于不同群体中则具有稳定性和安全感。对家庭、同伴和学校等群体的认同还意味着传承和延续,会带给青少年完整感和希望。所有这些元素单独或者共同作用促进了青少年的心理适应。此外,本研究显示初中生超越进取价值观负向预测 1 年后的孤独感,这可能是因为初中生的学业表现、能力提升得到父母或者教师的关注和认同,这在某种程度上可以减少其孤独感。如有研究表明,学业成绩通过教师接纳负向预测青少年孤独感(张连云,2013)。

最后,本研究结果表明,青少年心理适应对于价值观认同也有显著的预测作用。其中,孤独感对社会平等、集体责任和超越进取价值观有显著的负向预测;而抑郁对以上三个价值观的负向预测相较价值观对抑郁的预测作用也更强。研究表明,孤独感和抑郁是较常见的心理健康问题,对青少年学业、社会和行为发展有着明显的消极影响(苏志强 等,2018;Kelvin,2016)。当青少年心理适应不良时,会产生被排斥和不被接纳的负面感受,在行为上会产生退缩(张锦涛 等,2011;李笑燃,姜永志,张斌,2018)。因此,当青少年心理适应不良时,会与群体疏离,即使在群体中也无法更好地获得归属感和亲密感,可能会感到群体对自己的不公平对待甚至伤害。这些都可能导致青少年对群体价值观认同的降低。

5 结论

本研究结果显示社会平等、集体责任和超越进取价值观对 1 年后抑郁有显著的负向预测作用。这说明,群体和个体取向价值观能够给青少年带来安全感、支持感,减少抑郁。此外,孤独感和抑郁对 1 年后的社会平等、集体责任和超越进取价值观有显著的负向预测作用。这说明,心理适应指标对于价值观的认同也有重要作用;当青少年感觉孤独和抑郁时,会与群体疏离,无法获得积极的、有意义的人际互动,降低青少年对价值观的认同。

参考文献

陈彬.(2017).中学初中生依恋、自尊对亲社会行为的影响(硕士学位论文).宁波大学,宁波.
黄梓航,敬一鸣,喻丰,古若雷,周欣悦,张建新,蔡华俭.(2018).个人主义上升,集体主义式微?——全球文化变迁与民众心理变化.心理科学进展,26(11),2068-2080.
李丹,周同,刘俊升,戴艳,陈梦雪,陈欣银.(2018).新时代青少年价值观及其与社会、学校和心理适应的关系:三个地域的比较.心理科学,41(6),1292-1301.
李庆功,吴素芳,傅根跃.(2015).儿童同伴信任和同伴接纳的关系:社会行为的中介效应及其性别差异.心理发展与教育,31(3),303-310.
李笑燃,姜永志,张斌.(2018).孤独感对青少年问题性移动社交网络使用的影响:人际困扰和积极自我呈现的作用.心理科学,41(5),95-101.
刘俊升,周颖,李丹,陈欣银.(2015).儿童中期和青春期早期独处偏好与心理适应之关系:有调节的中介效应.心理学报,47(8),1004-1012.
柳林.(2017).儒家传统价值观、儒家伦理精神性与心理健康的关系(硕士学位论文).广州大学,广东.
吕伟红.(2011).存在主义治疗取向对高校心理咨询的启示.学术交流,7,41-45.
聂瑞虹,周楠,张宇驰,方晓义.(2017).人际关系与高中生内外化问题的关系:自尊的中介及性别的调节作用.心理发展与教育,33(6),708-718.
苏志强,王钢,刘传星,张大均.(2018).童年中晚期抑郁的发展及其与问题行为的并发:一项两年追踪研究.心理发展与教育,34(2),200-209.
孙丹阳,李侠.(2018).透视厌倦:存在主义视角下的信念型塑与修正.哲学分析,5,103-114.
王俊萍.(2008).论时尚文化和青少年价值观教育(硕士学位论文).河南大学,开封.
王晓峰,李丹,陈欣银,刘俊升,戴艳,郭虹蔓,徐婷.(2018).新时代青少年价值观的构成特征与适应功能研究.心理科学,41(6),1282-1291.

王予灵,李静,郭永玉.(2016).向死而生,以财解忧？存在不安全感对物质主义的影响.*心理科学*,39(4),921-926.

魏冰思.(2015).*透视课堂:中小学教师批评行为及其对师生关系与学生自尊的影响研究*(硕士学位论文),苏州大学.

吴玲.(2018).现代性视角下中国青年"空心病"的诊断与治疗.*当代青年研究*,1,79-84.

燕良轼,周路平,曾练平.(2013).差序公正与差序关怀:论中国人道德取向中的集体偏见.*心理科学*,36(5),1168-1175.

杨宜音.(1998).社会心理领域的价值观研究述要.*中国社会科学*,(2),82-93.

张锦涛,刘勤学,邓林园,方晓义,刘朝莹,兰菁.(2011).青少年亲子关系与网络成瘾:孤独感的中介作用.*心理发展与教育*,27(6),641-647.

张连云.(2013).学业成绩影响儿童孤独感的中介变量分析.*心理科学*,36(4),922-927.

张向葵,祖静,赵悦彤.(2015).儿童青少年自尊发展理论建构与实证研究.*心理发展与教育*,31(1),15-20.

张云运,牛丽丽,任萍,秦幸娜.(2018).同伴地位对青少年早期不同类型攻击行为发展的影响:性别与班级规范的调节作用.*心理发展与教育*,34(1),38-48.

张正,李雪欣.(2023).负面评价恐惧与强迫性购买:物质主义的中介与特质敬畏的调节作用.*心理与行为研究*,24(4),541-548.

邹小燕,尹可丽,陆林.(2018).集体仪式促进凝聚力:基于动作、情绪与记忆.*心理科学进展*,26(5),183-194.

Asher, S. R., Hymel, S., & Renshaw, P. D. (1984). Loneliness in children. *Child Development*, 55, 1456-1464.

Bacchini, D., Affuso, G., & Aquilar, S. (2014). Multiple forms and settings of exposure to violence and values: Unique and interactive relationships with antisocial behavior in adolescence. *Journal of Interpersonal Violence*, 30(17), 422-431.

Bardi, A., Calogero, R. M., & Mullen, B. (2008). A new archival approach to the study of values and value—behavior relations: Validation of the value lexicon. *Journal of Applied Psychology*, 93(3), 483.

Benish-Weisman, M., Daniel, E., Sneddon, J., & Lee, J. (2019). The relations between values and prosocial behavior among children: The moderating role of age. *Personality and Individual Differences*, 141, 241-247.

Caemmerer, J. M., & Keith, T. Z. (2015). Longitudinal, reciprocal effects of social skills and achievement from kindergarten to eighth grade. *Journal of School Psychology*, 53(4), 265-281.

Chen, X. (2012). Culture, peer interaction, and socioemotional development. *Child Development Perspectives*, 6(1), 27-34.

Chen, X., Cen, G., Li, D., & He, Y. (2005). Social functioning and adjustment in Chinese children: The imprint of historical time. *Child Development*, 76(1), 182-195.

Chen, X., Fu, R., Liu, J., Wang, L., Zarbatany, L., & Ellis, W. (2018). Social sensitivity and social, school, and psychological adjustment among children across contexts. *Developmental Psychology*, 54(6), 1124-1134.

Chen, X., Liu, J., Ellis, W., & Zarbatany, L. (2016). Social sensitivity and adjustment in Chinese and Canadian children. *Child Development*, 87, 1115-1129.

Coplan, R. J., Liu, J., Cao, J., Chen, X., & Li, D. (2017). Shyness and school adjustment in Chinese children: The roles of teachers and peers. *School Psychology Quarterly*, 32(1), 131-142.

Daniel, E., Dys, S. P., Buchmann, M., & Malti, T. (2014). Developmental relations between sympathy, moral emotion attributions, moral reasoning, and social justice values from childhood to early adolescence. *Journal of Adolescence, 37*(7), 1201–1214.

Dilmaç, B., Yurt, E., Aydın, M., & Kaarcı, İ. (2016). Predictive relationship between humane values of adolescents cyberbullying and cyberbullying sensibility. *Electronic Journal of Research in Educational Psychology, 14*(1), 3–22.

Eskin, M. (2013). The effects of individualistic-collectivistic value orientations on non-fatal suicidal behavior and attitudes in turkish adolescents and young adults. *Scandinavian Journal of Psychology, 54*(6), 493–501.

Feldman, G., Chao, M. M., Farh, J. L., & Bardi, A. (2015). The motivation and inhibition of breaking the rules: Personal values structures predict unethicality. *Journal of Research in Personality, 59*, 69–80.

Fu, X., Padilla-Walker, L. M., & Brown, M. N. (2017). Longitudinal relations between adolescents' self-esteem and prosocial behavior toward strangers, friends and family. *Journal of Adolescence, 57*, 90–98.

Graaff, J. V. D., Carlo, G., Crocetti, E., Koot, H. M., & Branje, S. (2018). Prosocial behavior in adolescence: Gender differences in development and links with empathy. *Journal of Youth and Adolescence, 47*(6), 1086–1099.

Greenfield, P. M., Suzuki, L. K., & Rothstein-Fisch, C. (2006). Cultural pathways through human development. In K. A. Renninger & I. E. Sigel (Eds.), *Handbook of child psychology: Child psychology in practice* (pp. 655–699). New York, NY: Wiley.

Kelvin, R. (2016). Depression in children and young people. *Paediatrics and Child Health, 9*(1), 18–36.

Knafo, A., Daniel, E., & Khoury-Kassabri, M. (2008). Values as protective factors against violent behavior in Jewish and Arab high schools in Israel. *Child development, 79*(3), 652–667.

Kovacs, M. (1992). *The children's depression inventory manual*. Toronto: Multi Health Systems. Ku, L., Dittmar, H., & Banerjee, R. (2014). To have or to learn? The effects of materialism on British and Chinese children's learning. *Journal of Personality and Social Psychology, 106*(5), 803–821.

Lee, M. A., & Kawachi, I. (2019). The keys to happiness: Associations between personal values regarding core life domains and happiness in south Korea. *Plos One, 14*(1), e0209821.

Lekes, N., Joussemet, M., Koestner, R., Taylor, G., Hope, N. H., & Gingras, I. (2011). Transmitting intrinsic value priorities from mothers to adolescents: The moderating role of a supportive family environment. *Child Development Research, 2011*, 1–9.

Li, H., Yuan, J. J., & Lin, Ch. D. (2008). The neural mechanism underlying the female advantage in identifying negative emotions: An event-related potential study. *NeuroImage, 40*, 1921–1929.

Liu, P., Zhou, S., Cui, L., Cai, D., & Li, D. (2022). Why does one want to feel socially engaging emotions? The role of self-transcendence values on desired emotions among adolescents. *Personality and Individual Differences, 185*, 111257.

Lv, M., Zhang, M., Huang, N., & Fu, X. (2023). Effects of materialism on adolescents' prosocial and aggressive behaviors: The mediating role of empathy. *Behavioral Sciences, 13*(10), 863.

Rechter, E., & Sverdlik, N. (2016). Adolescents' and teachers' outlook on leisure activities: Personal values as a unifying framework. *Personality and Individual Differences, 99*, 358–367.

Rentzsch, K., Schröder-Abé, M., & Schütz, A. (2015). Envy mediates the relation between low academic self-esteem and hostile tendencies. *Journal of Research in Personality, 58*, 143–153.

Schwartz, S. H., & Bilsky, W. (1987). Toward a universal psychological structure of human values. *Journal of Personality and Social Psychology, 53*(3), 550–562.

Sheldon, K. M. (2005). Positive value change during college: Normative trends and individual differences. *Journal of Research in Personality, 39*(2), 209–223.

Somerville, L. H. (2013). The teenage brain: Sensitivity to social evaluation. *Current Directions in Psychological Science, 22*(2), 121–127.

Tao, V. Y. K., & Hong, Y. (2013). When academic achievement is an obligation: Perspectives from social-oriented achievement motivation. *Journal of Cross-Cultural Psychology, 45*(1), 110–136.

Twenge, J. M., & Kasser, T. (2013). Generational changes in materialism and work centrality, 1976–2007: Associations with temporal changes in societal insecurity and materialistic role modeling. *Personality and Social Psychology Bulletin, 39*(7), 883–897.

Yang, Z., Fu, X., Yu, X., & Lv, Y. (2018). Longitudinal relations between adolescents' materialism and prosocial behavior toward family, friends, and strangers. *Journal of Adolescence, 62*, 162–170.

Yu, X., Zhou, Z., Fan, G., Yu, Y., & Peng, J. (2014). Collective and individual self-esteem mediate the effect of self-construals on subjective well-being of undergraduate students in China. *Applied Research in Quality of Life, 11*(1), 209–219.

第十章

青少年价值观发展与教育对策

第一节　总结与展望

1　总结

本著作前九章分别从青少年价值观的构成特征、发展现状、影响因素和作用机制等方面展现了团队近些年的研究成果，勾勒出社会变迁进程中青少年价值观发展的总体样貌。主要成果涉及以下几个方面。

首先，开展了价值观的理论研究，概述了价值观的概念界定，研究青少年价值观的重要意义和作用，总结了国内外具有代表性的几类价值观理论，诸如罗卡奇的"终极—工具"价值观理论、霍夫斯蒂德的五维文化价值观理论和施瓦茨的环形价值观模型，以及英格尔哈特的后现代价值观转变理论、格林菲尔德的社会变迁与人类发展理论、戈维亚的价值观功能理论和中国的传统价值观，等等。同时，根据以往的理论和实证研究，结合对一百多位青少年的结构性访谈，探讨了当代青少年价值观的表现特征，梳理出当代青少年主要提及的13个价值观主题，其中家庭幸福、学业优秀和个人快乐是核心表现特征，其他的价值观主题还包括专业成就、友谊、积极的人际关系等。总体上，这些价值观主题可归属于自我取向和群体取向两大类别，揭示了青少年价值观的时代背景与传统观念融合的表现特征。

其次，是在梳理以往文献资料和访谈资料的基础上，分析了中国社会变迁背景下青少年价值观的构成特征，通过一系列标准化的问卷开发程序，编制了具有良好信效度的《青少年价值观问卷》。该问卷共包含46个条目，由社会平等、集体责任、遵纪守则、家庭亲情、同伴友情、超越进取、时尚潮流和享受快乐等8个维度构成。研究也发现这些不同剖面的价值观与青少年的抱负指数、学校和社会适应指标关联密切。该量表已被使用于近几年发表的青少年价值观研究中。我们也使用自编的《青少年价值观问卷》考察了不同地区青少年价值观的发展状况，发现不同地区之间存在一定的差异，包括福建和河南青少年对集体责任、遵纪守则、超越进取价值观的认可度相对较低，山东青少年对时尚潮流价值观认可度更高。此外，相比男生，女生在超越进取、集体责任上的发展速率更快，在遵纪守则和时尚潮流价值观上有较高起始水平并呈显著增长趋势。

第三，主要考察了影响青少年价值观发展的个体、家庭、学校和社会环境因素，发现了一些有意义的结果。结果发现，就个体因素而言，自我调节与人格特征各维度均对青少年价值观有一定的预测作用，其中，认知调节、人格特征中的外向性和尽责性的预测力最强；自我概念对遵纪守则和时尚潮流价值观具有显著的预测作用。就家庭因素而言，父母教养方式各维度对青少年的价值观均有不同的预测作用。就学校因素而言，早期青少年集体责任、超越进取和时尚潮流价值观同伴圈子内具有相似性；圈子层面的超越进取对社会、学校和心理适应均有促进作用，圈子集体责任对城市青少年的心理适应问题具有弱化作用，圈子时尚潮流对农村青少年的对外化问题具有增强作用。同时，我们也关注影响青少年价值观发展的社会环境因素。研究结果表明，儿童青少年的价值观及其与适应的关系存在显著的地域差异或城乡差异。相比新冠疫情之前，新冠大流行期间青少年的群体取向认同变低，孤独感和抑郁情绪增多。大流行期间，城市青少年的集体取向对孤独感和抑郁症状的负向预测要强于农村。

第四，除了使用自编的青少年价值观问卷，我们也以施瓦茨的价值观环形模型为基础，探索自我增强和自我超越等核心价值观对青少年心理健康和情绪调节的作用。结果显示，自我增强与抑郁和孤独感均呈正相关，而自我超越价值观与抑郁和孤独感均呈负相关；认同自我超越（vs. 自我增强）价值观的个体可能对自我威胁信息有较少的防御性反应，体验到更多的社会关系导向的情绪，激发更多的亲社会行为，从而获得持久幸福感（vs. 波动幸福感）。青少年越认同自我超越价值观，越希望体验到社会参与情绪；较认同自我超越的青少年对消极人际信息存在注意偏向，倾向采用控制型调节方式，搜索愤怒背景下高兴面孔的速度更快；情绪调节在自我超越与孤独感之间起完全中介作用。

最后，我们还考察了青少年价值观与亲社会和攻击行为，价值观与孤独感和抑郁之间的关系机制。结果发现，集体责任价值观通过学业自尊影响亲社会行为；性别调节学业自尊对亲社会行为的影响，当学业自尊提升后，女生的亲社会行为更多；性别和社交敏感共同作用于时尚潮流价值观对攻击行为的正向预测作用中，性别调节社交敏感对攻击行为的影响，当社交敏感提升后，男生的攻击行为更多。另外，青少年对时尚潮流价值观的认同提升了社交敏感性，但并没有通过社交敏感的提升而减少亲社会行为；性别和社交敏感共同作用于时尚潮流价值观对攻击行为的正向预测作用，性别调节社交敏感对攻击行为的影响，当社交敏感提升后，男生的攻击行为更多。最后，社会平等、集体责任和超越进取价值观对 1 年后抑郁有显著的负向预测作用，孤独感和抑郁对 1 年后的社会平等、集体责任和超越进取价值观有显著的负向预测作用。

2 展望

鉴于青少年价值观是一项具有重要社会意义的研究主题，未来关于青少年价值观的研究还可以从以下方面深入展开。

第一，扩大被试取样范围。

尽管本研究有部分来自农村的青少年参加调查，但相比城市青少年，农村青少年人数相对较少。而且，来自中国西部、山区和其他更偏远地区的农村青少年也并未被包括在内，纳入这些被试可能会发现更明显的城乡差异。同样,城市组被试大多来自中国较发达的城市,相比农村同龄人,城市青少年对生活经验等价值观的认同更强烈,因为他们有更多的资源和机会来发展个人兴趣,拓宽他们的生活视野和经验。本研究虽然根据胡焕庸线及区域特点,选取了能够体现新时代中国城镇化特点的地域展开研究,但由于研究经费和时间精力等原因,总体样本量和样本分布尚有欠缺。未来的研究可以考虑不同的区分模式,如根据细分的区域财政收入(高、较高、中等、较低与低),或者地理位置(东、西、南、北、中)来选取样本,以期从不同的角度全面考察社会变迁背景下青少年价值观发展特点及趋势。

第二,采用多种研究方法和手段来考察当代青少年价值观的发展。

首先,价值观是一个发展的心理范畴,随着社会的发展,不同时期个体价值观会有所变化。虽然本成果也采用纵向研究设计来考察青少年价值观的发展变化特点,但采样时间点相对较少。未来可增加更多取样点,借助诸如潜变量增长模型等高级统计分析方法,以更精细地描绘青少年价值观的发展变化趋势。其次,加强青少年价值观的质性研究,尤其是涉及关键事件的纵向质性研究。青少年高度认同的价值观通常与自我概念联系更紧密,因此,价值观可能与自我叙事有关,即,个体将自己生活经历中触发生命体验、领悟生命意义的经历转化为对价值观的认同,进而整合情感和行为。这一过程可能会通过与自我有关的故事来完成并表达。未来可采用叙事、访谈、观察等多种方法来考察重大生活事件、日常生活经历和行为方式等对青少年价值观形成和发展的作用。再次,与价值观的问卷测量相比,实验研究相对较少,难以揭示变量间的因果关联。近来有研究采用实验法考察了价值观的启动效应(Arieli et al.,2014;Wierzbicki & Zawadzka,2016)、价值观冲突对情绪和行为的影响(Cheung et al.,2016;李静,郭永玉,2012)。未来可以开展更多的价值观实验研究,例如探索不同价值观的启动速度和启动条件、价值观与自我概念的关系、价值观与自我认同的关系等。最后,还可以借助神经科学、脑科学的方法和技术开展价值观的认知神经机制研究。可以利用功能性磁共振成像技术(fMRI)、事件相关电位(ERP)和光学成像技术(OT)等方法开展价值观的脑机制研究(姜永志,白晓丽,2015)。

第三,加强社会变迁对青少年价值观影响的研究。

城市化、教育和商业的发展等社会变迁影响个体价值观的发展(Greenfiel & Patricia,2009;Greenfield et al.,2003)。目前的研究重点考察了不同地域、城市和农村以及重大突发公共卫生事件背景下(新冠疫情)青少年价值观的差异特点。然而,当代青少年价值观的形成和发展会受到更多社会经济文化因素的影响。首先,中国传统文化的影响力依然强劲,而青少年对传统的理解和诠释有其特点。例如,汉服的流行是将传统服饰文化、时尚文化和青少年群体认同需要结合在一起而形成的。其次,网络技术尤其是移动网络技术很大程度上改变了青少年的学习、交友和娱乐等行为方式。例如,同一个游戏社区或者明星粉丝群也会有亲密关系,这可能会导致价值观的改变。最后,全球化浪潮下国际交流变得更加频繁,青少年学习和国籍身份的存在方式发生着质的变化。因此,青少年所处社会经济文化环境的冲突和整合会影响其价值观的认同和发展,不同国家间的传统文化的冲突和整合也势必影响跨国学习和生活的青少年价值观。未来可进一步研究新移民青少年的价值观冲突、内化及发展特点。

第四，考察多层级生态系统对青少年价值观的综合影响。

生态系统理论(Bronfenbrenner, 1979)认为，家庭、同伴、学校等微观系统既可以直接影响个体的发展，也可以交互作用于个体的发展。本书几个章节分别从个体、家庭、同伴及社会环境角度考察了影响青少年价值观发展的因素，尚不清楚多种因素对青少年价值观发展的共同作用或相互作用。以往有研究(Knafo, 2003)调查了有无宗教信仰的以色列家庭，结果发现父母价值观和学校价值观之间缺少契合度可能会阻碍父母价值观的传递。具体来说，在非常匹配的情况下（父母有宗教信仰且孩子也在教会学校上学，以及父母不信教且子女就读非宗教学校），青少年对父母价值观的接受程度要高于低匹配情况。有研究进一步发现，当青少年感知到同班同学的保守价值观与母亲对这些价值观的期望一致时，母亲与青少年对保守价值观的认同度更为相似(Barni et al., 2014)。因此，未来需要更加系统、全面地考察多种因素对青少年价值观发展水平与速度的交互影响，以便更准确地描绘青少年价值观的发展特点。

第五，探讨青少年价值观与其他适应功能的关系。

随着社会的急剧变化和快速发展，价值观对青少年健康成长的引导作用日益凸显。本研究成果重点考察了价值观对青少年的行为适应、情绪适应和某些心理健康指标的影响，而青少年价值观与其他适应功能之间的关系尚未进行细致探讨。近来研究发现价值观可以影响个体的情绪感受，认同自我增强价值观的被试体验到更多的愤怒、敌意情绪，认同自我超越价值观体验到更多共情、同情(Björn et al., 2016; Leersnyder et al., 2017)。还有研究者(Cheung et al., 2016)让被试写一篇短文，短文要么违反被试认同度高的价值观，要么违反认同度低的价值观。结果发现违反被试高认同度的价值观会导致沮丧情绪，而违反低认同度的价值观则会体验到焦虑。此外，有研究(Koscielniak & Bojanowska, 2019)发现，认同服从和传统价值观的学生有较少的学业失信行为（如考试作弊），而认同享乐主义、权力和刺激价值观的学生可能会表现出更多的学业失信行为，且成就和安全价值观与学术失信行为受到学生 GPA（平均绩点）的调节，对于低 GPA 学生来说，认同安全价值观会有较少的作弊行为，而认同成就价值观会避免高 GPA 学生出现作弊行为。今后有必要更为全面、系统地探讨价值观与青少年健康发展之间的关系。

第六，揭示青少年价值观与适应功能关系的内在机制及边界条件。

本成果主要关注了青少年价值观与心理、社会及学校适应之间的关系，初步探讨了价值观与适应功能之间的中介及调节变量，未来还需要继续关注更多潜在的变量。以往研究表明，自我超越价值观与攻击性呈负相关，而自我增强价值观与攻击行为呈正相关(Benish-Weisman et al., 2017)。另有研究(Benish-Weisman, 2019)进一步讨论了青少年价值观与攻击行为之间的过程机制，指出情绪和认知可能是两大重要中介变量(Schwartz, 2017)。首先，尽管情绪在价值观和攻击性之间的中介作用尚未被证实，但有研究表明价值观可能会激活特定的情绪。例如，自我增强价值观与期望的愤怒有关(Tamir et al., 2016)，内疚和同理心与权力价值观呈负相关，与普世主义和仁爱价值观呈正相关(Silfver et al., 2008)。其次，价值观引导个人以特定的方式观察世界，即引起人们对特定信息线索的注意，并增加个体对特定刺激的感知和解释(Roccas & Sagiv, 2010)。因此，未来可进一步验证情绪和认知在青少年价值观和行为之间的中介作用。此外，青少年价值观和攻击行为之间呈中等程度相关，表明二者的关系可能受其他变量的影响。有研究考察了受欢迎程度在二者之间的调节效应（Rubel-Lifschitz et al.，2020），结果发现，对于受欢迎的青少年来说，价值观与他们的攻击行为密切关联；而对于不受欢迎的青少年来说，价值观与他们的攻击行为关联较弱。未来可参考上述研究进一步探讨青少年价值观与适应功能之间的内在过程机制和边界条件，从而为青少年价值观教育提供更多的实证依据。

第二节　教育对策

1　价值观干预研究的必要性

21世纪以来，中国社会已经步入了急剧变化和快速发展的时期。在中国社会变迁过程中，传统文化、现代文化、后现代文化各种因素交织在一起发生了复杂的变化（Yan，2010）。而发生在全球化、信息化、知识化宏观背景中的中国社会变迁，更加剧了这些因素变化的广度和深度。一方面很多元素在消减甚至消失，另一方面很多元素又在被重新解释加以传播，或是重新包装以另外的面目出现。日益快速变化和更加多元的价值观对青少年的冲击和影响更为明显。

当代青少年的生活成长环境较之以往更加纷繁复杂，特别是信息网络化，让广大青少年接触外部知识和信息的机会大大增多。处于青春发育期的儿童和青少年，开始探索自己是什么样的人，该成为什么样的人，也开始反省自己的人生价值。然而，青少年生理的成熟与心理的不成熟、心理上的独立与依赖性、自觉性与盲目性并存，他们大脑神经机能兴奋性强于抑制性，因此接受新事物比较快；但一些青少年对错误信息的识别能力较弱，很容易受到外界不良因素的影响，导致思想困惑和价值迷失。

随着现代社会经济、科技迅速发展，个人主义日益上升，导致个体更加注重独立自主与竞争。在愈加严苛的压力下，青少年逐渐丧失了对自我价值的寻求，各种心理问题日益凸显。"空心病"是当下青少年群体中流行的一种由于价值观缺失所致的精神障碍，表现为抑郁情绪及强烈的孤独感和无意义感（徐凯文，2016）。随着存在主义心理学的不断发展，价值观、生命意义等概念越来越多地被应用到心理咨询与治疗中（靳宇倡 等，2016；张荣伟，李丹，2018）。心理治疗和咨询过程中价值观干预无法避免，但价值观干预应注重功能干预而非内容干预；对青少年的价值观介入可分为价值观教育、价值观澄清和价值观矫治工作（江光荣 等，2004；吴薇莉 等，2004）。新兴心理咨询理论和方法更加注重心理问题中的价值处理，思想政治教育的心理疏导方法可以帮助青少年形成积极向上的价值导向（佘双好 等，2017）。

综上，青少年时期是价值观形成和发展的关键时期，党和国家也非常重视青少年价值观的养成。因此，有必要在社会变迁背景下开展青少年价值观干预研究，以促进青少年的健康成长。

2 教育对策

我们的系列研究结果发现，青少年价值观的形成和发展受到个体因素及环境因素（家庭、学校、社会）的影响。因此，青少年价值观教育干预可以从个体及环境两大视角来开展。

2.1 注重自我教育

根据研究结果，价值观认同与青少年自我概念和积极情感存在密切关联。然而，有些青少年处于发展的某些阶段，其自我概念更偏向负面，且有较多消极情绪体验。青少年很难认同积极正确的价值观，或无法坚守自身的价值观，常常处在价值迷茫、虚无或矛盾冲突中。接纳与承诺疗法（Acceptance and Commitment Therapy，ACT；Hayes et al.，2004；曾祥龙 等，2011）可以帮助青少年进行自我价值教育。该技术具体操作如下：

（1）去融合练习。认知融合指由于关系网络的建立，思想或语言与它所涉及的事物会混淆在一起（Harris，2008）。虽然语词只是对不在眼前事物的指代，但在大脑中却依然具有真实刺激物的属性，同样具有威胁性。因此，青少年需要调整思维、想象和记忆的功能以及自己与它们的相互作用，退一步去观察这些内容而不陷入其中。

（2）学习和实践正念技术。正念指个体对此时此刻内外部刺激的持续注意和不加评判接纳的状态和能力（Kabat-Zinn，2003）。正念练习使青少年的感知觉更加敏锐，且更能忍受痛苦而不加评判；也可以提升个体注意力功能和品质，减少概括性的负面回忆；进而增加个体的积极情绪体验、提高主观幸福感和生活质量水平（汪芬，黄宇霞，2011）。

（3）转变自我概念。根据承诺接纳疗法的假设，个体之所以痛苦，是因为持有太多"概念化"、负面的自我。承诺接纳疗法使青少年对自我的认知从概念化自我转变成一种更为灵活、控制性的情境化自我。通过这一转化，青少年不再视负性体验为威胁，进而也增强了与此时此地的联结。

（4）澄清价值观。青少年需要确定什么才是真正的价值观，在生活的不同领域寻找生活的方向，建立有意义的生活。而且价值观是一个不断被实践的方向而不是某个具体的可实现的目标。另外，接纳承诺疗法也强调价值观是个人选择而不是别人和社会的评判和强制。因此，青少年需要尊重自己的内心感受和体验，依据自己的知识体系、成长经验、感受感悟来做出选择。在价值观认同中所遇到的困难、痛苦和抉择也需要自己去面对和改变。

（5）行动承诺。价值观的探讨、澄清和确立都指向行动，只有做出与所确立价值观一致的行动才表明个体认同该价值观。青少年需要将价值观落实到具体的短期、中期、长期目标并加以实践。同时，行动中所带来的感受感悟会使青少年进一步觉察、澄清和确立自己的价值观。

因此，青少年在生活中应加强自我监督和自我控制，积极参与社会实践活动，通过实践深化对相关理论的认识和理解，进而在情感体验过程中对自身发展形成明确的认知，并对自身行为进行较为客观的评价，形成稳定且成熟的价值观念。

2.2 家庭层面

家庭是个体成长的首要环境,对青少年价值观的形成与发展起重要作用。

2.2.1 营造温暖的家庭氛围

家庭氛围反映了家庭内部沟通交流的情绪特征,主要表现为家庭人际关系的和谐程度(范兴华 等,2014)。家庭氛围以及父母的价值观传递对于青少年价值观的形成过程有着重要影响。父母倡导助人、责任、关爱的价值观,则有利于形成家庭成员之间互相关心、互相支持的家庭氛围;家庭成员之间融洽的关系、频繁的沟通以及相互理解有助于青少年形成助人、关爱的价值观;而情感联结较弱的家庭环境容易使青少年形成自我中心价值观(陈强,2009)。高质量的亲子关系更有利于子女认同社会取向价值观(Prioste et al., 2016),而父母间频繁冲突、分居、离婚以及经济困难会促使青少年形成追求享乐和占有的价值观(Fu et al., 2015;蒋奖 等,2015)。

2.2.2 采取积极教养方式

此外,温暖、支持型的教养方式会增强孩子与父母相处的愿望,激励孩子去关注父母所表达的价值观,进而提高青少年感知父母价值观的准确性(Knafo & Schwartz, 2003),有助于青少年接受并内化父母所期望的价值观(Danyliuk, 2015)。相反,僵化、专制型的教养方式伴随着父母对孩子的愤怒、胁迫和羞辱(舒曾 等,2016),容易引起孩子消极的情绪反应,减少孩子与父母相处的意愿,降低青少年对父母价值观的关注动机,这很可能干扰青少年对父母所表达信息的理解,进而降低青少年感知父母价值观的准确性(Knafo & Schwartz, 2003)并阻碍价值观的内化(Bureau & Mageau, 2014)。以苛刻和强制为特征的父母更有可能向孩子传递自我导向的价值观念,青少年更易习得个人取向价值观(Georgiou et al., 2018)。一项长达26年的追踪研究也发现(Kasser et al., 2002),儿童5岁时受到较多父母限制,在31岁时更认同顺从价值观;而5岁时父母严苛的教养与31岁时自我取向价值观(包括成就、独立等)呈负相关,5岁时父母的温暖程度与31岁时的安全价值观(包括家庭安全、国家安全、责任感等)呈负相关。本研究也发现诸如引导归因、接纳温暖等积极教养方式在一定程度上能够促进青少年集体取向价值观的发展,而溺爱保护等消极教养方式可能强化青少年对诸如时尚潮流等个人取向价值观的认同。

因此,父母需要积极营造民主、和谐的家庭氛围,采取温暖支持型的积极教养方式,让孩子逐步养成自由、平等、理解、关爱的价值观念。

2.3 学校层面

学校是除了家庭以外青少年生活和学习时间最多的地方。随着年龄的增长,青少年对父母的依恋减少,学校中的同伴交往和师生互动逐渐增多。青少年所处的学校环境可以通过各种途径影响其价值观的形成和发展。

2.3.1 丰富校园文化

校园文化是每一个身处校园的个体所共同拥有的校园价值观,以及这些价值观在物质与意识上的具体化。精神文化建设是校园文化建设的核心内容,是校园文化存在的价值意义。构建校园文化与学生价值观的培育可以相互联系、和谐统一。在校园文化建设上,首先,学校应树立良好的校风、班风和学风,形成正确的舆论导向和富有凝聚力的校园精神,给学生以积极的影响。其次,学校应设立各种形式的文化载体,特别是充分利用校园内的自然和人文景观,形成良好的育人氛围,使学生在潜移默化的影响中树立正确的价值观。最后,学校应组织一些积极健康的文化活动,如劳动实践、红色文化教育、体育艺术节等,增加师生彼此沟通交流的机会,使学生在人际互动中形成价值判断和价值选择的能力。因此,学校应通过营造校园文化氛围、制定行为规范及组织各类活动等对青少年的价值观施加不同影响(Leadbeater et al., 2015)。

2.3.2 发挥教师引导作用

作为学校的领导者,校长在价值观传递过程中发挥着重要作用。领导者通过强调他们所重视的行动(比如对何种行为和后果进行奖励)来表达他们的价值观,这些关注点可以作为塑造组织环境的线索,并可以逐渐塑造教师和学生的价值观(Bardi & Goodwin, 2011)。有研究表明,校长所认同的价值观可以直接或通过学校氛围来影响学生价值观的改变(Berson & Oreg, 2016)。因此,校长应努力提高自身的思想道德修养,不断改造自身价值观,以正确的价值导向影响师生。

其次,教师应引导青少年利益权衡,激发认知重评。对价值观的认同涉及客体对个体重要性的权衡,权衡的过程和结果涉及个体知识、经验和体验。例如,可以引导青少年对短视频阅读和图书阅读利弊的认知重评。引导青少年注重知识和经验获得的系统性、长期性,这可能会使青少年认识到系统阅读对自己长期收益的重新思考,进而会影响青少年对享乐、时尚等价值观的认知重评。因此,教师要引导青少年根据自己成长所获得的新知识、经验和体验对不恰当和新的价值观进行更合理的评估。

此外,在价值观教育中,教师还需要帮助青少年不断将价值观信息与自我概念相联系,促进价值的自我内化与整合。例如,肯定青少年学习成绩不如肯定努力学习这一行为,除了肯定行为,还要肯定热爱学习的品质,并引导青少年思考自己认同什么样的价值观才能够长期地努力学习。如果青少年认识到自己更认同超越进取价值观,那么他们会将此价值观与热爱学习的人的自我概念和努力学习的行为整合起来,形成一个完整的价值观—自我概念—行为表现的系统。当这个系统形成之后,青少年不仅对自己的认识更加清晰,也更加深入和坚定,并且对自己的行为表现也有了更多的觉察和自我要求。

最后,教师应鼓励青少年在活动中践行和内化价值观。青少年只有在实践中才能不断验证和强化相关价值观信息,在遇到价值观冲突进行利益权衡和认知重评,并将自我概念和价值观整合并最终形成稳定的价值观。

2.3.3 加强课堂教学效果

教师可以通过外显或内隐的方式对学生价值观施加影响(Sigurdardottir et al., 2019)。如教师有计划有组织地向学生讲授相关科学文化知识,传递相应的价值观念。价值观教育应注意在课堂上引入现实且有针对性的教育材料,激发学生在学习思考中明晰自己的价值取向;或者在有条件的情况下为青少年学生营造真实的社会环境,让学生参与实践活动,在此过程中体验生活、感悟人生,形成相应的价值取向。例如,可以让学生准备一节爱国主义价值观微课,通过自己收集资料、制作PPT、宣讲中国改革开放40年的成就,学生将更加了解中国政治、经济、民生和文化发生巨大变革的历史进程,进而引发爱国主义情怀。如果在此类课程中加入参观高科技园区、航天航空研究所、垃圾污水处理现场、荒漠沙漠治理等实践活动,青少年学生可能会更加切实地感受到中国发展的速度和奇观迹,也会让他们增强对爱国主义价值观的认同。

2.3.4 建立和谐的同伴关系与师生关系

同伴交往是青少年社会交往的重要环境(Rubin et al., 2015),同伴互动和同伴关系对青少年的认知、情绪和道德发展具有重要影响(Rubin et al., 2006)。在与同伴持续互动中,青少年逐渐明白应该做什么才能被同龄人所接受并达到同伴的期望(Melanie & Killen, 2016)。而且同伴间的价值取向往往是相似的,青少年把自己与朋友的价值观是否一致看作是对自己价值取向的外部验证(Barni et al., 2014)。同时,较高的同伴接纳会对青少年早期个体和集体取向价值观的上升起促进作用(陈万芬 等,2018),较高水平的同伴依恋也可以减弱个人主义与网络攻击行为之间的关联(Wright et al., 2015)。本系列研究也证实了早期青少年同伴圈子价值观对其心理、社会、学校适应具有重要影响。因此,应引导青少年进行良好的同伴互动,抑制不良同伴群体的消极影响,充分发挥同伴在青少年价值观形成中的作用。

师生关系是教育过程中最重要的关系,这种关系的和谐程度对教育目标及成效的达成起重要影响。和谐的师生关系是价值观教育的基础之一,如果师生之间的关系是和谐民主的,那么学生与教师通常会有更多的积极情感体验,这有利于价值观教育的顺利开展。积极的师生关系可以预测青少年良好的社会能力(张晓,陈会昌,2008),能够与父母和教师建立高质量关系的青少年通常会表现出较强的社会情绪和同伴交往能力,并能较好地遵守社会规则。相反,消极的师生关系与青少年低亲社会行为、高攻击行为有关(Birch & Ladd, 1998)。不良的师生关系可以预测青少年的社会适应问题(Zhang & Sun, 2011)和较低的社会能力(Silver et al., 2005)。因此,需要构建尊重、理解、平等、信任的师生关系,帮助学生养成良好行为习惯和正确的价值观念。

2.3.5 创建良好班级氛围

班级是学校教育中最基本、最重要的教育单位,学生学习生活的班级环境有潜在且强大的教育功能。良好的班级氛围有利于提高学生的班级认同水平和班级归属感(Sakiz et al., 2012),弱化青少年外化行为问题与集体责任行为之间的关系(李丹 等,2013)。学生感知到的班级人际和谐与亲社会行为显著正相关(陈斌斌,李丹,2009),而亲社会水平较高的班级,帮助他人行为较多的同伴会起到一定的模范作用,同时增加青少年与榜样学习互动的机会(Hoglund & Leadbeater, 2004)。因此,班主任需要通过多种途径和方法,如制定班风班训,倡导积极向上的班级文化;同时鼓励学生积极投入到学习和各种集体活动中,促进学生间的相互了解和交流,激发其集体荣誉感和责任感,增强班集体的凝聚力,从而使青少年形成健康的价值观念。

2.4 社会层面

2.4.1 营造良好的主流文化氛围

宣传、理论、新闻、文艺、出版等方面要大力弘扬中华优秀传统文化,坚持弘扬社会主旋律,为青少年价值观教育营造良好的社会舆论氛围。有研究指出,加强共享理念的宣传、推进共享经济的发展,有助于营造减少物质主义价值观的社会氛围,从而减少物质主义价值观对青少年的负面影响(王静 等,2019)。也有研究发现(韩桥生,张文,2020),在短视频的内容、创作模式、传播方式和评价机制上凸显社会主义核心价值观的积极作用,可以减少网络碎片化、功利化、泛娱乐化对青少年价值观形成的消极影响。

社会各界应充分考虑青少年成长发展的需求,精心策划选题,创作、编辑、出版并积极推荐一批富有知识性、趣味性、科学性的读物和视听产品。同时也要做好面向青少年的优秀影片、歌曲和图书的展演、展播、推介工作,使他们在学习娱乐中受到先进思想文化的熏陶,让健康的文化信息资源通过网络进入校园、社区、家庭,努力为青少年开阔眼界、提高素质、陶冶情操、愉悦身心服务。

2.4.2 净化大众流行文化环境

青少年喜欢新异的刺激和体验,因此容易受到大众文化,尤其是大众流行文化的影响。其中,流行音乐、流行影视剧、网络对青少年价值观的影响速度更快,范围更广(Moschis et al., 2011)。大众流行文化加上网络技术的使用改变了青少年的价值观(Uhls & Greenfield, 2015)。无论在东方国家还是西方国家,随着电视及广告观看时间的增加,青少年越容易认同物质主义价值观(Moschis et al., 2011),将出名作为首要的价值观(Uhls & Greenfield, 2012)。

当代中国移动网络技术的快速发展使得流行文化和网络技术渗透到青少年的学习、饮食、交友、出行等各个方面,尤其是改革开放30年来的流行文化对青少年价值观的影响既有积极作用也有消极作用(葛晨虹,2013;梅萍,罗佳,2016)。一方面,流行文化在一定程度上可以满足青少年追求刺激、彰显个性的需求;另一方面,当今各种网络信息良莠不齐,由于青少年的辨别判断能力尚不成熟,很容易受到不良信息影响。因此,国家应加大力度净化大众流行文化环境,用主流文化引导大众文化,将积极内容传递给青少年,为青少年健康成长提供更多的精神文化资源。

2.4.3 提供丰富的文化产品和服务

青少年期是价值观形成和发展的重要时期,社会各部门应积极组织多种形式的文化活动和实践,满足青少年的精神文化需求,以形成恰当的价值观念。例如,充分发挥爱国主义教育基地对青少年的教育作用,鼓励青少年参观各类博物馆、纪念馆、展览馆等场所。各级政府要支持面向青少年的公益性文化活动,如各类慈善募捐、志愿者活动。同时也要依法加强对学校周边的文化、娱乐、商业经营活动的管理,坚决取缔干扰学校正常教学、生活秩序的经营性娱乐活动场所。总之,让学生在丰富多彩的文化活动中,发现自我,探索自我,并体验相应的情绪情感,进而养成积极向上的价值观。

2.5 家校社协同育人

青少年价值观发展离不开家庭、学校和社会的协同教育。家校社各具优势,三者相互依存相互促进,缺一不可。青少年价值观教育需要将家庭教育、学校教育、社会教育有机融合,以发挥教育的最大效能。社会需要加强宣传和治理,宣传积极正向的价值观,对不良价值观的内容要进行监控和规范。学校需要积极营造良好育人氛围,充分发挥教师引导作用,建立和谐、平等、友善的师生及同伴关系。家长应重视家庭教育,尊重、接纳孩子的天性,提供温暖、理解的家庭环境。最后,青少年也需要充分发挥主观能动性,不断自我反省、自我管理,在社会活动中践行价值观。

参考文献

曾祥龙,刘翔平,于是.(2011).接纳与承诺疗法的理论背景、实证研究与未来发展.*心理科学进展*,*19*(7),1020-1026.

陈斌斌,李丹.(2009).学生感知的班级人际和谐及其与社会行为的关系.*心理发展与教育*,*25*(2),41-46.

陈强.(2009).初中生家庭功能类型与其价值观形成的关系探讨.*应用心理学*,*15*(1),67-72.

陈万芬,刘俊升,李丹,陈欣银.(2018).新时代青少年早期文化价值观的发展轨迹:同伴接纳的作用.*心理科学*,*41*(6),24-31.

范兴华,方晓义,张尚晏,陈锋菊,黄月胜.(2014).家庭气氛对农村留守儿童孤独感的影响:外向性与自尊的中介.*中国临床心理学杂志*,*22*(4),680-683.

葛晨虹.(2013).后现代主义思潮及对社会价值观的影响.*教学与研究*,*47*(5),96-103.

韩桥生,张文.(2020).网络短视频与青年价值观的融合共生.*当代青年研究*,*2*,46-51.

江光荣,朱建军,林万贵,李箕君,张宁.(2004).关于价值干预与价值中立的讨论(II).*中国心理卫生杂志*,*18*(5),283-286.

姜永志,白晓丽.(2015).文化变迁中的价值观发展:概念、结构与方法.*心理科学进展*,*23*(5),888-896.

蒋奖,杨淇越,于芳,梁静,克燕南.(2015).中学生家庭应激源与物质主义价值观的关系:亲子依恋的中介作用.*中国临床心理学杂志*,*23*(3),149-152.

靳宇倡,何明成,李俊一.(2016).生命意义与主观幸福感的关系:基于中国样本的元分析.*心理科学进展*,*24*(12),1854-1863.

李丹,宗利娟,刘俊升.(2013).外化行为问题与集体知情绪、集体责任行为之关系:班级氛围的调节效应.*心理学报*,*45*(9),1015-1025.

李静,郭永玉.(2012).大学生物质主义与儒家传统价值观的冲突研究.*心理科学*,*35*(1),160-164.

梅萍,罗佳.(2016).论大众文化对青少年生命价值观的影响及引导.*中州学刊*,*1*,95-100.

佘双好,宋增伟,梅萍.(2017).建构具有中国特色的本土化心理疏导模式.*学校党建与思想教育*,*1*,21-25.

汪芬,黄宇霞.(2011).正念的心理和脑机制.*心理科学进展*,*19*(11),1635-1644.

王静,张心怡,任凤芹,霍涌泉.(2019).物质主义价值观研究的理论、方法与缓解干预策略.*心理学探新*,*39*(1),3-8.

吴薇莉,杨渝川,张丽丽.(2004).关于中小学心理咨询中价值干预与价值中立问题的讨论.*中国心理卫生杂志*,*18*(6),442-445.

徐凯文.(2016).时代"空心病"解读.*陕西教育(综合版)*,*11*,58-60.

张荣伟,李丹.(2018).如何过上有意义的生活?——基于生命意义理论模型的整合.*心理科学进展*,*26*(4),744-760.

张晓,陈会昌.(2008).关系因素与个体因素在儿童早期社会能力中的作用.*心理发展与教育*,*24*(4),19-24.

Arieli, S., Grant, A. M., & Sagiv, L. (2014). Convincing yourself to care about others: An intervention for enhancing benevolence values. *Journal of Personality, 82*(1), 15-24.

Bardi, A., & Goodwin, R. (2011). The dual route to value change: Individual processes and cultural moderators. *Journal of Cross-Cultural Psychology, 42*, 271-287.

Barni, D., Vieno, A., Rosnati, R., Roccato, M., & Scabini, E. (2014). Multiple sources of adolescents' conservative values: A multilevel study. *European Journal of Developmental Psychology*, 11(4), 433-446.

Benish-Weisman, M., Daniel, E., & Knafo-Noam, A. (2017). The relations between values and aggression: A developmental perspective. In S. Roccas & L. Sagiv (Eds.), *Values and Behavior* (pp. 97-114). Cham, Switzerland: Springer International.

Benish-Weisman, M., Daniel, E., Sneddon, J., & Lee, J. (2019). The relations between values and prosocial behavior among children: The moderating role of age. *Personality and Individual Differences*, 141, 241-247.

Berson, Y., & Oreg, S. (2016). The role of school principals in shaping children's values. *Psychological Science*, 27(12), 1539-1549.

Birch, S. H., & Ladd, G. W. (1998). Children's interpersonal behavior and the teacher-child relationship. *Developmental Psychology*, 34(5), 934-946.

Bronfenbrenner, U. (1979). *The ecology of human development: Experiment by nature and design*. Cambridge: Harvard University Press.

Bureau, J. S., & Mageau, G. A. (2014). Parental autonomy support and honesty: The mediating role of identification with the honesty value and perceived costs and benefits of honesty. *Journal of Adolescence*, 37(3), 225-236.

Cheung, W. Y., Maio, G. R., Rees, K. J., Kamble, S., & Mane, S. (2016). Cultural differences in values as self-guides. *Personality and Social Psychology Bulletin*, 42(6), 769-781.

Danyliuk, T. A. (2015). Domains of socialization and adolescent internalization of prosocial values. *Health Education Journal*, 342(1), 727-732.

Fu, X. Y., Kou, Y., & Yang, Y. (2015). Materialistic values among chinese adolescents: Effects of parental rejection and self-esteem. *Child and Youth Care Forum*, 44(1), 43-57.

Georgiou, S. N., Ioannou, M., & Stavrinides, P. (2018). Cultural values as mediators between parenting styles and bullying behavior at school. *Social Psychology of Education*, 21, 27-50.

Greenfield, P. M. (2009). Linking social change and developmental change: Shifting pathways of human development. *Developmental Psychology*, 45(2), 401-418.

Greenfield, P. M., Maynard, A. E., & Childs, C. P. (2003). Historical change, cultural learning, and cognitive representation in zinacantecmaya children. *Cognitive Development*, 18(4), 455-487.

Harris, R. (2009). *ACT made simple: an easy-to-read primer on acceptance and commitment therapy*. Oakland, CA: New harbinger.

Hayes, S. C. (2004). Acceptance and commitment therapy, relational frame theory, and the third wave of behavioral and cognitive therapies. *Behavior Therapy*, 35, 639-665.

Hoglund, W. L., & Leadbeater, B. J. (2004). The effects of family, school, and classroom ecologies on changes in children's social competence and emotional and behavioral problems in first grade. *Developmental Psychology*, 40(4), 533-544.

Kabat-Zinn, J. (2003). Mindfulness-based interventions in context: Past, present, and future. *Clinical Psychology: Science and Practice*, 10, 144-156.

Kasser, T., Koestner, R., & Lekes, N. (2002). Early family experiences and adult values: A 26-year, prospective longitudinal study. *Personality and Social Psychology Bulletin*, 28(6), 826-835.

Killen, M. (2016). Children's values: Universality, conflict, and sources of influence. *Social Development*, 25(3), 565-571.

Knafo, A. (2003). Contexts, relationship quality, and family value socialization: The case of parentschool ideological fit in Israel. *Personal Relationships*, 10, 371-388.

Knafo, A., & Schwartz, S. H. (2003). Parenting and adolescents' accuracy in perceiving parental values. *Child Development, 74*(2), 595–611.

Koscielniak, M., & Bojanowska, A. (2019). The role of personal values and student achievement in academic dishonesty. *Frontiers in Psychology, 10*, 1887.

Leadbeater, B., Sukhawathanakul, P., Smith, D., & Bowen, F. (2015). Reciprocal associations between interpersonal and values dimensions of school climate and peer victimization in elementary school children. *Journal of Clinical Child and Adolescent Psychology, 44*(3), 480–493.

Leersnyder, J. D., Koval, P., Kuppens, P., & Mesquita, B. (2017). Emotions and concerns: Situational evidence for their systematic co-occurrence. *Emotion, 17*(6), 895–1045.

Moschis, G., Ong, F. S., Mathur, A., Yamashita, T., & Benmoyal-Bouzaglo, S. (2011). Family and television influences on materialism: A cross-cultural life-course approach. *Journal of Asia Business Studies, 5*(2), 124–144.

Persson, B. N., & Kajonius, P. J. (2016). Empathy and universal values explicated by the empathy-altruism hypothesis. *Journal of Social Psychology, 156*(6), 610–619.

Prioste, A., Narciso, I., Gonçalves, M. M., & Pereira, C. R. (2016). Adolescent parents' values: The role played by retrospective perceptions of the family-of-origin. *Journal of Child and Family Studies, 25*(1), 224–231.

Roccas, S., & Sagiv, L. (2010). Personal values and behavior: Taking the cultural context into account. *Social and Personality Psychology Compass, 4*, 30–41.

Rubel-Lifschitz, T., Benish-Weisman, M., Torres, C., & McDonald, K. (2021). The revealing effect of power: Popularity moderates the associations of personal values with aggression in adolescence. *Journal of Personality, 89*(4), 786–802.

Rubin, K. H., Bukowski, W. M., & Bowker, J. C. (2015). Children in Peer Groups. In R. M. Lerner (Ed.), *Handbook of child psychology and developmental science* (pp. 1–48). John Wiley & Sons, Inc.

Sakiz, G., Pape, S. J., & Hoy, A. W. (2012). Does perceived teacher affective support matter for middle school students in mathematics classrooms? *Journal of School Psychology, 50*(2), 235–255.

Schwartz, S. H. (2017). The refined theory of basic values. In S. Rocas & L. Sagiv (Eds.), *Values and behavior* (pp. 51–72). Cham, Switzerland: Springer International.

Sigurdardottir, I., Williams, P., & Einarsdottir, J. (2019). Preschool teachers communicating values to children. *International Journal of Early Years Education, 27*(2), 170–183.

Silfver, M., Helkama, K., L€onnqvist, J.-E., & Verkasalo, M. (2008). The relation between value priorities and proneness to guilt, shame, and empathy. *Motivation and Emotion, 32*, 69–80.

Silver, R. B., Measelle, J. R., Armstrong, J. M., & Essex, M. J. (2005). Trajectories of classroom externalizing behavior: Contributions of child characteristics, family characteristics, and the teacher-child relationship during the school transition. *Journal of School Psychology, 43*(1), 39–60.

Tamir, M., Schwartz, S., Cieciuch, J., Riediger, M., Torres, C., Scollon, C., ... Vishkin, A. (2016). Desired emotions across cultures: A value-based account. *Journal of Personality and Social Psychology, 111*, 1–15.

Uhls, Y. T., & Greenfield, P. M. (2012). The value of fame: Preadolescent perceptions of popular media and their relationship to future aspirations. *Developmental Psychology, 48*(48), 315–326.

Uhls, Y. T., & Greenfield, P. M. (2015). The rise of fame: An historical content analysis. *Journal of Psychosocial Research on Cyberspace, 5*(1), 1–18.

Wierzbicki, J., & Zawadzka, A. M. (2016). The effects of the activation of money and credit card vs.

that of activation of spirituality-which one prompts pro-social behaviours? *Current Psychology, 35*(3), 344–353.

Wright, M. F., Kamble, S. V., & Soudi, S. P. (2015). Indian adolescents' cyber aggression involvement and cultural values: The moderation of peer attachment. *School Psychology International, 36*(4), 410–427.

Yan, Y. (2010). *The Individualization of Chinese Society*. Bloomsbury Academic.

Zhang, X., & Sun, J. (2011). The reciprocal relations between teachers' perceptions of children's behavior problems and teacher-child relationships on the first preschool year. *The Journal of Genetic Psychology, 172*(2), 176–198.

附　录

中国青少年价值观测量问卷

1. 价值观问卷

这个人跟你有多像？

指导语：在以下的内容中，我们简要地描述了一些同学的想法，请仔细阅读每一个描述，然后判断这个人的想法跟你有多像。请根据他/她与你的实际想法的符合程度，在相应的数字下划"√"。

1＝完全不像我　2＝不太像我　3＝有一点像我　4＝有些像我　5＝非常像我

	1	2	3	4	5
1. 他/她认为人不能安于现状，一定要让自己变得更好	1	2	3	4	5
2. 他/她总是希望得到最新潮的物品	1	2	3	4	5
3. 他/她认为年轻人的生活要与社会时尚保持一致	1	2	3	4	5
4. 他/她认为每个人都要遵纪守法	1	2	3	4	5
5. 他/她认为最重要的人生目标是家庭幸福美满	1	2	3	4	5
6. 他/她认为家庭幸福至关重要，超过其他/她方面的成功	1	2	3	4	5
7. 他/她认为在一个集体中人与人之间应该互相帮助	1	2	3	4	5
8. 他/她认为无论什么种族、性别、地位等等，人都是平等的	1	2	3	4	5
9. 他/她坚信社会应为每个人创造平等发展的机会	1	2	3	4	5
10. 他/她认为人人都要学习社会规则，并且认真遵守	1	2	3	4	5
11. 他/她觉得人要时时刻刻想着努力提高自身能力和水平	1	2	3	4	5
12. 他/她认为人生最根本的幸福在于家庭幸福	1	2	3	4	5
13. 他/她认为人们应该追求享乐，避免痛苦	1	2	3	4	5
14. 有自己的特色，和别人不一样，对他/她来说很重要	1	2	3	4	5
15. 他/她认为每个人都要努力，尽量比别人做的更好	1	2	3	4	5
16. 他/她认为应该公平对待每一个人，即使是他/她不认识的人	1	2	3	4	5
17. 他/她认为年轻人应该追求最时尚的生活方式	1	2	3	4	5
18. 他/她最大的愿望就是能够走在时尚的前沿	1	2	3	4	5

19. 他/她认为一个人应尽自己所能为集体做贡献	1	2	3	4	5
20. 他/她认为一个理想的社会应该是一个人人平等的社会	1	2	3	4	5
21. 他/她觉得社会秩序很重要,人人都应该守规矩	1	2	3	4	5
22. 他/她觉得不管怎样,都要尽可能多地和自己的家人在一起	1	2	3	4	5
23. 享受生活对他/她来说很重要	1	2	3	4	5
24. 他/她认为人们应该接受各种各样的问题和挑战,不断提高能力	1	2	3	4	5
25. 他/她认为人人都要为集体着想,集体的利益很重要	1	2	3	4	5
26. 他/她觉得判断一个人是否成功要看他/她是否拥有真诚的友谊	1	2	3	4	5
27. 他/她为自己能随时掌握时尚动态而非常自豪	1	2	3	4	5
28. 他/她认为享受当下的快乐才是人生	1	2	3	4	5
29. 追求轻松快乐的生活对他/她来说很重要	1	2	3	4	5
30. 他/她认为让自己快乐很重要,没有必要想的太多	1	2	3	4	5
31. 他/她认为安定的有秩序的社会生活很重要	1	2	3	4	5
32. 他/她认为人们不应该违反法律,要做遵纪守法的好公民	1	2	3	4	5
33. 他/她认为人生可以没有成就和财富,却不能没有朋友	1	2	3	4	5
34. 他/她认为帮助周围的人很重要	1	2	3	4	5
35. 他/她认为公平对人来说很重要	1	2	3	4	5
36. 他/她认为为了友谊牺牲自己的时间和精力是值得的	1	2	3	4	5
37. 他/她认为每个人都应该尽力帮助自己的团体成员	1	2	3	4	5
38. 他/她觉得竞争很重要,每个人都要学会竞争	1	2	3	4	5
39. 他/她认为没有友谊的人生是没有意义的	1	2	3	4	5
40. 他/她认为穿衣打扮必须追求时尚才有意义	1	2	3	4	5
41. 他/她认为当今社会每个人都要有竞争意识	1	2	3	4	5
42. 他/她认为人们可以为了集体而放弃自己的利益	1	2	3	4	5
43. 他/她认为一个人人平等的社会非常重要	1	2	3	4	5
44. 他/她非常看重友情,认为人们都要有知心朋友	1	2	3	4	5
45. 他/她认为人生的最根本幸福是有知心朋友	1	2	3	4	5
46. 他/她认为不管花多少时间和精力在家庭上都是值得的	1	2	3	4	5

2. 维度计算及维度解释

（1）价值观维度计算

compute val_社会平等 = mean(value1_8, value1_9, value1_16, value1_20, value1_35, value1_43).

compute val_集体责任=mean(value1_7，value1_14，value1_19，value1_25，value1_34，value1_37，value1_42).
compute val_遵纪守则=mean(value1_4，value1_10，value1_21，value1_31，value1_32).
compute val_家庭亲情=mean(value1_5，value1_6，value1_12，value1_22，value1_46).
compute val_同伴友情=mean(value1_26，value1_33，value1_36，value1_39，value1_44，value1_45).
compute val_超越进取=mean(value1_1，value1_11，value1_15，value1_24，value1_38，value1_41).
compute val_时尚潮流=mean(value1_2，value1_3，value1_17，value1_18，value1_27，value1_40).
compute val_享受快乐=mean(value1_13，value1_23，value1_28，value1_29，value1_30).
EXECUTE.

(2) 维度解释

社会平等维度主要是对社会规则、人基本权利是否平等的认同，表达了青少年对人的社会地位的关注以及对人基本权利的尊重。

集体责任维度主要对集体利益的看重和维护。集体责任价值观受到中国传统文化的推崇，对于当代中国青少年，认同集体责任价值观并不意味着压抑个性和自由，而是表达了他们渴望融入集体，产生归属感并与集体一同成长的需求。

遵纪守则维度是对社会规则、法律的遵守。遵纪守则与中国传统文化价值观一致，中国儒家文化中的出世和道家文化提倡安分守己、顺从自然。

家庭亲情维度是对家庭幸福的看重和维护。中国传统的社会秩序是以家庭家族的基本结构演化而生成，所以，中国社会文化是家庭本位。当代青少年的价值观结构仍然受到这一传统文化的影响。

同伴友情维度是指青少年对友情、友谊的看重。同伴是影响青少年学习生活的主要微系统(Cavanaugh & Buehler，2016)。青少年友谊关系是除父母关系外重要的情感关系，可以为青少年提供亲密感、价值意义等重要需求。

超越进取维度主要是指对成长成才，迎接挑战，不断努力的认同。这一结构与传统文化下家庭和社会要求个体通过刻苦学习获得成就相一致。

时尚潮流维度是指青少年对时尚信息的密切关注和渴望获得时尚物品。时尚信息和物品是青少年自我价值的表达。这种表达与社会经济和文化环境有关，也与青少年的发展阶段有关。环境催生了时尚的泛滥，而青少年的独立和情感归属的矛盾性使得他们需要时尚这一载体。

享受快乐维度如其字面含义是指青少年对享受快乐的认同。享受快乐并非指物质享受和感官刺激，而是一种长期的情绪调节策略，倾向于避免痛苦，更多调动积极情绪。

后　记

本专著是上海市教育委员会科研创新计划重大项目"社会变迁进程中青少年价值观发展的理论与实证研究"(编号:2019 - 01 - 07 - 00 - 02 - E00005)的核心成果。项目组联合多个高校的研究者,在上海、山东、四川、河南、甘肃、安徽和福建等地教育管理部门和学校领导的支持帮助下,编制了符合心理测量学指标的价值观测查工具《青少年价值观问卷》,开展了针对初高中青少年价值观发展的大样本追踪调查、质性访谈和实验研究,包括青少年价值观发展特点与影响因素探究,青少年价值观的适应功能与作用机制探析,并根据研究结果提出了相应的教育对策。

本专著也是团队成员在过去八年时间里合作研究的成果。文中部分内容已在国内外期刊发表,此次结集成书,对某些内容和语句进行了删减与更新;部分内容改编自刘萍和王晓峰的博士论文;另有部分内容是全新的篇章。书中所有引用的参考文献均列于每章结尾,如有疏漏之处,敬请广大读者和同行批评指正!

衷心感谢美国宾夕法尼亚大学陈欣银教授对本项目研究设计的指导,上海师范大学何云峰教授和岑国桢教授给予本项目研究的启迪与建议!本项目研究和专著写作得到诸多合作者和硕博研究生的鼎力相助,得到多地教育局和学校领导的全力支持;本专著出版得到了上海高水平地方高校创新团队"教育心理与学生发展"的经费支持;华东师范大学出版社教育心理分社彭呈军社长为专著的顺利出版做了大量工作。在此一并致以衷心的感谢!

最后,衷心感谢所有参与本项目研究的儿童青少年、家长和老师们!没有你们的参与和配合,也就没有本专著最终的呈现。

附:各章节作者名录

第一章　导言
　　作者:李丹

第二章　当代青少年价值观研究的理论建构
第一节　价值观理论概要
　　作者:刘萍　王晓峰　李丹
第二节　当代青少年价值观的表现特征
　　作者:王晓峰　傅锐　乌阿茹娜　李丹

第三章　当代青少年价值观问卷编制
作者：王晓峰　李丹　陈欣银　刘俊升　戴艳　郭虹蔓　徐婷

第四章　社会变迁过程中青少年价值观的发展特点
作者：陈小鹏　陈枭逊　杨盼盼　李丹

第五章　影响青少年价值观发展的个体、家庭和同伴因素
第一节　个体因素对青少年价值观的影响
第二节　父母教养方式对青少年价值观发展的影响
作者：陈枭逊　杨盼盼　陈小鹏　李丹
第三节　同伴圈子价值观对早期青少年适应的影响
作者：韩宪国　李丹　夏艳雨　杨盼盼

第六章　影响青少年价值观发展的社会环境因素
第一节　青少年价值观及其与适应的关系：三个地域的比较
作者：李丹　周同　刘俊升　戴艳　陈梦雪　陈欣银
第二节　中国城市和农村儿童的个体和集体取向与适应功能的关系
作者：刘啸莳　傅锐　李丹　刘俊升　陈欣银
第三节　新冠大流行期间青少年的群体取向与心理健康
作者：韩宪国　夏艳雨　杨盼盼　李丹　丁雪辰　张荣伟　张明浩

第七章　青少年价值观对心理健康的影响
第一节　自我超越价值观对青少年心理健康的作用
作者：刘萍　周淑金　李丹　张荣伟
第二节　自我超越价值观对持久幸福感的作用及机制
作者：刘萍　张荣伟　李丹

第八章　青少年价值观与情绪适应的关系
第一节　青少年自我超越价值观与情绪目标
作者：刘萍　周淑金　崔丽莹　蔡丹　李丹
第二节　青少年自我超越价值观与内隐情绪调节的关系
作者：刘萍　李丹
第三节　青少年价值观与情绪适应的关系：情绪调节的中介作用
作者：刘萍　莫碧波　杨盼盼　李丹　刘世宏　蔡丹

第九章　青少年价值观的适应功能及影响机制
第一节　青少年价值观的社会适应功能与关系机制

第二节 价值观与青少年心理适应的关系及作用机制

作者:王晓峰 李丹

第十章 青少年价值观发展与教育对策

第一节 总结与展望

第二节 教育对策

作者:李丹 刘萍